Tobias Schröder · Jana Huck · Gerhard de Haan

Transfer sozialer Innovationen

Tobias Schröder · Jana Huck
Gerhard de Haan

Transfer sozialer Innovationen

Eine zukunftsorientierte
Fallstudie zur nachhaltigen
Siedlungsentwicklung

VS VERLAG

Bibliografische Information der Deutschen Nationalbibliothek
Die Deutsche Nationalbibliothek verzeichnet diese Publikation in der
Deutschen Nationalbibliografie; detaillierte bibliografische Daten sind im Internet über
<http://dnb.d-nb.de> abrufbar.

1. Auflage 2011

Alle Rechte vorbehalten
© VS Verlag für Sozialwissenschaften | Springer Fachmedien Wiesbaden GmbH 2011

Lektorat: Dorothee Koch

VS Verlag für Sozialwissenschaften ist eine Marke von Springer Fachmedien.
Springer Fachmedien ist Teil der Fachverlagsgruppe Springer Science+Business Media.
www.vs-verlag.de

Umschlaggestaltung: KünkelLopka Medienentwicklung, Heidelberg
Redaktion: Dr. Tanja Vonseelen
Satz und Grafik: Freya Kettner, www.all-in-red.de
Gedruckt auf säurefreiem und chlorfrei gebleichtem Papier
Printed in Germany

ISBN 978-3-531-18139-4

Inhalt

Abbildungsverzeichnis

Tabellenverzeichnis

Vorwort

Fast täglich werden im Bereich der Nachhaltigkeit Innovationen entwickelt. Dazu zählen sowohl technische als auch soziale Neuerungen. Doch nur wenige Erkenntnisse aus innovativen Projekten und Produktentwicklungen werden in der Gesellschaft auch umgesetzt. Sie werden entweder gar nicht oder nicht als relevant wahrgenommen. Und wo sie wahrgenommen werden, stoßen sie häufig auf Ablehnung seitens der betroffenen Zielgruppen in Bevölkerung, Wirtschaft und Kommunen. So können viele Innovationen nicht handlungsweisend wirken – was sie nahezu nutzlos macht.

In dem vorliegenden Buch beschreiben wir eine Serie von Studien, die wir im Rahmen des vom Bundesministerium für Bildung und Forschung geförderten Projekts „Integrierte Transfer-Strategie für Nachhaltige Entwicklung" (ITS; Förderkennzeichen 16|1589) am Institut Futur der Freien Universität Berlin durchgeführt haben. Ziel des Projektes war es, beispielhaft am Themenfeld „Nachhaltige Flächennutzung", welches zu den Kernthemen der Nachhaltigkeitsstrategie der Bundesregierung gehört, den Transfer von Innovationen in die Gesellschaft zu untersuchen und, darauf aufbauend, Vorschläge für eine empirisch fundierte Transferstrategie zu entwickeln. Was unsere Studien aus den wohl Hunderten schon existierenden Arbeiten zu Prozessen der Innovationsdiffusion heraushebt, ist ihre Orientierung auf die Zukunft. Wir zeichnen nicht im Nachhinein gelungene oder misslungene Diffusionsprozesse nach, sondern wir versuchten, im Vorfeld Faktoren zu identifizieren, die sich wahrscheinlich als förderlich oder hinderlich für die Verbreitung spezifischer Innovationen erweisen werden.

Das Thema Nachhaltige Flächennutzung, bei dem es im Kern darum geht, die Ausweitung von Siedlungen zu Lasten landwirtschaftlicher Flächen zu stoppen (siehe Kapitel 2), ist ein undankbares Thema für eine Studie zur Innovationsdiffusion. Denn die relevanten Entscheidungsprozesse sind um ein Vielfaches komplexer als bei den „Klassikern" in der Innovationsliteratur, zu denen die Verbreitung etwa von Mobiltelefonen oder Verhütungsmethoden als Folge individueller Entscheidungen gehören. Entscheidungen, welche die Entwicklung von Siedlungen betreffen, werden in einem komplexen Gefüge gefällt. Wohnwünsche und Lebensträume von Individuen spielen dort neben Prosperitäts- und Entwicklungsimaginationen kommunalpolitischer Entscheidungsträger eine Rolle.

Dazu gesellen sich handfeste ökonomische Interessen der Bauwirtschaft, ein für Fachfremde – zu denen die Autoren dieses Buches gehören – nur schwer zu durchschauendes Bau- und Planungsrecht und die Regeln der Finanzierung von Kommunen in Deutschland.

Es ist aber gerade diese Komplexität, die das beispielhaft ausgesuchte Themenfeld für uns interessant macht. Denn sie ist ein fundamentales Charakteristikum postmoderner Gesellschaften und sie wirkt auf zahlreichen Gebieten als Hindernis auf dem Weg zu mehr Nachhaltigkeit. Wie (und ob überhaupt) die Steuerung von Innovationsprozessen im Sinne von als gesellschaftlich wünschenswert erachteten Zielen möglich ist, ist gleichermaßen sozialwissenschaftlich interessant wie politisch relevant. Und so verstehen wir unser vorliegendes Projekt, das nicht nur einen komplexen Untersuchungsgegenstand hat, sondern auch den wissenschaftlichen Standards gleich mehrerer Disziplinen unterworfen ist, vor allem als pragmatischen Beitrag zur Kommunikation zwischen verschiedenen Akteuren eines gesellschaftlichen Problemfeldes.

An dieser Stelle möchten wir uns herzlich bei Lars Gerhold bedanken, der zentral an der Entwicklung des hier beschriebenen Forschungsprojekts beteiligt war. Die Verwirklichung des Projekts wäre zudem nicht ohne die wertvolle Unterstützung zahlreicher Personen möglich gewesen. Vor allem möchten wir uns bei unseren studentischen Mitarbeitern Jochen Nuss und Kathrin Schreiter bedanken, die in allen Projektphasen außerordentliches und weit über das Erwartbare hinausgehendes Engagement zeigten. Ignacio Campino, Harald A. Mieg, Lutz Mez, Georg Müller-Christ und Dietmar Schütz haben uns als Expertenbeirat über zwei Jahre wertvolle Ideen und Impulse geliefert. Unsere Kolleginnen und Kollegen am Institut Futur standen stets zur kritischen Reflexion unserer Ideen und Ergebnisse bereit. Ein herzlicher Dank an Freya Kettner für Layout und Satz sowie Tanja Vonseelen für das wissenschaftliche Lektorat. Wir möchten uns außerdem beim Bundesministerium für Bildung und Forschung für die Projektförderung sowie beim Projektträger VDI/VDE-IT – insbesondere bei Simone Ehrenberg-Silies – für die angenehme und unkomplizierte Zusammenarbeit und Unterstützung bedanken. Vor allem gilt unser Dank den zahlreichen Teilnehmerinnen und Teilnehmern an den von uns durchgeführten Befragungen und Workshops.

Zitate von Beteiligten an unseren Studien:

Eine Expertin:
„Ich war erschrocken, dass meine Skepsis über die Realisierbarkeit
wünschenswerter Ziele von so vielen geteilt wurde. Da bleibt noch viel zu tun."

Ein Bürgermeister:
„Nach Auffassung von Experten wichtige Themen oder Ziele sind selten
diejenigen, denen die politischen Entscheider auch folgen."

Ein Bürger:
„Der Häuslebauer baut sein Haus, wo es ihm gefällt!"

1. Politische Steuerung als Verbreitung sozialer Innovationen

1.1. Einleitung: Grenzen gesellschaftlicher Problemlösung durch politische Institutionen

Die klassischen politischen Institutionen – wie Parteien, Parlamente und Regierungen – haben viel an Gestaltungsmacht verloren. Sie sind in einer mehr und mehr ausdifferenzierten und komplexen Gesellschaft weniger und weniger in der Lage, gangbare Lösungen für drängende Zukunftsprobleme zu finden und vor allem durchzusetzen. Vielfach wird die Globalisierung, vor allem jene der Finanzmärkte, als Ursache des schwindenden Einflusses von Politik diskutiert (vgl. z. B. Mayntz, 2009; 2010; Strange, 1988). Auch im Inneren des klassischen Nationalstaats zeigen sich jedoch die Grenzen staatlicher Steuerungsmöglichkeiten auf. Viele der aktuell drängendsten gesellschaftlichen Probleme können nur dann gelöst werden, wenn einzelne Akteure zu massiven Änderungen individueller Entscheidungen und Verhaltensweisen zu bewegen sind. Darauf hat jedoch der Staat nur sehr begrenzten Einfluss, wie die folgenden Beispiele belegen:

- *Beispiel Demografischer Wandel*: Die Veränderung der Altersstruktur der Bevölkerung gilt als massives Problem für die Aufrechterhaltung und nachhaltige Finanzierung der sozialen Sicherungssysteme. Der Generationenvertrag in der Rentenversicherung etwa funktioniert nicht mehr, wenn sich das Verhältnis von erwerbstätigen Beitragszahlenden zu nicht mehr erwerbstätigen Rentenempfängerinnen und -empfängern so stark verschiebt, dass erstere wirtschaftlich überfordert werden und letztere doch nicht von ihren mageren Renten leben können. Neben der verlängerten Lebenserwartung wird der demografische Wandel durch eine niedrige Geburtenrate verursacht, also letztlich durch die individuelle Entscheidung vieler Privatpersonen, keine oder nur wenige Kinder bekommen zu wollen. Unter der Koalitionsregierung von CDU, CSU und SPD von 2005 bis 2009 wurde mit dem Instrument des Elterngeldes zwar versucht, über einen finanziellen Anreiz mehr junge Menschen zu einer Entscheidung für Kinder zu bewegen, es deutet aber wenig auf einen Erfolg dieser Maßnahme – jedenfalls im Sinne einer höheren Geburtenrate – hin.

- *Beispiel Gesundheitsvorsorge*: Die beste Krankheit ist die, welche nicht erst entsteht. Durch Veränderungen des individuellen Lebensstils (z. B. durch gesunde Ernährung, Bewegung, Verzicht auf Rauchen) lässt sich die Wahrscheinlichkeit des Eintretens vieler ernster Erkrankungen deutlich reduzieren. Angesichts stetig ansteigender Kosten der medizinischen Versorgung, welche in den letzten Jahren ein Thema von dauerhaft hoher Priorität für die Gesundheitspolitik aller Bundesregierungen gleich welcher Couleur darstellte, ist auch die finanzpolitische Dimension gesundheitsbewusster Lebensstile erheblich. Entsprechend hat die Bundesregierung zahlreiche Programme zur Förderung gesundheitsförderlicher Verhaltensweisen aufgelegt und das „gesunde Aufwachsen" sogar zum nationalen Ziel erhoben (BMG, 2010). Das ist ein weiteres Beispiel für staatliches Handeln, das auf die Veränderung der Handlungs- und Entscheidungsmuster von Privatpersonen abzielt.

- *Beispiel Klimaschutz*: Der Klimaschutz und die Anpassung an den Klimawandel bilden aus Sicht der deutschen Bundesregierung (Bundesregierung, 2008, S. 13) eine der größten derzeitigen Herausforderungen an die Menschheit. Neben einer deutlichen Erhöhung des Anteils erneuerbarer Energiequellen an der Energieproduktion gehört die Steigerung der Effizienz in der Energienutzung zu den zentralen Elementen der Klimaschutzstrategie in Deutschland. Dabei liegt ein erhebliches Einsparpotenzial beim Energieverbrauch von privaten Haushalten für Heizung und Warmwasser. Ohne umfassende Maßnahmen zur Sanierung und Wärmedämmung bestehender Wohngebäude wird es kaum möglich sein, die substanzielle Verringerung des CO^2-Ausstoßes zu erreichen, zu der sich Deutschland international verpflichtet hat (vgl. Bundesregierung, 2008, S. 90 f.). Wiederum sind hier aber Privatpersonen, konkret: die Eigentümer von Wohngebäuden, gefragt. Der Staat kann die nötigen Investitionen zwar finanziell fördern und in medialen Kampagnen bewerben, aber nicht erzwingen.

- *Beispiel Flächenverbrauch*: Das Ausmaß, in dem Tag für Tag vorwiegend landwirtschaftlich genutzter Boden in neue Siedlungs- und Verkehrsflächen umgewandelt wird, verursacht langfristig massive ökologische und ökonomische Probleme. Deswegen gehört die Reduzierung des Flächenverbrauchs zu den Kernzielen der nationalen Nachhaltigkeitsstrategie der Bundesregierung (2002). Dieses Ziel kollidiert aber mit den stetig steigenden Wohnflächenansprüchen und Lebensvorstellungen der Bürgerinnen und Bürger, die sich vom Staat kaum werden vorschreiben lassen wollen, auf engerem Raum zu leben. Das Problem des Flächenverbrauchs, welches in der vorliegenden Fallstudie zum Innovationstransfer empirisch untersucht wurde, wird in Kapitel 2 ausführlich dargestellt.

Die Liste der angeführten Beispiele ließe sich zweifelsohne verlängern: Viele gesellschaftliche Veränderungen, die aus der Sicht der politischen Führung wünschenswert und notwendig sind, bedürfen zu ihrer Realisierung der Akzeptanz und Umsetzung durch die Bürgerinnen und Bürger. Dabei sind die direkten Einflussmöglichkeiten politischer Institutionen auf die Verhaltensweisen und Entscheidungen von Individuen äußerst begrenzt. Die Politikwissenschaft thematisiert solche Grenzen zentraler politischer Steuerung unter dem Stichwort *Governance*. Gemeint sind damit verschiedenartige „Mechanismen der Koordinierung zwischen mehr oder weniger autonomen Akteuren, deren Handlungen interdependent sind" (Benz, Lütz, Schimank & Simonis, S. 9). Dabei wird nicht bestritten, dass die klassische Koordinierungsform der Hierarchie in Staaten weiterhin auch in komplexen, hochgradig ausdifferenzierten Wissensgesellschaften von Relevanz ist. Allerdings nimmt aus der Governance-Perspektive die Zahl solcher gesellschaftlicher Probleme zu, die nicht durch staatliche Entscheidungen lösbar sind, weil nicht-hierarchische Formen der Zusammenarbeit zwischen staatlichen und privaten Akteuren an Bedeutung gewinnen. Zusätzliche Komplexität kommt dadurch ins Spiel, dass individuelle Handlungen stets im Rahmen sozialer Institutionen stattfinden, die oft einer eigenen inneren Logik gehorchen und sich ihrerseits dem Zugriff staatlicher Steuerung entziehen:

- *Beispiel Demografischer Wandel*: Mehr noch als der Einkommensausfall im ersten Lebensjahr eines Kindes, den das Elterngeld kompensieren soll, dürften wenig familienfreundliche Arbeitsbedingungen und Organisationskulturen in vielen Unternehmen individuellen Entscheidungen zugunsten von Kindern im Wege stehen. Verständnis von Vorgesetzten für die Bedürfnisse und Notwendigkeiten, die aus der Kinderbetreuung resultieren, lässt sich jedoch nicht durch staatliche Gesetze und Verordnungen erzeugen.
- *Beispiel Gesundheitsvorsorge*: Am Beispiel der Anstrengungen der letzten Jahre, das Rauchen aus öffentlichen Orten wie Gaststätten und Arbeitsplätzen zu verbannen, wird die soziale Verwobenheit der individuellen Handlungsmuster deutlich. Selbst wenn es – z. B. durch Aufklärungskampagnen – gelingt, bei Privatpersonen den Wunsch nach Aufgabe des Rauchens zu erzeugen, lässt sich dieser erheblich schwieriger umsetzen, wenn in der unmittelbaren Umgebung weiter geraucht wird und entsprechende Reize vorhanden sind, denen ständig widerstanden werden muss. Um dem staatlichen Ziel einer gesundheitsförderlichen Lebensweise effektiv näher zu kommen, müssen also nicht nur individuelle Einstellungen verändert werden, sondern ganze soziale Systeme in ihrer Trägheit und Komplexität. Die seit Jahren andauernden politischen und juristischen Auseinandersetzungen um die

Verbannung des Rauchens aus öffentlichen Räumen zeugen von der Schwierigkeit dieses Unterfangens.

- *Beispiel Klimaschutz*: Hier stellt zum Beispiel die Institution des Mietrechts ein bedeutsames Hindernis für die flächendeckende Ausschöpfung aller technologischen Möglichkeiten der Wärmedämmung und Energieeffizienzsteigerung in privaten Haushalten dar. Selbst wenn sich eine entsprechende Investition prinzipiell langfristig auch finanziell lohnt, ist sie für einen Vermieter oft unattraktiv, weil sie die Kosten nur sehr bedingt und mit großen Einschränkungen in Form einer höheren Kaltmiete weitergeben darf, es aber auf der anderen Seite der Mieter ist, der von niedrigeren laufenden Energiekosten profitiert. Nun könnte der Staat zwar theoretisch das Mietrecht ändern, dies hätte dann aber eine Reihe von Nebenfolgen, die aus einer sozialpolitischen Sicht äußerst unerwünscht sind. Hier besteht das Problemlösungshindernis also darin, dass die politischen Institutionen in komplexen Gesellschaften stets verschiedene, konkurrierende Ziele im Auge behalten müssen, die nicht so leicht in Einklang zu bringen sind.
- *Beispiel Flächenverbrauch*: Bei diesem Problem sind neben den Bürgerinnen und Bürgern, die flächenintensive Wohnwünsche haben, auch die Kommunen als maßgebliche Akteure zu berücksichtigen. Sie verfügen über ein hohes Maß an Autonomie bei der Gestaltung der Flächennutzung, in das nicht ohne Weiteres staatlich eingegriffen werden kann. Für eine ausführlichere Diskussion dieses Problemfeldes sei auf Kapitel 2 verwiesen.

Die vorliegende Untersuchung geht von der Prämisse aus, dass das Lösen gesellschaftlicher Probleme heute in vielen Bereichen verstanden werden kann als Versuch, im politischen Diskurs soziale Innovationen anzuregen und in die Gesellschaft hineinzutragen. Verbindliche Entscheidungsfindung und Rechtsetzung als Ergebnis politischer Prozesse werden zunehmend ergänzt oder in Teilen ersetzt durch gesellschaftliches Change Management (vgl. Afheldt, Jochum & Riegger, 2004). Eine solche Sichtweise beinhaltet nicht nur die Anerkenntnis einer begrenzten Steuerbarkeit von Problemlösungsprozessen, sondern auch die Anforderung an politische Institutionen, innerhalb einer komplexen Dynamik der sozialen Veränderung sinnstiftend zu wirken und Rückkopplungen auf die eigene Problemwahrnehmung und das eigene Handeln zuzulassen.

In Abgrenzung zu einem eher traditionellen Innovationsbegriff, der sich vorwiegend auf die Entwicklung und Implementierung neuer Technologien bezieht, können „soziale Innovationen" mit Zapf (1989, S. 177) verstanden werden als „neue Wege, Ziele zu erreichen, insbesondere neue Organisationsformen, neue Regulierungen, neue Lebensstile, die die Richtung des sozialen Wandels verändern, Probleme besser lösen als frühere Praktiken, und die deshalb wert sind, nachgeahmt und institutionalisiert zu werden", oder mit Gillwald (2000, S. 1) als „gesellschaftlich folgenreiche, vom vorher gewohnten Schema abweichende Regelungen von Tätigkeiten und Vorgehensweisen". Nun dürfte eine strenge Dichotomisierung zwischen technologischen und sozialen Innovationen kaum den Charakteristika einer heutigen „Wissensgesellschaft" (zum Begriff vgl. de Haan & Poltermann, 2002; Lane, 1966; Stehr, 2001) gerecht werden, denn sowohl die Produktion neuer Technologien als auch deren Adoption seitens der Konsumenten sind ohne die damit verbundenen sozialen Praktiken kaum zu erklären (vgl. Scholl, 2004, bzw. Rogers, 2003). Der Begriff „soziale Innovation" (zur kritischen Diskussion: Howaldt & Schwarz, 2010) verdeutlicht aber immerhin die analytische Perspektive, die wir in der vorliegenden Studie einnehmen. Innovationen sind aus diesem Blickwinkel Veränderungen von sozial geteilten Problemrepräsentationen und letztlich von Verhalten. Politische Problemlösung bedeutet mithin, Maßnahmen zu ergreifen, die bei vielen individuellen und kollektiven Akteuren zu einer Veränderung von Wahrnehmungen und Verhalten führen. Die begrenzte Steuerbarkeit solcher mentaler Veränderungen durch zentrale Institutionen korrespondiert mit dem schwindenden Einfluss von Parteien, Parlamenten und Regierungen.

1.2. Die Rolle von Expertinnen und Experten

Politische Institutionen greifen bei der Entscheidungsfindung auf das spezialisierte Wissen von Expertinnen und Experten zurück: Bevölkerungswissenschaftler erstellen Prognosen über die künftig zu erwartende demografische Zusammensetzung der Bevölkerung, Epidemiologen und Soziologen erforschen den Zusammenhang zwischen Lebensstilen und dem Risiko schwerer Erkrankungen, Ingenieure und Architekten entwickeln energieeffiziente Gebäudetechnologien, Ökonomen stellen Berechnungen über langfristige Wohlfahrtsverluste an, die aus der Zersiedelung der Landschaft resultieren. Solche Ergebnisse wissenschaftlicher Tätigkeit stellen die Basis für politisch erwünschte soziale Innovationen dar, mit denen bestehende gesellschaftliche Probleme gelöst werden sollen. Mehr noch, in vielen Fällen führt erst die Kenntnisnahme spezialisierten Expertenwissens durch die Öffentlichkeit oder durch politische Entscheidungsträgerinnen und -träger zu dem Bewusstsein, dass überhaupt ein gesellschaftliches Problem vorhanden ist und der Lösung bedarf. Expertinnen und Experten haben im politischen Diskurs also eine doppelte Funktion. Einerseits machen sie auf viele Sachverhalte aufmerksam und befördern sie damit zum politischen Problem, andererseits ist die Gesellschaft dann auf ihr spezialisiertes Wissen angewiesen, um Problemlösungen zu entwickeln.

Je mehr jedoch wissenschaftliche Tätigkeit heute statt am „reinen" Erkenntnisinteresse an konkreten Anforderungen und Bedürfnissen der Gesellschaft ausgerichtet ist (vgl. Weingart, 2005) und je mehr Expertinnen und Experten sich als Wissens-Dienstleister und Berater im gesellschaftlichen Diskurs betätigen, desto umstrittener kann die öffentliche Legitimation ausfallen, die Wissenschaftlerinnen und Wissenschaftler erfahren. In vielen politischen Diskursen, die um die sozialpolitische Reformmaßnahmen der vergangenen Jahre kreisen (z. B. Zusammenlegung von Arbeitslosen- und Sozialhilfe zum 1.1.2005 oder Erhöhung des Renteneintrittsalters auf 67 Jahre schrittweise bis 2029) lässt sich geradezu eine Konfliktkonstellation von – zumeist ökonomischen – Expertinnen und Experten auf der einen und der Bevölkerung auf der anderen Seite ausmachen, bei der erstere bestimmte Maßnahmen für notwendig erachten, letztere aber ihre sozialen und ökonomischen Interessen bedroht sehen. Politische Entscheidungsträger fanden sich dabei häufig in der Lage wieder, von der einen Seite für die unzureichende Durchsetzung von Reformen gerügt, von der anderen Seite aber des „Verrats" an den Interessen der eigenen Wählerschaft bezichtigt zu werden – so lautet jedenfalls eine gängige Interpretation zu den Gründen der Abwahl der Regierung von Gerhard Schröder bei der Bundestagswahl 2005 und zum weiteren deutlichen Stimmenverlust der SPD infolge der „Großen Koalition" bei der Bundestagswahl 2009 (kritisch dazu jedoch Niedermayer, 2006). Die Leugnung mittlerweile ziemlich robuster und kohärenter wissenschaftlicher Belege über einen anthropogenen Klimawandel durch bestimmte Interessengruppen der Gesellschaft und sie vertretende Politikerinnen und Politiker vor allem aus dem konservativen Spektrum (vgl. Thagard & Findlay, 2011) ist ein weiteres prominentes Beispiel dafür, wie Expertenwissen im politischen Konflikt in Zweifel gezogen und angegriffen wird. Im Bereich gesellschaftlich umstrittener Technologien, wie der grünen Gentechnik, der Stammzellforschung oder zumindest in Deutschland auch der Kernenergie, müssen Wissenschaftlerinnen und Wissenschaftler sogar nicht nur die Erfahrung machen, dass ihre Erkenntnisse abgelehnt werden, sondern dass darüber hinaus relevante gesellschaftliche Gruppen ihnen die Wege zu diesen Erkenntnissen erschweren oder gar erfolgreich verbauen. Spektakuläre Beispiele aus jüngerer Zeit, d. h. solche mit großer Resonanz in den Medien, sind die Zerstörung von Versuchsfeldern für gentechnisch veränderte Pflanzensorten an der Justus-Liebig-Universität Gießen im Jahr 2007 (z. B. FAZ, 2007; LG Gießen, 2009) oder der Streit um Tierversuche von Neurowissenschaftlern an Makaken an der Universität Bremen (Schnabel, 2008).

Sozialpsychologische Untersuchungen im Zusammenhang mit der sozialpolitischen Reformdebatte in Deutschland belegen folgerichtig auch einen Vertrauensverlust der Bevölkerung gegenüber Expertinnen und Experten, die sich zu politisch kontroversen Themen äußern. Aus Sicht der Sozialpsychologie stellt das Vertrauen auf Experten eine Heuristik dar (Petty, Cacioppo & Goldman, 1981), die es Individuen erspart, sich entscheidungsrelevantes Fachwissen unter hohem Ressourcenaufwand selbst anzueignen. Förg, Jonas, Traut-Mattausch, Heinemann & Frey (2007) konnten nun aber zeigen, dass die Expertenheuristik im Kontext von politisch umstrittenen Reformmaßnahmen nicht nur außer Kraft gesetzt sein, sondern unter Umständen sogar ins Gegenteil umschlagen kann. In zwei Experimenten legten sie Studierenden bzw. in der Münchener S-Bahn angetroffenen Passanten kurze fiktive Zeitungsausschnitte vor, die sich mit steuerpolitischen Reformvorschlägen beschäftigten, die zur Zeit der Durchführung der Studie öffentlich in den Medien diskutiert wurden. Die Versuchspersonen wurden per Zufall verschiedenen Bedingungen zugeordnet, in denen die jeweiligen inhaltlichen Äußerungen (über alle Versuchsbedingungen identisch) wahlweise Politikern, Journalisten, Laien oder eben „Experten" zugeschrieben wurden. Anschließend wurden die Probanden nach ihrer eigenen Einstellung zu verschiedenen Facetten der geschilderten Reformvorschläge befragt. Dabei zeigte sich entgegen der Vorhersage durch die Expertenheuristik, dass die Befragten generell sogar mit mehr Ablehnung reagierten, wenn es vermeintlich ein „Experte" war, der in dem fiktiven Text die Reformabsicht kommunizierte. Dies traf insbesondere dann zu, wenn die Versuchspersonen angaben, schon über eine eigene, gefestigte Meinung zu dem Thema zu verfügen und sich durch die Reformvorschläge persönlich besonders eingeschränkt zu fühlen. Förg et al. (2007, S. 43 ff.) schließen aus ihren Befunden, dass die Meinung von Experten den Bürgerinnen und Bürgern vielfach nicht mehr als Orientierungshilfe im Prozess der politischen Meinungsbildung dient. Zur Erklärung spekulieren sie, dass Bürger generell eine hohe Unterschiedlichkeit zwischen der Meinung von Experten und ihrer eigenen Meinung wahrnähmen, weil sie im reformpolitischen Diskurs häufig Vorschläge aus der Wissenschaft als ihrer eigenen Lebensrealität besonders fern erlebt hätten.

1.3. Das Transferproblem

Für das Problem des Transfers sozialer Innovationen stellt die beschriebene kritische Wahrnehmung der Meinungen von Expertinnen und Experten durch die Bevölkerung eine besondere Schwierigkeit dar. Zur Lösung der komplexen Probleme, mit denen sich die heutige Gesellschaft konfrontiert sieht, ist Expertenwissen als Grundlage rationaler politischer Entscheidungen unabdingbar. Wenn nun aber – zumindest in einigen Kontexten, wie die zitierte Arbeit von Förg et al. nahe legt – es gerade die Positionen von Wissenschaftlern sind, die in der Bevölkerung auf besondere Ablehnung stoßen und als potenzielle Bedrohung der eigenen Interessen erlebt werden, wird schnell deutlich, dass der Transfer von Innovationen zur Lösung von Problemen als mindestens ebenso große Herausforderung verstanden werden muss wie deren eigentliche Entwicklung durch entsprechend qualifizierte Spezialisten. Die Vorstellung, dass gute Ideen sich schon kraft ihrer Qualität durchsetzen werden und allenfalls mit etwas Ressourceneinsatz beworben und „gut kommuniziert" bzw. „implementiert" werden müssen, ist in der Praxis ebenso verbreitet wie naiv.

In der Tat lässt der Blick in die Literatur zur Innovationsforschung erahnen, dass gelingender Transfer von Innovationen zwischen sozialen Subsystemen der Gesellschaft, also etwa: von politischen Institutionen vermittelter Transfer von wissenschaftlichem Expertenwissen hin in die Bevölkerung, in höchstem Grade „unwahrscheinlich" ist (Gräsel, Jäger & Willke, 2006, S. 451 ff.). Begründet wird diese pessimistische Sichtweise häufig mit dem Hinweis auf die Selbstreferentialität und kommunikative Geschlossenheit sozialer Systeme (Luhmann, 1984). Mit diesen Konzepten ist gemeint, dass sich soziale Subsysteme der Gesellschaft auf sich selbst bezogen in Abgrenzung nach außen reproduzieren und weiterentwickeln. Dabei entwickeln sie eigene Regeln, Handlungslogiken und symbolische Kodierungen, die nur sehr bedingt von außen verstanden oder gar beeinflusst werden können. Innovation in ein soziales System von außen hereinzutragen, wie es der Transfer-Begriff impliziert, ist aus systemtheoretischer Perspektive allenfalls in Form störender Impulse möglich, die von außen die Kommunikationsabläufe durchbrechen und dadurch womöglich Änderungen im Inneren anregen. Allerdings ist dabei zu beachten, dass „kommunizierende komplexe Systeme eigene kognitive Strukturen, Erwartungsmuster und Identitäten auf[bauen], die als Filter und Abwehrmechanismen gegenüber externen Interventionen wirken" (Gräsel et al., 2006, S. 456 f.). Dies hat für den Prozess des Innovationstransfers zwei Konsequenzen: Erstens ist eine gewisse Anschlussfähigkeit der kommunizierten Innovation an die innere Logik des Zielsystems unabdingbar (vgl. Gräsel et al., 2006, S. 457, siehe auch Abschnitt 1.5. unten). Zweitens ist der Transferprozess vom Sender (also etwa: Politik oder Wissenschaft) nicht direkt steuerbar. Denn selbst wenn es im besten Falle gelingt, die Abwehrmechanismen eines Systems zu durchdringen, wird die Innovation gemäß der inneren Logik des Zielsystems und nicht des sendenden Systems aufgenommen, weiterverarbeitet und häufig gehörig abgewandelt, so dass sie am Ende womöglich nur noch wenig mit der ursprünglichen Intention zu tun hat.

Die Sprache der Systemtheorie ist abstrakt. Dass ihre pessimistischen Vorhersagen über die Möglichkeit des Transfers von Innovationen aber empirischen Gehalt haben, kann durch eine Fülle von Beobachtungen in vielen gesellschaftlichen Bereichen belegt werden. In der Managementliteratur beispielsweise finden sich unter dem Stichwort „resistance to change" wohl Hunderte Studien, die sich mit den Problemen bei der Implementierung von organisationalen Veränderungen auseinandersetzen, die durch die Organisationsleitung gewünscht, von ihren Mitgliedern aber abgelehnt und häufig auch erfolgreich verhindert werden (z. B. Coch & French, 1948; Danisman, 2010; Kotter, 1995; Kotter & Schlesinger, 1979). Auch im Bereich von Bildungs- und Erziehungsinstitutionen erweist sich die praktische Umsetzung politisch gewünschter Reformen als äußerst schwierig und träge und bleibt im Ergebnis erheblich hinter dem zurück, was angesichts des derzeitig großen gesellschaftlichen Problemdrucks geboten wäre (Bormann, 2009; vgl. auch Gräsel et al., S. 493 ff.). Die Ergebnisse der politologischen Implementationsforschung, die sich mit der Umsetzung von Regierungsprogrammen in Kommunen vor Ort beschäftigt, sind ähnlich ernüchternd: Zentralisierte Planung funktioniert häufig nicht, weil „das jeweilige Gestaltungsobjekt eben nicht bloß ein passiver, seine Formung durch die Politik willig über sich ergehen lassender Gegenstand ist, sondern aktiv und eigendynamisch Steuerungsimpulse verarbeitet" (Benz et al., 2007, S. 12).

Der Transfer sozialer Innovationen im Rahmen von politischen Prozessen kann über eine Reihe verschiedenartiger Mechanismen erfolgen (zum Überblick siehe Lütz, 2007). Einer traditionellen Auffassung von politischer Steuerung am nächsten kommt der Transfer durch Hierarchie (Lütz, 2007, S. 136 f.) bzw. Zwang (Dolowitz & Marsh, 2000, S. 13), bei dem die Verbreitung oder Umsetzung einer Innovation durch Rechtsetzung erzwungen wird. Um eines der einführenden Beispiele zu diesem Kapitel aufzugreifen, könnte der Gesetzgeber beispielsweise das Rauchen an bestimmten Orten verbieten, um eine gesundheitsförderliche Lebensweise voranzutreiben. Auch das Festlegen von Mindeststandards der Energieeffizienz für Neubauten oder der (letztlich vor Gericht gescheiterte) Versuch der Stadt Marburg, alle Bauherren auf die Nutzung von Solarenergie zu verpflichten, gehören in diese Kategorie. Ein solcher Transfermechanismus kommt vermutlich den persönlichen Präferenzen politisch Verantwortlicher und vieler Experten am nächsten (vgl. auch die Ergebnisse der vorliegenden Untersuchung, v.a. Kap. 4). Am gegenüberliegenden Ende eines hypothetischen „Policy-Transfer-Kontinuums" (Dolowitz & Marsh, 2000, S. 13) steht eine freiwillige Aufnahme und Umsetzung sozialer Innovationen durch vollständig rationale Problemeinsicht. Die Gestaltung finanzieller Anreize (sei es über Subventionen oder über Steuern), Instrumente wie Verträge und Selbstverpflichtungen oder ökonomische Wettbewerbssituationen stellen Zwischenformen dar. In der Praxis schließen verschiedene Transfermechanismen einander auch nicht aus. So wird – zumindest unter Bedingungen einer Demokratie – ein Rauchverbot (Transfer durch Zwang) erst durchsetzbar sein, sobald eine Mehrheit oder jedenfalls ein relevanter Anteil der Bevölkerung eine negative Einstellung dem Rauchen gegenüber hat, die freiwillig aus dem Durchdenken von

Argumenten gewonnen wurde. Weiter dürfte die rationale Einsicht in die Klima-schädlichkeit des Autofahrens zwar nicht ausreichend sein, um einen großen Teil der Bevölkerung dazu zu bewegen, freiwillig andere Mobilitätsformen zu wählen. Sie reicht aber womöglich aus, um für eine politische Partei zu stimmen, welche die Mineralölsteuer so stark anhebt, dass dann aus Kostengründen im Alltag viele ihr Mobilitätsverhalten überdenken.

Das Transfer-Kontinuum von Dolowitz und Marsh weist große Ähnlichkeiten zu Taxonomien der grundsätzlichen Formen sozialer Einwirkung auf, die in eine gedachte Rangreihe von eher „harten" Formen der Machtausübung (Zwang, Belohnung, Bestrafung) zu eher „weichen" Formen der Einflussnahme (emotionale Appelle, rationales Überzeugen) gebracht werden können: „Power is either coercive (e.g. military forces), utilitarian (e.g. economic sanctions), or persuasive (e.g. propaganda)." (Etzioni, 1968, S. 357; vgl. auch French & Raven, 1959; Raven, 2008; Scholl, 1991; 2007; Yukl & Falbe, 1990). Der Blick in diese For-schungsrichtung zeigt, warum eine Präferenz politischer Entscheidungsträger für „harte" Transfermechanismen (gesetzlicher Zwang oder steuerliche Anreize statt Aufklärungskampagnen) problematisch und im Ergebnis oft kontraproduktiv sein kann. Denn aus der Sozial- und Organisationspsychologie ist bekannt, dass wahrgenommene Machtausübung und die Verletzung von Interessen der Orga-nisationsmitglieder zu Reaktanz (Wortmann & Brehm, 1975) und Widerstand und damit häufig zum Scheitern von Innovationen führt (Scholl, 1999; 2004; 2007). Diese Befunde dürften auf die Akzeptanz politischer Reformen übertrag-bar sein (Traut-Mattausch, Jonas, Förg, Frey & Heinemann, 2008). Politische Steuerung in der Wissensgesellschaft sieht sich daher – ähnlich wie die Leitung von Unternehmen – mit einem Paradox konfrontiert: Das Lösen komplexer Prob-leme erfordert klare Ziele, Entscheidungen und Veränderungen mit hoher Ge-schwindigkeit; Innovation kann aber letztlich nur gedeihen in einer hierarchie-freien Umgebung, in der ergebnisoffene Kommunikation möglich ist (D. Frey, 2010, S. 212), was letztlich die Möglichkeiten für hierarchische Kontrolle und Steuerung stark einschränkt. Mehr und mehr dürften damit „weiche" und auf Freiwilligkeit gründende Transfermechanismen für die Gestaltung politischer Prozesse an Bedeutung gewinnen.

1.4. Diffusion von Innovationen

Die Diffusionstheorie von Rogers (1962; 2003) ist der wohl einflussreichste Ansatz zur Erklärung der Verbreitung von Innovationen in sozialen Systemen. Im Unterschied zum Transferbegriff bezieht sich „Diffusion" auf die spontan erfolgende und nicht durch eine zentrale Institution gesteuerte Innovationsausbreitung, die durch eigendynamische Kommunikationsprozesse in sozialen Netzwerken erfolgt. Insofern ist die Diffusionstheorie gut geeignet, um nicht-hierarchische, „weiche" Mechanismen des Innovationstransfers zu verstehen, die auf die Aktivitäten eigenständiger Akteure zurückgehen.

1.4.1. Die Diffusionstheorie von Rogers

Die Diffusionstheorie konzipiert die Innovationsverbreitung als Ergebnis zahlreicher individueller Adoptionsentscheidungen, d. h. Entscheidungen über die Annahme oder Zurückweisung einer Innovation von Akteuren eines sozialen Systems. Bei den Akteuren kann es sich um einzelne Privatpersonen handeln, wie es etwa bei der Marktdurchdringung neuer Konsumgüter (Bass, 1969; Bass, Gordon, Ferguson & Githens, 2001), der Verbreitung landwirtschaftlicher Praktiken (Ryan & Gross, 1943) oder der Akzeptanz von Impfungen (Belcher, 1958) der Fall ist. In vielen Fällen wurden aber auch Diffusionsprozesse zwischen kollektiv entscheidenden Akteuren wie Organisationen (Lundblad, 2003), Stadtverwaltungen (Frederickson, Johnson & Wood, 2004), Bundes- (Gray, 1973; Walker, 1969) oder gar Nationalstaaten (Kern, Jörgens & Jänicke, 1999) untersucht, die mit der Diffusion von neuen Produkten oder Ideen zwischen Individuen viele Charakteristika gemeinsam haben.

Die Adoptionsentscheidungen einzelner Akteure lassen sich Rogers (2003, S. 169 ff.) zufolge mit einem Fünf-Phasen-Modell beschreiben. Am Anfang steht (1.) Wissen („Knowledge"): Ein Individuum (oder eine soziale Einheit) erfährt von der Existenz und über wesentliche Attribute einer Innovation. Auf diesem Wissen aufbauend, wird dann (2.) eine Überzeugung („Persuasion") bzw. positive oder negative Einstellung der Innovation gegenüber generiert. Die Überzeugung kann, muss aber nicht, (3.) zu einer Entscheidung („Decision") führen, die Innovation zu übernehmen. In der (4.) Phase der Umsetzung („Implementation") wird die Innovation tatsächlich benutzt. Nun kann aber immer noch eine Revision der ursprünglichen Entscheidung erfolgen und die Innovation wieder aufgegeben werden. Deswegen kommt es für eine vollständig wirksame Innovationsadoption noch auf eine letzte Phase an, nämlich die (5.) Bestätigung („Confirmation"), in der die Entscheidung erneut überprüft wird.

In all diesen Phasen ist sozialer Einfluss entscheidend, denn die Informationen, die für das Treffen von Entscheidungen benötigt werden, kommen von anderen. In verschiedenen Stadien des Adoptionsprozesses spielen unterschiedliche Kommunikationskanäle eine wechselnde Rolle. Die Verbreitung von Wissen mag über die Massenmedien erfolgen können, auch auf die Persuasion kann mit einer gut gemachten Werbekampagne sicher Einfluss genommen werden. Spätestens in der Entscheidungs- und Implementierungsphase verlassen sich Akteure aber vor allem auf die Erfahrungen, die ihnen direkt aus ihrem unmittelbaren sozialen Netzwerk kommuniziert werden. Wir tun, was alle anderen um uns herum auch tun. Die unzähligen empirischen Studien im Umfeld der Diffusionstheorie zeigen entsprechend, dass es in jedem Fall einer „kritischen Masse" (Rogers, 2003, S. 343 ff.) bedarf, um eine neue Idee oder ein neues Produkt nachhaltig in einem sozialen System zu verbreiten. Sobald genügend Akteure in genügend zentralen sozialen Netzwerkpositionen eine Innovation übernommen haben und dies anderen Akteuren in ihrem Umfeld zeigen und mitteilen, entfaltet der Diffusionsprozess eine kommunikative Eigendynamik.

Trägt man bei einer gelungenen Innovation die Adoptionsrate (also den relativen Anteil von Akteuren, die eine Innovation angenommen haben im Verhältnis zu allen Akteuren des sozialen Systems) grafisch gegen die Zeit auf, so erhält man typischerweise eine S-förmige Kurve (Rogers, 2003, S. 11). Am Anfang dauert es relativ lange, weitere Personen oder Organisationen von einer Innovation zu überzeugen. Ist aber eben jene kritische Masse erreicht, so „hebt die Kurve ab" („take-off", Rogers, 2003, S. 11), weil innerhalb kürzester Zeit zahlreiche neue Adaptoren gewonnen werden. Ist eine gewisse Sättigung in dem System erreicht (zwei Drittel oder drei Viertel der Akteure haben die neue Idee übernommen), flacht die Kurve wieder ab und es dauert erneut sehr lange, noch weitere Akteure zu gewinnen.

Die Zeit, die bis zur Übernahme einer Innovation vergeht, ist für Rogers die Basis für eine Art Personenvariable der Innovations-Aufgeschlossenheit (Rogers, 2003, S. 267 ff.). Akteure, die eine Innovation früh annehmen, werden Innovatoren bzw. „early adopters" genannt. Dann folgt das große Hauptfeld, unterteilt in eine „frühe" und eine „späte" Mehrheit. Die frühe Mehrheit ist aufgrund des Konzepts der kritischen Masse von besonderer strategischer Bedeutung, wenn Personen, Organisationen oder politische Institutionen aktiv die Diffusion von Innovationen befördern wollen. Am Ende bleiben wenige Nachzügler („laggards"), die sich der Neuerung noch lange oder gar dauerhaft verweigern. Ein substanzieller Teil der Forschungsarbeiten im Diffusions-Paradigma ist der Identifizierung von Korrelaten der Innovations-Aufgeschlossenheit gewidmet (für den Überblick: Rogers, 2003, S. 287 ff., vgl. auch hier Abschnitt 1.5. und Kap. 5).

Neben Eigenschaften der Akteure eines innovierenden sozialen Systems sind es auch Charakteristika der Innovationen selbst, welche über Erfolg oder Nicht-Erfolg einer Diffusionsstrategie entscheiden (Rogers, 2003, S. 219 ff.). Generell verbreiten sich solche Innovationen mit höherer Wahrscheinlichkeit bzw. Geschwindigkeit, die aus der subjektiven Akteursperspektive heraus einen *relativen Vorteil* gegenüber bisherigen Produkten, Ideen oder Problemlösungen bieten und die eine hohe *Kompatibilität* zu bestehenden Werten, Erfahrungen und / oder Infrastrukturen aufweisen. Außerdem sollten Innovationen möglichst *wenig komplex* sein, also einfach zu verstehen und zu gebrauchen. Ferner ist es hilfreich, wenn es ohne weitere Umstände möglich ist, die Neuerung *auszuprobieren* und mit ihr zu experimentieren. Schließlich sollten die Auswirkungen der Innovation für andere Akteure des sozialen Systems gut *wahrnehmbar* sein.

1.4.2. Kritik an der Diffusionstheorie

Die Diffusionstheorie hat eine Fülle von fruchtbaren empirischen Arbeiten hervorgebracht, die für einen Ansatz der politischen Steuerung, die die Anregung und diskursive Verbreitung sozialer Innovationen an die Stelle hierarchischer Entscheidungen setzt, von höchster Relevanz sind. Ein großes Problem ist allerdings in dem zu sehen, was Rogers selbst den „pro-innovation bias" nennt (Rogers, 2003, S. 106 ff.). Damit ist gemeint, dass die Diffusionsforschung sich überwiegend retrospektiv mit gelungenen Innovationen beschäftigt, die zumeist als positiv und fortschrittlich beurteilt werden. Weniger ist aber erstens darüber bekannt, unter welchen Umständen wünschenswerte Innovationen scheitern, und zweitens, wie gesellschaftlich eher schädliche Innovationen vermieden werden können, etwa im Bereich von Finanzmarktprodukten (Lenz, Frey & von Rosenstiel, 2010). Politik ist jedoch zukunftsorientiert und muss Wege finden, prospektiv solche Innovationen zu erkennen und zu befördern, welche Lösungen für drängende Probleme darstellen und gleichzeitig in einer Weise kompatibel zu den Interessen und Werthaltungen gesellschaftlicher Akteure sind, dass eine kritische Masse erzeugt werden kann, mit der eine eigendynamische Innovationsausbreitung erreicht wird.

Ein weiterer Kritikpunkt an der Diffusionstheorie betrifft die Annahmen über die Adoptionsentscheidungen der einzelnen Akteure, welche die Basis der Verbreitungsdynamik darstellen. Das fünfstufige Entscheidungsmodell von Rogers, welches weiter oben (siehe Abschnitt 1.4.1.) erläutert wurde, steht klar in der Tradition des Menschenbildes des *homo oeconomicus*, demzufolge das Subjekt in rationaler Abwägung aller zur Verfügung stehenden Informationen wohlüberlegte Entscheidungen zur Mehrung seines Nutzens trifft. Die Entscheidung über Adoption oder Ablehnung ist demnach eine Folge der Verarbeitung von Wissen um die Charakteristika einer Innovation. Nur solche Neuerungen, die im Vergleich zu bisherigen Praktiken einen klaren relativen Mehrwert bringen, werden – Rogers Modell zufolge – in einem sehr reflektierten Prozess geprüft und implementiert.

Gegen den *homo oeconomicus* ist aus Sicht der kognitiven Psychologie vieles vorgebracht worden, was an dieser Stelle nicht in Ausführlichkeit wiederholt werden soll. Lediglich die generelle Argumentationslinie darf vielleicht derart zusammengefasst werden, dass die Vorstellung vom Menschen als einem Wesen, das vollständige Informationen über relevante Umweltbedingungen besitzt und seine Entscheidungen auf ein rationales Abwägen und eine Maximierung des zu erwartenden Nutzens unter verschiedenen Alternativen stützt, psychologisch völlig unplausibel ist. Denn zahlreiche Daten zeigen, dass Menschen nur sehr bedingt in der Lage sind, Informationen über Wahrscheinlichkeiten angemessen zu repräsentieren (Kahneman, Slovic & Tversky, 1982), was für das Treffen von Entscheidungen aber unabdingbar ist. Zudem fallen schon bei einfachsten Entscheidungen unter der Prämisse vollständiger Rationalität aufwendige Berechnungen in so hoher Zahl an, dass der menschliche kognitive Apparat mit ihrer Ausführung völlig überfordert ist (Thagard, 2003, S. 367 ff. demonstriert dies am Beispiel juristischer Urteile).

Psychologisch realistischere Annahmen über Entscheidungsprozesse folgen eher dem Modell der „beschränkten Rationalität" und thematisieren die Bedeutung von Heuristiken, also einfachen „Daumenregeln", die unter geeigneten Umweltbedingungen durchaus eine hohe Rationalität von Verhaltensweisen erzeugen können (Gigerenzer & Goldstein, 1996). Was die Adoption von Innovationen anbelangt, spielen neben dem Erfahrungslernen durch Versuch und Irrtum soziale Heuristiken eine Rolle: Neben dem Vertrauen auf Experten (siehe aber einschränkend Abschnitt 1.2. hier) orientieren sich Individuen beispielsweise an anderen Personen mit hohem sozialen Prestige oder schlicht an dem, was die Mehrheit macht. Wie Henrich (2001) anhand einer mathematischen Analyse der Dynamik von Innovationsdiffusionsprozessen zeigt, widerspricht gerade die typische S-Kurve, die den Verlauf der Adoptionsraten über die Zeit beschreibt und die empirisch immer wieder gefunden wurde (siehe Abschnitt 1.4.1.), der Annahme, dass ein rationales Abwägen von Kosten und Nutzen einer Innovation eine dominierende Rolle beim Entscheidungsprozess spielt. Die typische lange Startphase („long tail") bis zum Erreichen einer kritischen Masse mit der dazugehörigen schnellen Innovationsausbreitung könne man nur durch bestehende psychologische und soziale Verzerrungen bei der Verarbeitung von relevanten Informationen erklären. Innovationsdiffusion müsse man, so Henrich, als einen kulturellen Überlieferungsprozess („biased cultural transmission") begreifen, der maßgeblich auf Imitation beruht. Bestehende soziale Strukturen (wie Status und Hierarchien), psychologische Konstitutionen (wie Geschmackspräferenzen) und kulturelle Deutungsmuster wirken als Rahmenbedingung für die Verbreitung von Innovationen: „[P]eople do not simply imitate random things from random people" (Henrich, 2001, S. 997). Die Diffusion neuer sozialer Praktiken gelingt dieser Theorie zufolge dann besonders gut, wenn diese von Personen mit hohem Ansehen vorgelebt werden und wenn sie an bestehende psychologische Präferenzen und kulturelle Logiken gut anschlussfähig sind.

1.5. Innovationstransfer als Veränderung mentaler Strukturen

Vor dem Hintergrund des bisher Gesagten ist es unsere Sichtweise, dass erfolgreicher Transfer von sozialen Innovationen immer eine nachhaltige Veränderung von mentalen Strukturen erfordert. Unter mentalen Strukturen verstehen wir Eigenschaften des Geistes, die innerhalb eines sozialen Systems von den handelnden Akteuren geteilt werden, und vor deren Hintergrund Innovationen subjektiv wahrgenommen und bewertet werden.   Wir   verstehen   den   Begriff „mentale Strukturen" als transdisziplinäres Konstrukt, das an zentrale Konzepte aus verschiedenen Wissenschaftsdisziplinen anschlussfähig ist – in bester Tradition der kaum einer einzigen Disziplin zuordenbaren Innovationsforschung:

- Aus Sicht der *Psychologie* ist vor allem der Begriff der mentalen Modelle (Johnson-Laird, 1983) von Bedeutung. Menschen gründen ihre Handlungen auf innere Repräsentationen der äußeren Welt, die ihnen eine mentale Simulation von zukünftigen Ereignissen ermöglichen. Mentale Modelle enthalten Bündel von kausalen Hypothesen über die Umwelt (Mieg, 2001, S. 129), die zueinander und zu bekannten Fakten maximal kohärent sind (Thagard, 2000). Innovation bedeutet aus dieser Sichtweise, alte Elemente aus dem mentalen Modell zu entfernen, neue darin aufzunehmen oder beides. Da mentale Modelle stets ganzheitliche Repräsentationen sind, unterliegt das Annehmen oder Verwerfen von Elementen und Hypothesen aber zahlreichen einschränkenden Bedingungen. Um akzeptiert zu werden, muss eine Innovation kompatibel zu dem bestehenden mentalen Modell sein, damit eine kohärente, einheitliche Repräsentation von altem und neuem Wissen entstehen kann (Thagard & Findlay, 2011).
- In der *Soziologie* und in der *Anthropologie* ist demgegenüber die soziale Geteiltheit von Repräsentationen Gegenstand des Interesses (Durkheim, 1898; Moscovici, 1963). Mentale Strukturen sind aus diesem Blickwinkel vor allem Merkmale eines sozialen Systems bzw. einer Kultur und nicht so sehr Eigenschaften von Individuen. Innovation ist in dieser Lesart eine Veränderung oder Neukonfiguration sozial geteilter Sinn-Strukturen als Folge gesellschaftlicher Diskurse und Kommunikationsprozesse (vgl. Steyaert, Bouwen & Van Looy, 1996).

- In der *Linguistik* wiederum wird die erkenntnis- und handlungsleitende Funktion sprachlicher Strukturen betont (z. B. Jackendoff, 2007). Von besonderer Bedeutung im Kontext des Innovationstransfers ist die Bedeutung von Metaphern als Phänomene, die das Denken, Wahrnehmen und Handeln strukturieren (Blumenberg, 1979; Lakoff & Johnson, 2003). Für gelungene Innovationsprozesse kommt es darauf an, ob für die infrage stehende Neuerung im sozialen Zielsystem resonanzfähige Metaphern gefunden werden können, die der neuen Idee angemessenen Ausdruck geben (Nonaka & Takeuchi, 1997).

In den nun folgenden Abschnitten entwickeln wir eine konkrete Präzisierung und pragmatische Operationalisierung mentaler Strukturen für die Zwecke der vorliegenden Fallstudie (Kap. 3–7). Dabei verfolgen wir das praktische Ziel, prospektiv diejenigen mental einschränkenden Bedingungen ermitteln zu können, welche im Transferprozess als „Filter und Abwehrmechanismen gegenüber externen Interventionen wirken" (Gräsel et al., 2006, S. 456 f.; s.o. Abschnitt 1.3.). In diesem Sinne werden wir die Einflüsse von Persönlichkeit (Abschnitt 1.5.1.), Werten und Einstellungen (Abschnitt 1.5.2.), kognitiven Strukturen (Abschnitt 1.5.3.) sowie Emotionen (Abschnitt 1.5.4.) auf den Transferprozess untersuchen.

1.5.1. Persönlichkeit

Die Zahl der wissenschaftlichen Definitionen von „Persönlichkeit" dürfte mindestens so groß sein wie die der differentialpsychologischen Lehrstühle, aber vermutlich könnten sich die meisten Psychologinnen und Psychologen darauf einigen, dass mit dem Begriff über die Zeit stabile und über verschiedene Situationen hinweg konsistente Erfahrungs- und Verhaltensmuster gemeint sind, die sich zwischen Individuen unterscheiden. In der Literatur zur Konsumentenforschung haben verschiedene Autoren die Innovations-Aufgeschlossenheit im Sinne von Rogers (2003; vgl. Abschnitt 1.4.1. hier) als stabile Persönlichkeitseigenschaft konzipiert, um damit zu begründen, warum bestimmte Personen eher als andere neuartige Produkte zu kaufen und auszuprobieren bereit sind (z. B. Midgley & Dowling, 1978; 1993; Steenkamp, ter Hofstede & Wedel, 1999; Wood & Swait, 2002).

Während es viele Versuche gegeben hat und gibt, für bestimmte Bereiche spezifische Persönlichkeitseigenschaften zu beschreiben (nicht nur zur Innovativität), so geht man heute davon aus, dass sich Persönlichkeit ganz allgemein mit fünf universal gültigen Dimensionen (den sog. „Big Five") beschreiben lässt (Costa & McCrae, 1985; 1992). Jeder Mensch besitzt diesem Modell zufolge eine charakteristische Ausprägung der Eigenschaften *Emotionale Stabilität* (Wie häufig werden negative Emotionen erlebt? Wie anpassungsfähig und selbstsicher ist jemand?), *Extraversion* (Wie gesellig ist jemand und sucht die Interaktion mit anderen?), *Offenheit* (Wie hoch ist das Interesse an neuen Erfahrungen, Erlebnissen und Eindrücken?), *Verträglichkeit* (Wie kooperativ, warmherzig und vertrauensvoll ist der Umgang mit anderen?) und *Gewissenhaftigkeit* (Wie organisiert, verantwortungsvoll und zuverlässig handelt eine Person?). Es ist davon auszugehen, dass zumindest einige dieser Eigenschaften auch den generellen Umgang mit Innovationen prägen. Für den Prozess der Innovationsdiffusion sind Kommunikation mit anderen sowie die Bereitschaft, neue Dinge auszuprobieren, entscheidend (Rogers, 2003; vgl. Abschnitt 1.4.1.). Es ist daher zu erwarten, dass die Eigenschaften Extraversion und Offenheit mit einer höheren Aufgeschlossenheit gegenüber neuen Ideen und sozialen Praktiken einhergehen.

1.5.2. *Werte und Einstellungen*

Auf der Ebene sozialer Systeme oder ganzer Kulturen wirken geteilte Werte als wichtige Rahmenbedingungen für den Umgang mit Innovationen (vgl. z. B. Dombrowski et al., 2007; Singh, 2006; Steenkamp et al., 1999; Tellis, Stremersch & Yin, 2003). Kulturelle Werte können als „mentale Programme" (Hofstede, 2001) aufgefasst werden, welche die soziale Koordination von Erleben und Verhalten steuern. Ähnlich wie die individuelle Persönlichkeit ein stabiles Erfahrungs- und Verhaltensmuster einzelner Personen konstituiert, können geteilte Werte als Eigenschaften ganzer sozialer Systeme verstanden werden (vgl. Hofstede & McCrae, 2004).

Eines der bekanntesten Modelle allgemeiner Werthaltungen ist der (in Abbildung 1.1. dargestellte) Wertezirkel von Schwartz (1992; siehe auch Schmidt, Bamberg, Davidov, Herrmann & Schwartz, 2007). Demnach sind Werte universal (d. h. kulturübergreifend) innerhalb einer kreisförmigen Struktur beschreibbar, die durch zwei grundlegende, voneinander unabhängige Basis-Dimensionen gekennzeichnet ist. Die eine Dimension bezieht sich auf das Spannungsfeld zwischen Bewahrung, Sicherheit und Tradition auf der einen sowie Offenheit gegenüber Wandel und Selbstbestimmtheit auf der anderen Seite. Die zweite Dimension ist aufgespannt zwischen den Polen Selbst-Erhöhung mit Werten wie Reichtum, Leistung und Macht sowie Selbst-Überwindung mit Werten wie Gleichheit, Frieden und Harmonie mit der Natur. Für den Zusammenhang zwischen Werten und Aufgeschlossenheit gegenüber Innovationen ist nun die Erwartung relativ naheliegend, dass die erste der beschriebenen Achsen – Bewahrung vs. Offenheit für Wandel – einen klaren Einfluss hat. Innovativität, wenn auch von Schwartz selbst nicht genau so bezeichnet, ist offenbar Bestandteil eines charakteristischen Wertebündels. Für die zweite Wertedimension – Selbst-Erhöhung vs. Selbst-Überwindung – kommt es hingegen vermutlich sehr auf die Natur der fraglichen Innovation selbst an. Handelt es sich um eine soziale Innovation beispielsweise aus dem Umweltbereich, sollte sie eher bei Personen mit einer selbst-überwindenden Wertestruktur auf Akzeptanz stoßen. Ein neuer Sportwagen hingegen wird vielleicht eher von solchen Menschen angenommen, denen selbst-erhöhende Werte wichtig sind.

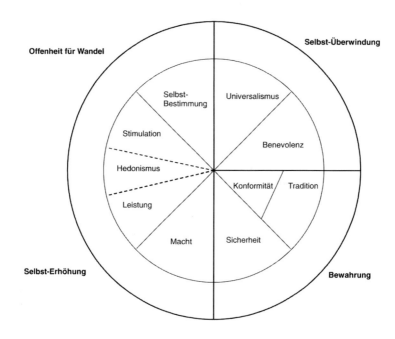

Abb. 1.1. Theoretisches Modell der Beziehungsstruktur zwischen den zehn motivationalen Wertetypen, Quelle: Schmidt et al. (2007). Nachdruck mit freundlicher Genehmigung der Autoren.

Grundlegende Werthaltungen, wie sie von Schwartz und anderen beschrieben wurden, bewegen sich auf einer sehr allgemeinen Ebene und mögen zwar sicherlich generelle Reaktionstendenzen vorhersagen, wirken aber nur sehr indirekt auf tatsächliches Verhalten. Aus der Forschung zum Umweltbewusstsein – im Schwartzschen Zirkel dem Bündel selbst-transzendenter Werte zuzuordnen – ist hinlänglich bekannt, dass der empirische Zusammenhang zwischen allgemeinem Umweltbewusstsein und tatsächlichem ökologisch nachhaltigem Verhalten denkbar klein ist (Kuckartz, 1995). Wie aus der sozialpsychologischen Forschung zum Zusammenhang von Einstellungen und Verhalten bekannt ist, kommt es auf die Passung der Spezifität der jeweiligen Konstrukte an (Ajzen & Fishbein, 2005). Mit sehr allgemeinen Werten und Einstellungen lässt sich auch nur sehr allgemeines Verhalten vorhersagen, während für die Prognose spezifischen Verhaltens (etwa: Nutzung des öffentlichen Nahverkehrs) die Kenntnis der spezifischen Einstellung zu genau diesem Verhalten (also: Haltung zur eigenen Nutzung des öffentlichen Nahverkehrs) erforderlich ist. Für die Frage der wahrscheinlichen Akzeptanz spezifischer Innovationen dürften folglich zwar leichte Zusammenhänge zu allgemeinen Werthaltungen nachweisbar sein, im Einzelnen kommt es aber auf die subjektive Erwünschtheit der konkreten, infrage stehenden Innovationen an.

1.5.3. *Kognitive Strukturen*

Kulturen und soziale Systeme können als Gemeinschaften verstanden werden, die sozial geteilte symbolische Muster zur Kategorisierung und Deutung ihrer Umwelt generieren. Angehörige solcher Gemeinschaften verfügen über geteilte kognitive Repräsentationen (DiMaggio, 1997; Romney, Boyd, Moore, Batchelder & Brazill, 1996), auf deren Grundlage ihr Verhalten und Erleben organisiert ist. Innovation in einem sozialen System einzuführen, bedeutet im Grunde, eine wenigstens partielle Neukonfiguration solcher kognitiver Strukturen vorzunehmen (vgl. Steyaert et al., 1996). Soll dies planvoll, also innerhalb eines gesteuerten Transferprozesses, geschehen, so ist eine möglichst weitgehende Diagnose der bestehenden kognitiven Strukturen hilfreich, denn je höher die Passung einer Innovation zu den bestehenden Strukturen ist, desto höher fällt auch die Wahrscheinlichkeit aus, dass sie vom sozialen System akzeptiert und in die geteilte kognitive Repräsentation aufgenommen wird.

Wem das im vorigen Absatz Geschriebene zu abstrakt erscheint, wird vielleicht dennoch Interesse an sogenannten *Cognitive-Mapping*-Methoden finden, mit denen die – sehr anwendungsorientierte – Psychologie der Marken solche grundlegenden Theorien von Kulturen als symbolische Gemeinschaften aufgegriffen hat (siehe z. B. Adjouri, 2004; Strack, Funken, Gajic, Hopf, Meier, Franzen et al., 2008). Eine Marke ist umso erfolgreicher, je mehr es gelingt, sie zum grundlegenden Wissensbestandteil einer Kultur zu machen. Dann ist implizit, ohne Nachdenken, allen klar, welche Bedürfnisse sie zu befriedigen vermag und die Kaufentscheidung fällt ganz automatisch. Aus der Anthropologie stammende *Cognitive-Mapping*-Methoden wie z. B. der Triadentest (Burton & Nerlove, 1976; für methodische Details s. u. Abschnitt 5.1.1.) ermöglichen die spezifische Bestimmung der sozialen Repräsentation einer Marke (Strack et al., 2008). Adjouri (2004) bezeichnet selbige als das „Markenfundament". Der erfolgreiche Transfer einer Innovation ist in vielerlei Hinsicht mit der Etablierung einer guten Marke vergleichbar: Es muss gelingen, die Innovation fest in den geteilten kognitiven Strukturen des sozialen Zielsystems zu verankern, um ihre Nutzung zu einer keines Nachdenkens mehr würdigen Selbstverständlichkeit des Alltags werden zu lassen.

1.5.4. Emotionen

In dem Maße, in dem in Psychologie, Sozial- und Wirtschaftswissenschaften der *homo oeconomicus*, also das Bild des unter Abwägung aller relevanten Informationen rational kalkulierenden und seinen Nutzen maximierenden Subjekts, infrage gestellt wurde, wuchs das Interesse am Verständnis emotionaler Prozesse. Dabei wird immer mehr erkannt, dass Gefühle keineswegs irrational sind. Aus der Perspektive der Psychologie nehmen sie eine Art Steuerungsfunktion ein: Sie signalisieren dem kognitiven System, was wirklich wichtig ist und an welcher Stelle knappe Aufmerksamkeitsressourcen sinnvoll eingesetzt sind (Thagard, 2006). Kognition ist nie völlig frei und beliebig, sondern „motiviert" (Kunda, 1990), womit gemeint ist, dass Individuen Informationen selektiv aufnehmen und verarbeiten, um sie in Einklang mit ihren Wünschen, Bedürfnissen und Zielen zu bringen. Die Soziologie betont zudem die Verwobenheit von emotionalem Erleben mit sozialen und kulturellen Strukturen (Heise, 2010; von Scheve, 2009). Wenn Kultur als *geteilte kognitive Struktur* aufgefasst werden kann (siehe Abschnitt 1.5.3.), so stellen Emotionen als *geteilte affektive Strukturen* die Verbindung zwischen kulturellem Wissen und dessen persönlicher Bedeutsamkeit für das Individuum her. Leitend für menschliche Handlungen und Entscheidungen sind nicht allein und nicht zuvorderst kognitive Wissensstrukturen, sondern vor allem deren affektive Bedeutung (Heise, 2007; Thagard, 2006). Für den Prozess des Innovationstransfers kommt es von daher nicht nur darauf an, dass die Wahrnehmung und Bewertung einer Innovation kognitiv in bestehende mentale Modelle integrierbar ist (vgl. Abschnitt 1.5.3.), sondern dass sie auch emotional ansprechend ist. Nur dann kann ein Prozess der aktiven Auseinandersetzung, Wissensbeschaffung und des Ausprobierens, wie er von Rogers (2003) als zentral für die Diffusion beschrieben wird (vgl. Abschnitt 1.4.1.), überhaupt erst in Gang kommen.

Die emotionale Bedeutung von Begriffen ist in einem affektiven Raum organisiert (siehe Abb. 1.1.), der durch drei grundlegende, offenbar universale und über
alle Kulturen hinweg gültige Basisdimensionen charakterisiert werden kann (vgl.
Fontaine, Scherer, Roesch & Ellsworth, 2007; Osgood, Suci & Tannenbaum,
1957; Scherer, Dan & Flykt, 2006). Emotionen können als schnell funktionie-
rende und unmittelbar handlungswirksame Bewertungssysteme aufgefasst werden, die dem Organismus erlauben, schnell und effizient auf wichtige Herausforderungen seiner Umwelt zu reagieren. Vor dem Hintergrund einer solchen Logik
beantworten die drei affektiven Basisdimensionen überlebenswichtige Grundfra-
gen. Die erste Dimension heißt in Anlehnung an Osgood et al. (1957) *Evaluation*
und betrifft die generelle hedonische Qualität eines Gefühls. Angenehme Emotionen wie Zufriedenheit und Freude signalisieren dem Organismus, dass eine
gegebene Situation oder ein bestimmter Gegenstand seinen Zielen förderlich ist,
während unangenehme Gefühle wie Angst oder Ärger ihn zu einer Beseitigung
oder Veränderung der Situation motivieren. Die zweite Affektdimension heißt
Potenz und hängt mit der Wahrnehmung von Kontrollierbarkeit zusammen: Ein
starkes Gefühl wie Ärger zeigt an, dass eine Situation beherrscht werden kann
und motiviert biologisch zu einem Angriff, während eine schwache Emotion wie
Angst Unterlegenheit bedeutet und daher zum Verlassen der Situation, also zur
Flucht, auffordert. Die dritte Dimension heißt *Aktivation* bzw. *Erregung*. Sie
hängt mit der unmittelbaren Handlungsbereitschaft zusammen. Eine hohe affektive Erregung sorgt für Aufmerksamkeit, also das Unterbrechen von Routinen,
und eine Neuausrichtung der momentan aktiven Handlungspläne. Innerhalb
dieses dreidimensionalen Affektraums treten prototypische Basisemotionen wie
Freude, Angst, Ärger etc. als Kombination starker Ausprägungen auf den einzelnen Dimensionen auf, wie aus Abbildung 1.2. ersichtlich wird.
    Die grundlegende biologische Funktionalität eines solchen affektiven Rau-
mes leuchtet unmittelbar ein. Darüber hinaus lässt sich aber zeigen, dass auch
innerhalb von komplexen kulturellen Institutionen basale affektive Steuerungs-
mechanismen für das Handeln unmittelbar wirksam sind. Sämtliche sozial kon-
struierten Identitäten und Institutionen tragen nämlich affektive, zumeist über die
sprachliche Sozialisation vermittelte Bedeutung, die als eine Art implizites Kul-
turwissen in konkreten Situationen unmittelbar abrufbar und handlungsleitend ist
(Heise, 2007; MacKinnon, 2004; MacKinnon & Heise, 2010; Schröder, 2009).
Affektive Bedeutungsstrukturen, die innerhalb einer Kultur über lange Zeiträume
sehr überdauernd sind, prägen Handlungs- und Verhaltensmuster nachhaltig.
Will man soziale Innovation erzeugen, ist das aus dieser Perspektive damit verbunden, affektive Bedeutung von Praktiken und Institutionen neu zu schaffen
oder zu verändern. Das kann nur sehr behutsam geschehen, denn das Neue muss
sich in die bestehende Gesamtstruktur einfügen können. Für einen gesteuerten

Transferprozess ist es daher hilfreich, von vornherein zu erkennen, wie bestimmte Innovationen spontan emotional bewertet werden und wie sich diese Bewertungen in die gesamte affektive Bedeutungsstruktur des sozialen Zielsystems einfügt – oder eben auch nicht.

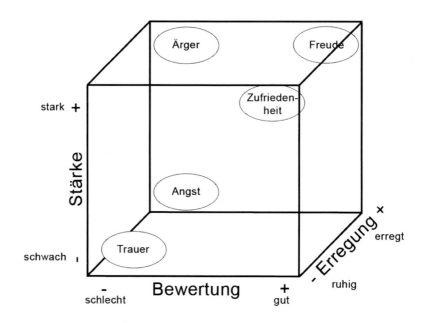

Abb. 1.2. Der affektive Raum (Osgood, May & Miron, 1975) mit fünf Basisemotionen, eigene Grafik.

1.6. Zusammenfassung und Ausblick

Viele der heute drängenden gesellschaftlichen Probleme lassen sich nur dann lösen, wenn einzelne Akteure und soziale Subsysteme der Gesellschaft zu Verhaltensänderungen bewegt werden können. Solche Verhaltensänderungen können als soziale Innovationen bezeichnet werden. Die Anregung und Moderation solcher sozialen Innovationen tritt in vielen Fällen an die Stelle von hierarchischer, machtausübender politischer Steuerung durch Rechtsetzung und ökonomische Anreizgestaltung. Dabei lässt sich in vielen Bereichen eine Konfliktkonstellation feststellen: Auf der einen Seite stehen Expertinnen und Experten, die kraft ihres spezialisierten Wissens auf Probleme und Lösungsmöglichkeiten hinweisen, und auf der anderen Seite die relevanten Teile der Bevölkerung, die ihre Interessen bedroht sehen, und denen es an Verständnis für und Vertrauen in das Handeln von Experten und politischen Entscheidungsträgern fehlt. Somit ist es von herausragender Bedeutung, zwang- und machtfreie Prozesse der Diffusion von Innovationen zu verstehen, die durch eigendynamische Kommunikationsprozesse und freiwillige Adoptionsentscheidungen einzelner Akteure charakterisiert sind. Mentale Strukturen dieser Akteure wie zum Beispiel Persönlichkeitseigenschaften, Werte und Einstellungen sowie kognitive und affektive Repräsentationen stellen einschränkende Bedingungen für Diffusionsprozesse dar. Richtig erkannt, können solche mentalen Strukturen im Vorfeld Aufschluss über geeignete und weniger geeignete Strategien des Innovationstransfers geben. In der hier vorliegenden zukunftsorientierten Fallstudie wurde am Beispiel des Innovationsfeldes „Nachhaltige Flächennutzung" (siehe Kap. 2) der Versuch unternommen, relevante mentale Strukturen potenzieller Anwenderinnen und Anwender von Innovationen im Vorfeld zu identifizieren und, darauf aufbauend, Empfehlungen für eine sozialwissenschaftlich fundierte Transferstrategie abzugeben.

2. Nachhaltigkeitsproblem Flächenverbrauch

Wohlstand und Wachstum sind in Deutschland in den vergangenen Jahrzehnten mit einer kontinuierlichen Ausweitung der Siedlungsflächen einhergegangen. Ende 1950 betrug der Anteil der Siedlungs- und Verkehrsfläche an der Gesamtfläche der alten Bundesrepublik 7,1 Prozent (Dosch, 2002). Zum Stichtag 31.12. 2008 war dieser Anteil, nunmehr bezogen auf das vereinigte Deutschland, auf 13,2 Prozent angewachsen. Dies entspricht einer Fläche von 47.137 km².

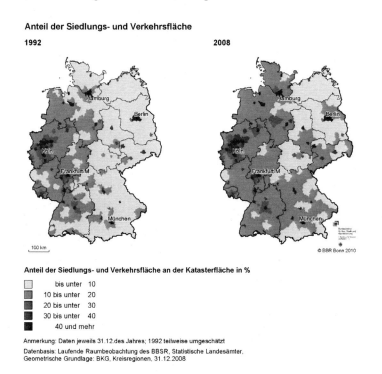

Abb. 2.1. Entwicklung des Anteils der Siedlungs- und Verkehrsfläche, Quelle: Bundesinstitut für Bau-, Stadt- und Raumforschung (2010). Nachdruck mit freundlicher Genehmigung des BBSR.

Abbildung 2.1 veranschaulicht den Zuwachs der Siedlungsflächen über die Zeit. Und das Wachstum der Siedlungs- und Verkehrsflächen erfolgt weiterhin mit hoher Geschwindigkeit: In den Jahren 2005 bis 2008 ergab sich eine Steigerung um 1.516 km² oder 3,3 Prozent. Rechnerisch entspricht dies einem täglichen (!) Anstieg von 104 Hektar oder etwa 149 Fußballfeldern. Zugenommen hat im gleichen Zeitraum auch die Waldfläche. Generell lässt sich festhalten, dass die Ausweitung von Siedlungsflächen vor allem auf Kosten der Landwirtschaft stattfindet, bei deren Nutzflächen ein paralleler Rückgang zu verzeichnen ist (Statistisches Bundesamt, 2010).

Zur Beschreibung des Phänomens hat sich in der Politik der Begriff „Flächenverbrauch" eingebürgert. Hieran wird zwar verschiedentlich die semantische Unschärfe kritisiert – Fläche könne man nicht „verbrauchen", sondern nur auf andere Weise nutzen – und auf den präziseren (herrlich technokratischen) Terminus „Flächeninanspruchnahme" verwiesen. Nach Meinung zahlreicher mit der Thematik befasster Expertinnen und Experten eignet sich der Begriff Flächenverbrauch aber am besten, um das Problem in der Öffentlichkeit griffig zu kommunizieren (Nachhaltigkeitsrat, 2007), wohl auch wegen der mitschwingenden Konnotationen. Dieser Empfehlung sind wir in der vorliegenden Studie gefolgt.

2.1. Flächenkonkurrenz

Jeder Hektar Boden kann nur einmal genutzt werden. Wo ein Autobahnkreuz ist, kann kein Naturschutzgebiet sein. Wo ein Wohnhaus steht, können keine Kühe weiden. Wo ein Produktionsbetrieb steht, kann kein Baggersee zur Erholung einladen. Tatsächlich handelt es sich, wie der Nachhaltigkeitsbeirat der Landesregierung Baden-Württemberg (NBBW) in seinem Gutachten zu „Neuen Wegen zu einem nachhaltigen Flächenmanagement in Baden-Württemberg" festgehalten hat (NBBW, 2004), bei der Flächennutzung um eine typische Konkurrenzsituation: Unterschiedliche Interessen an der Flächennutzung prallen aufeinander. So können schematisch folgende zentrale Funktionen der Fläche unterschieden werden:

- Naturraumfunktion: Die Fläche bietet Lebensraum für Pflanzen und Tiere und damit die Grundlage für den Erhalt der Biodiversität und Artenvielfalt. Sie bestimmt weitgehend das Landschaftsbild und übernimmt aufgrund der morphologischen und biologischen Ausstattung wichtige Teilfunktionen wie Luftaustausch, Luft- und Wasserreinigung, kleinklimatische Wirkungen, Wasserfiltrierung, Hochwasserschutz, Windschutz und vieles mehr.

- Erholungsfunktion: Viele Erholungsaktivitäten sind an bestimmte Flächengestaltungsmerkmale gebunden. Vor allem naturnahe Freizeitaktivitäten wie das Wandern, Spazieren, Klettern usw. gehen mit Flächennutzung einher. Darüber hinaus übernehmen Landschaften auch kulturelle und religiöse Funktionen: Kapellen und Wegkreuze werden oft an Bergkuppen errichtet, ursprüngliche Wasserverläufe üben eine beruhigende und entspannende Wirkung auf den menschlichen Organismus aus und vielfältige Naturformen regen Fantasie und Kreativität der Menschen an.
- Produktionsfunktion: Die Böden von Flächen dienen als Medium für produktive Tätigkeiten. Das sind Landwirtschaft zur Erzeugung von Nahrungs- und Futtermitteln sowie von Biomasse als Energieträger, Forstwirtschaft zur Erzeugung nachwachsender Rohstoffe oder die Entnahme von Rohstoffen wie Kies, Steine oder Ähnlichem.
- Trägerfunktion (Siedlungs- und Verkehrsflächen): In dieser Nutzungsform wird die Fläche als „Unterlage" für Nutzbauten wie Häuser, Industrieanlagen und Windkraftanlagen sowie für Deponien und Verkehrsinfrastruktur benutzt. Diese Funktion ist nicht an die Qualität der Flächenböden gebunden, sondern allenfalls von morphologischen Kriterien wie Neigung oder Beschaffenheit des Untergrundes abhängig.
- Identifikationsfunktion: Landschaften als Heimat bieten einen Anknüpfungspunkt für das Gefühl der kollektiven Zugehörigkeit („Wir-Gefühl", die Vorstellung von „unserem Land"). Das ist wichtig für das Bleiben, aber auch das Engagement für die Fläche und damit deren Erhalt und wird zudem häufig von politischen Kampagnen adressiert (bspw. „Wir können alles – außer Hochdeutsch" für Baden-Württemberg, „Sei Berlin" für Berlin usw.).

Im Sinne einer nachhaltigen Flächennutzung, die zumindest eine stabile Balance zwischen diesen verschiedenen Funktionen und zugrunde liegenden Interessen suchen muss, lassen sich nun eine Reihe potentieller Konflikte denken:

- Konflikt zwischen Erholungsfunktion / Identifikationsfunktion und Produktionsfunktion: Der großflächige Anbau von Energiepflanzen oder die Nutzung der Fläche durch Windparks sorgt für eine Monotonisierung der Landschaft, die eine Nutzung zur Entspannung des menschlichen Organismus und gleichzeitig die Identifikation der Bevölkerung mit „ihrem Land" erschwert.
- Konflikt zwischen verschiedenen Interessen bezüglich der Erholungsfunktion: Die Nutzung der Fläche zur Erholung kann unterschiedlichen Ansprüchen folgen. So besteht ein potentieller Konflikt zwischen den Anhängern

von Wildnis und Ruinenlandschaften und Anhängern von Parklandschaften (Ordnung) – letztlich ein Ästhetik- und Ordnungsproblem.

- Konflikt zwischen Trägerfunktion und Naturraum-, Produktions- und Erholungsfunktion: Die Zersiedelung der Fläche einschließlich des dadurch erhöhten Individualverkehrsaufkommens führt zu einer Einschränkung der weiteren Funktionen.

Für das Problemfeld Flächenverbrauch ist insbesondere der letzte Punkt dieser beispielhaft genannten typischen Konfliktkonstellationen von Relevanz. Neue Siedlungsflächen gehen zu Lasten des landwirtschaftlichen Produktionspotenzials. Darin steckt eine besondere Brisanz insofern, als der Landwirtschaft vermehrt neue Aufgaben im Bereich der Energieversorgung durch Biomasse zukommen (Burdick & Waskow, 2009; Rösch, Jörissen, Skarka & Hartlieb, 2008). Schon heute führt die Konkurrenz aus Nahrungsmittelproduktion und Energieerzeugung mit nachwachsenden Rohstoffen in einzelnen Regionen zu starken lokalen Flächennutzungskonflikten. Ein weiterer Entzug landwirtschaftlich nutzbarer Böden für Siedlungszwecke verschärft solche Konflikte zusätzlich. Tendenziell wird in Zukunft mehr landwirtschaftliche Fläche benötigt und keinesfalls weniger. Dies gilt unbedingt auf globaler Ebene, mehr und mehr jedoch auch vor Ort in Deutschland (Rösch et al., 2008).

2.2. Einige Ursachen des Flächenverbrauchs

Die Flächeninanspruchnahme für Siedlungs- und Verkehrszwecke stellt insgesamt ein extrem komplexes soziales Phänomen dar, bei dem wirtschaftliche, rechtliche, politische und gesellschaftliche Ursachen zusammenwirken. Dabei müssen auch die Differenzierungen zwischen verschiedenen Entscheidungsebenen von den individuellen Grundeigentümern über die Kommunen mit ihrer Planungshoheit bis hin zum Gesetzgeber beachtet werden. Sie alle tragen auf unterschiedliche Weise zum Flächenverbrauch bei, sei es durch individuelle oder kollektive Nutzungs- und Planungsentscheidungen oder durch die Setzung von rechtlichen Rahmen- und fiskalischen Anreizbedingungen. Eine ausführliche Untersuchung der komplexen Bedingungsfaktoren des Flächenverbrauchs ist in einer Veröffentlichung des Bundesinstituts für Bau-, Stadt- und Raumforschung (2009) nachzulesen. In der vorliegenden Studie, die der Untersuchung des Innovationstransfers in die Gesellschaft gilt, haben wir uns auf einzelne Kernaspekte konzentriert, die gleichwohl im Bedingungsgefüge des Problems eine Schlüsselrolle einnehmen.

Betrachtet man zunächst einmal, nach welchen Zwecken sich die „verbrauchte"
Fläche aufschlüsselt, so dominiert der Wohnungsbau, der allein etwa die Hälfte
des täglichen Zuwachses ausmacht. Der Fortschrittsbericht der Bundesregierung
zur nationalen Nachhaltigkeitsstrategie (Bundesregierung, 2008) hält hierzu fest:

> „Die Siedlungsfläche der privaten Haushalte stieg im Zeitraum 1992–2004 um 22,1 % (61 ha
> pro Tag). Sie nahm damit erheblich stärker zu als die Zahl der Einwohner (+1,9 %). Ein we-
> sentlicher Grund ist der deutlich gestiegene Wohnflächenanspruch, der in dem betreffenden
> Zeitraum von 36 m² auf 42 m² zunahm." (S. 46)

Die steigenden individuellen Ansprüche an die verfügbare Wohnfläche sind es
auch, die – entgegen vielfach geäußerter Annahmen – einer „automatischen"
Erledigung des Problems durch den demografischen Wandel und sinkende Be-
völkerungszahlen entgegenstehen. Vor allem der nach wie vor anhaltende Neubau von Eigenheimen „auf der grünen Wiese", d.h. am Rande der bisherigen
bebauten Fläche einer Stadt bzw. Gemeinde, ist als Treiber des Flächenverbrauchs anzusehen. Nicht nur stellt das freistehende, vom eigenen Garten
umgebene Einfamilienhaus schon an sich die flächenintensivste Wohnform dar,
wenn man das Verhältnis von Einwohnerzahl pro Einheit besiedelten Bodens
betrachtet. Hinzu kommen eine Reihe von wiederum flächenintensiven Folgewirkungen, sozusagen ein sekundärer Flächenverbrauch. So sind zusätzliche
Verkehrswege nötig, um Neubaugebiete zu erschließen, außerdem wird häufig
zusätzliche Versorgungs- und soziale Infrastruktur nötig (z. B. wohnortnahe
Supermärkte und Einkaufszentren, Kindergärten und Schulen, Freizeitflächen
wie Sport- und Spielplätze).

Dabei ist das Einfamilienhaus im Grünen die beliebteste Wohnform der
Deutschen. Bei freier Entscheidungsmöglichkeit würde es eindeutig einer Wohnung in der Stadt vorgezogen. Die Vorstellungen der Menschen, die sie mit einem Einfamilienhaus verbinden, sind oftmals an die Rechtsform des Eigentums
gekoppelt (Szypulski, 2008). Dies ist unter anderem damit zu begründen, dass in
der Realität auch selten die Möglichkeit besteht, ein entsprechendes Objekt zu
mieten. Als Eigenheim symbolisiert das Einfamilienhaus den Wunsch nach
individueller Freiheit, Unabhängigkeit und (finanzieller) Sicherheit (Häußermann & Siebel, 1996). Schließlich ist es Sinnbild für sozialen Status, Naturnähe,
Wohlstand, Heimat und andere identitätsrelevante Werte wie z. B. Familie
(Bourdieu, 1998). Auch wenn der Wunsch nach dem Leben in einem Haus in
unterschiedlichen Lebensstilgruppen (Moser, Rosegger & Reicher, 2002;
Schneider & Spellerberg, 1999) sowie nach soziodemografischen Merkmalen
wie der familiären Situation (Szypulski, 2008) differiert, steht das Einfamilienhaus also nach wie vor als bevorzugte Wohnform bei den Bürgerinnen und Bürgern an erster Stelle (BMU, 2004; Jokl, 1990; Schellenberg, 2005).

Die Politik hat die Erweiterung von Siedlungen, insbesondere den Neubau von Eigenheimen, jahrzehntelang aktiv durch wirtschaftliche Anreize wie Eigenheimzulage, Wohnungsbauprämie oder Pendlerpauschale gefördert. Auch das Boden-, Bau- und Planungsrecht, das sich sehr stark an der Eigentumsgarantie des Grundgesetzes orientiert, hat das Flächenwachstum von Siedlungen lange begünstigt, auch wenn es hier in jüngerer Zeit einige Änderungen gegeben hat. Auch die Struktur der Finanzierung von Kommunen spielt eine große Rolle, da sich die erhaltenen Einkommensteueranteile sowie die Zuweisungen aus den Länderhaushalten bzw. den jeweiligen Systemen des interkommunalen Finanzausgleichs maßgeblich nach der Zahl der Einwohner richten. Viele Kommunen richten mithin ihre Entwicklungsstrategien auf den Zuzug gut situierter Bürgerinnen und Bürgern aus, für die günstiges Bauland – vermeintlich oder tatsächlich – ein zentrales Argument bei der Entscheidung über den Wohnort ist.

Auch die Ausweisung von Flächen für produzierendes Gewerbe spielt nach wie vor eine maßgebliche Rolle für die Problematik des Flächenverbrauchs. Da neben den Einkommensteueranteilen die Gewerbesteuer eine zentrale Finanzierungsquelle für die Kommunen darstellt, liegt hier vielerorts eine ähnliche Wettbewerbssituation zwischen benachbarten Städten und Gemeinden vor wie bezüglich der Neubaugebiete, die auf ein Wachstum der Einwohnerzahl abzielen. Insgesamt bewertet die Bundesregierung allerdings in ihrem schon zitierten Fortschrittsbericht (2008) die Entwicklung bei den für Produktionsaktivitäten genutzten Siedlungsflächen im Vergleich zu den Wohngebieten optimistischer. Als Folge des Wandels zur Dienstleistungs- und Wissensgesellschaft mit ihren weniger produktionsintensiven Formen der Wertschöpfung sei es gelungen, eine Entkoppelung von wirtschaftlichem Wachstum und Zuwachs der beanspruchten Siedlungsfläche zu erreichen (S. 46). Dieser Trend sollte aber nicht darüber hinwegtäuschen, dass auch für den Bereich des produzierenden Gewerbes immer noch ein erheblicher Flächenverbrauch stattfindet.

2.3. Mangelnde Nachhaltigkeit des Flächenverbrauchs

Zusätzlich zu seiner negativen Wirkung in Form der Induzierung oder Verschärfung lokaler Nutzungskonflikte (siehe Abschnitt 2.1.) widerspricht der anhaltende Verbrauch von Fläche für Siedlungs- und Verkehrszwecke im Sinne aller drei üblicherweise betrachteten Facetten von Nachhaltigkeit – ökologisch, ökonomisch und sozial – der gesellschaftlichen Entwicklung hin zu einer zukunftsfähigen Wirtschafts- und Lebensweise im Einklang mit den Interessen künftiger Generationen (Bundesregierung, 2002).

In *ökologischer* Hinsicht geht es darum, den Boden als Lebensraum und Lebensgrundlage (für den Menschen sowie viele Tier- und Pflanzenarten) und als Bestandteil natürlicher Kreisläufe (Nährstoffe, Wasser) zu erhalten. Die Versiegelung von Boden vernichtet natürliche Lebensräume, beeinträchtigt die Neubildung von Grundwasser und steigert die Gefahr von Hochwasser. Nun ist Flächenverbrauch nicht automatisch mit Versiegelung gleichzusetzen, da auch viele Grünflächen (zum Beispiel private Gärten oder städtische Parks) zur Siedlungsfläche zählen. Verschiedentlich gibt es den Hinweis, dass solche Erholungsflächen vereinzelt hinsichtlich der Biodiversität bessere Qualitäten bieten als etwa eine landwirtschaftliche Monokultur (Jörissen & Coenen, 2004, S. 15). Eine pauschale Dichotomisierung der Flächennutzung in „gute Landwirtschaft" vs. „schlechte Siedlungen" verbietet sich sicherlich. Mehr noch als die eigentliche Bodenversiegelung dürfte aber die Zerschneidung der Landschaft durch aus der Zersiedelung notwendig gewordene Verkehrswege eine Gefahr für die Biodiversität darstellen. Viele wandernde Arten (z. B. Amphibien wie Kröten oder große Landsäugetiere wie der Luchs) sind auf große, zusammenhängende Lebensräume angewiesen. Gerade diese unzerschnittenen Räume nehmen in Deutschland nach Zahl und Größe ab (Dosch, 2002).

Eines der größten Probleme, die mit dem Flächenverbrauch verbunden sind, besteht in seiner verkehrsinduzierenden Wirkung. Großflächige und entmischte Siedlungsstrukturen führen dazu, dass im Alltag weite Wege bewältigt werden müssen. Eine verlässliche Infrastruktur mit öffentlichen Verkehrsmitteln ist in Neubaugebieten am Stadtrand rar, so dass die Bewohner solcher Viertel auf den motorisierten Individualverkehr angewiesen sind. Folglich führt die Ausweitung von Siedlungsflächen mittelbar zu einer Verschärfung der schädlichen ökologischen Folgewirkungen der Automobilität wie Energieverbrauch, Lärmbelastung sowie Schadstoff- und CO_2-Emissionen.

Mangelnde *ökonomische Nachhaltigkeit* der Flächennutzung wird vor allem darin gesehen, dass überdehnte kommunale Siedlungsstrukturen entstehen, die in absehbarer Zeit angesichts des demografischen Wandels und einer tendenziell schrumpfenden Bevölkerung nicht mehr benötigt werden und vor allem nicht mehr finanzierbar sind. Dies betrifft hohe Erschließungs- und langfristige Unterhaltskosten für technische, soziale und Verkehrsinfrastruktur, bei der ein Rückbau zu späteren Zeiten kaum oder nur zu wiederum sehr hohen Kosten möglich wäre. Auch für die Entscheidungen von Individuen stellt sich die Frage, ob langfristige ökonomische Überlegungen ausreichend bei Wohnstandortentscheidungen berücksichtigt werden. So profitieren viele Haushalte, die in Neubaugebieten im Randbereich von Städten und Gemeinden wohnen, zwar zunächst von niedrigen Grundstückspreisen, sind aber oft gezwungen, mehrere Autos vorzuhalten. Angesichts rasant steigender Energiepreise bedeuten die Kosten des

motorisierten Individualverkehrs für die privaten Haushalte jedoch ein hohes
wirtschaftliches Risiko für die Zukunft. Ein weiterer Aspekt ist der langfristige
Wertverlust von Immobilien in vielen ländlichen Bereichen, der einer Vernich-
tung privaten Vermögens gleichkommt, wobei hier natürlich regionale Unterschiede und Besonderheiten zu beachten sind.

Auch hinsichtlich der *sozialen Facette des Nachhaltigkeitsbegriffs* ist der
Flächenverbrauch problematisch, denn eine suburbanisierte Infrastruktur mit
ihrer Ausrichtung auf den motorisierten Individualverkehr hat neben den ausge-
führten wirtschaftlichen Folgen auch gravierende Auswirkungen auf die indivi-
duell erlebte Lebenszufriedenheit und die Gestaltung der sozialen Beziehungen.
So weist die sogenannte „Glücksforschung", die sich in jüngerer Zeit in Soziologie, Psychologie und Ökonomie wachsender Popularität erfreut (vgl. z. B.
B. Frey, 2008; Frey & Stutzer, 2002), auf die beeinträchtigenden Effekte des
berufsbedingten Pendelns hin, die von den Individuen im Vorfeld aber unter-
schätzt werden (Stutzer & Frey, 2007). Gerade für Familien kann sich durch die
Notwendigkeit, die Berufstätigkeit beider Eltern, Schul- oder Kindertagesstät-
tenbesuche der Kinder, Einkäufe sowie die Freizeitaktivitäten zu koordinieren,
erheblicher mobilitätsbezogener Stress einstellen. Vor dem Hintergrund des
demografischen Wandels stellt sich vielerorts auch die Frage, inwieweit innerhalb einer Siedlungsstruktur, welche das individuelle Bewältigen weiter Wege
im Alltag erfordert, Autonomie und soziale Inklusion der Älteren möglichst
lange aufrechterhalten werden können.

Die massiven gesellschaftlichen Beeinträchtigungen, die sich durch die anhaltende Zersiedelung ergeben, nebst ihren komplexen Wechselwirkungen unter-
einander können hier nur kurz angerissen werden. Ausführlichere Darstellungen
und Analysen des Problemfeldes findet man beispielsweise bei Jörissen und
Coenen (2007) oder in Nachhaltigkeitsrat (2004). Es sollte aber hier deutlich
geworden sein, welche enorme Bedeutung einer Lösung des Problems Flächenverbrauch vor dem Hintergrund des gesellschaftlichen Leitbilds der Entwicklung
zur Nachhaltigkeit beigemessen werden muss.

2.4. Das 30-Hektar-Ziel in der Nachhaltigkeitsstrategie der
   Bundesregierung

Der hohe Problemlösungsdruck, der auf dem Feld der Flächennutzung von den
wissenschaftlichen und politischen Eliten gesehen wird, kommt in der Tatsache
zum Ausdruck, dass die Reduzierung des Flächenverbrauchs seit 2002 zu den
sieben Schwerpunkten in der deutschen nationalen Nachhaltigkeitsstrategie gehört (Bundesregierung, 2002). Konkret wird angestrebt, dass bis zum Jahr 2020

statt der heutigen 104 Hektar (bezogen auf die Jahre 2005 bis 2008) im täglichen Durchschnitt nur noch 30 Hektar Fläche in neue Siedlungs- und Verkehrsfläche umgewandelt werden soll („quantitatives Reduktionsziel"). Zudem sollte allerorts der Vorrang der Innen- vor der Außenentwicklung gelten („qualitatives Reduktionsziel"), so dass der Umnutzung bestehender Gebäude und der Aktivierung innerstädtischer Brachflächen Vorrang vor der Erschließung neuer Wohn- und Gewerbegebiete auf bisherigen landwirtschaftlichen Flächen am Stadtrand gegeben werden.

Auffällig ist aber die mangelnde Präsenz dieses Themas in der öffentlichen Debatte. Anders als die übrigen von der Bundesregierung ausgerufenen strategischen Schwerpunkte (Klimaschutz, Mobilität, Ernährung, Demografischer Wandel, Bildungsreformen und Unternehmerische Innovation) ist die Flächenproblematik in der Öffentlichkeit bisher kaum auf nennenswerte Resonanz gestoßen. Zurzeit deutet somit auch wenig darauf hin, dass das 30-Hektar-Ziel erreichbar ist. Seit Jahren ist der Trend zum Flächenverbrauch – von Schwankungen abgesehen, die im Lichte von Konjunkturzyklen interpretierbar sind – ungebrochen (Bundesregierung, 2008; Deutscher Bundestag, 2008).

Allerdings berichtet das Statistische Bundesamt in jüngerer Zeit qualitative Veränderungen in der Zusammensetzung der verbrauchten Flächen. So gehe der Anteil der für Gebäude versiegelten Flächen deutlich zurück, während innerstädtische Frei- und Erholungsflächen einen deutlich größeren Anteil ausmachten (Statistisches Bundesamt, 2010). Zudem haben die Expertenbefragungen im Rahmen des hier beschriebenen Forschungsprojekts (s. u.) ergeben, dass die genauen statistischen Regeln für die Zuordnung bestimmter Arten von Flächen nicht unumstritten sind. Vor diesem Hintergrund enthält der Koalitionsvertrag von CDU, CSU und FDP, die seit Ende 2010 gemeinsam eine neue Bundesregierung stellen, die Vereinbarung, „im Rahmen der anstehenden Überprüfung der [Nachhaltigkeits-]Indikatoren auch das Flächeninanspruchnahmeziel im Sinne größtmöglicher ökologischer Wirksamkeit neu [zu] definieren" (CDU, CSU & FDP, 2009, S. 42). Bei Naturschutzverbänden hat diese Ankündigung für Proteste und den Vorwurf von „Schönrechnerei" und „Rechentricks" gesorgt (NABU, 2010a). Sie befürchten, dass unter dem Deckmantel der Neudefinition eine Abkehr vom Ziel einer nachhaltigen Flächennutzung erfolgen könnte und teilen auch die Einschätzung nicht, dass innerstädtische Freiflächen wie Hausgärten oder Stadtparks hinsichtlich ihrer Nachhaltigkeit besser zu bewerten seien. Die massiven gesellschaftlichen Folgewirkungen der Zersiedelung, die oben angerissen wurden (siehe Abschnitt 2.3.), bestünden schließlich fort.

Wie auch immer man solche Debatten und Auseinandersetzungen bewertet und wie auch immer eine Neudefinition der Indikatoren zum Flächenverbrauch aussehen mag, so kann man immer noch von einem breiten politischen Konsens darüber ausgehen, dass grundsätzlich ein bedeutend sparsamerer Umgang mit der Ressource Boden gesellschaftlich wünschenswert und notwendig ist. Auch der konservativ-liberale Koalitionsvertrag enthält entsprechende Passagen. Um aber diesem Ziel näher zu kommen, sind massive Anstrengungen zur Verbreitung von Innovationen in der Art und Weise, wie Flächen genutzt werden, unabdingbar.

2.5. Soziale Innovationen zur Reduzierung des Flächenverbrauchs

An Ideen mangelt es dabei keineswegs. Vor allem unter den Stichworten *Innenentwicklung, Flächenrecycling* und *Flächenkreislaufwirtschaft* sind nicht zuletzt im Rahmen des von der Bundesregierung finanzierten Förderschwerpunkts „Forschung für die Reduzierung der Flächeninanspruchnahme" (REFINA, 2006) zahlreiche Konzepte entwickelt worden, mit denen eine flächenneutrale Siedlungs- und Gewerbeentwicklung bei anhaltender wirtschaftlicher Prosperität erreicht werden kann (zur Übersicht s. u. Kapitel 4 bzw. Bayerisches Landesamt für Umwelt, 2008; Deutscher Bundestag, 2007; Deutsches Institut für Urbanistik, 2008; REFINA, 2006). Der Leitgedanke solcher Konzepte besteht darin, ehemals genutzte innerstädtische oder -gemeindliche Flächen wie z. B. industrielle Brachen als Bauland zu nutzen, statt neues Bauland durch die Versiegelung natürlichen Bodens zu schaffen. Damit dürften die meisten im Sinne des 30-Hektar-Zieles wirkungsvollen Innovationen aber nicht nur die ökonomischen Interessen von Grundbesitzern und Kommunen berühren, sondern auch in sehr persönliche Lebensvorstellungen der einzelnen Bürgerinnen und Bürgern hereinreichen. Schließlich läuft der etwas sperrige Begriff „Innenentwicklung" letztlich auf nichts weniger als einen massiven gesellschaftlichen Wandel hin zu urbanen und verdichteten Formen des Wohnens hinaus, die zwar häufig unter den Verfechtern des 30-Hektar-Zieles propagiert werden (z. B. NABU, 2010b), bei denen sich aber erst noch erweisen muss, wie kompatibel sie mit den Wohnvorstellungen und -wünschen einer Mehrheit der Bevölkerung tatsächlich sind.

In den Anstrengungen zur Reduzierung des Flächenverbrauchs, die (jedenfalls bisher) als relativ erfolglos bewertet werden müssen – findet sich das politische Steuerungsproblem wieder, welches in Kapitel 1 beschrieben wurde. Die Veränderung individueller Wohnflächenansprüche, hinter denen Identitäten und Lebensträume Einzelner stehen, lässt sich nicht durch zentrale politische Entscheidungen erzeugen. Auch die Entwicklungs- und Prosperitätsvorstellungen von Kommunen als kollektiv handelnde Akteure entziehen sich der hierarchischen Kontrolle durch den Staat. In einer demokratischen Gesellschaft, in der die individuelle Persönlichkeitsentfaltung und das private Eigentum Verfassungsrang haben, finden die Möglichkeiten der Regierung, auf Expertenwissen beruhende Problemlösungsstrategien durchzusetzen, ihre Schranken in den Absichten, Zielen und Wünschen unabhängiger gesellschaftlicher Akteure. Eine Studie des Rates für Nachhaltige Entwicklung zur Evaluation möglicher Instrumente für eine Reduzierung der Flächeninanspruchnahme kommt folgerichtig zu der Empfehlung, vor allem solche Maßnahmen politisch weiter zu verfolgen, „die schon sehr weit entwickelt sind und die keine grundlegende Änderungen bestehender Normen (Gesetze, Planwerke) erforderlich machen und die vor allem auf einer freiwilligen Selbstverpflichtung von Regionen und Kommunen beruhen" (Nachhaltigkeitsrat, 2007, S. 57). Mit anderen Worten: Es wird eine „weiche" Transfer-Strategie propagiert (vgl. das in Abschnitt 1.3. beschriebene Kontinuum möglicher Transfer-Instrumente), da klassische hierarchische Steuerungsinstrumente wie die durch Rechtsetzung erzwungene Implementierung von Innovationen oder die Gestaltung ökonomischer Anreize durch fiskalische Maßnahmen als gesellschaftlich nicht akzeptanz- und politisch nicht durchsetzungsfähig angesehen werden.

Damit stellt sich die Frage, wie die Chancen einer auf freiwilligen Adoptionsentscheidungen individueller und kommunaler Akteure beruhenden Diffusion von Innovationen der Flächennutzung einzuschätzen sind. Inwieweit sind die von Experten vorgeschlagenen sozialen Innovationen kompatibel mit den bestehenden mentalen Strukturen der Bevölkerung und kommunaler Entscheidungsträger, so dass Chancen für eine zukünftige Akzeptanz und Ausbreitung zu sehen sind? Was ist der Bundesregierung als „Change Agent" im Sinne von Rogers (2003, S. 365 ff.) für ihr strategisches Handeln zu empfehlen, um die Wahrscheinlichkeit erfolgreichen Innovationstransfers zu erhöhen, oder – um in der pessimistischeren Sprache von Gräsel et al. (2008; vgl. hier Abschnitt 1.3.) zu bleiben – den Transfer nicht ganz so unwahrscheinlich erscheinen zu lassen? Um diese Leitfragen ging es bei der in den nachfolgenden Kapiteln beschriebenen Fallstudie.

3. Projektziele und -überblick

Die in den folgenden Kapiteln beschriebenen empirischen Studien erfolgten im Rahmen des Projekts „Integrierte Transfer-Strategie", welches vom Bundesministerium für Bildung und Forschung im thematischen Schwerpunkt „Innovationspolitische Handlungsfelder für die nachhaltige Entwicklung" im Rahmen der Innovations- und Technikanalyse gefördert wurde. Das Ziel des Forschungsprojekts bestand darin, anhand des beispielhaften Feldes der nachhaltigen Flächennutzung den Transfer von sozialen Innovationen für eine nachhaltige Entwicklung in die Gesellschaft zu untersuchen. Mit Hilfe einer Serie von empirischen zukunftsorientierten Studien wurden die Wahrnehmung und Bewertung verschiedener Flächennutzungsinnovationen durch drei relevante Gruppen von Akteuren ermittelt: Expertinnen und Experten (Kap. 4), Bürgerinnen und Bürger (Kap. 5) sowie Entscheidungsträgerinnen und Entscheidungsträger in den Kommunen (Kap. 6). Ausgehend von einer Analyse der Passungen und Diskrepanzen von Wünschen und Erwartungen dieser drei Gruppen (Kap. 7) wurden Vorschläge und Handlungsempfehlungen für eine Transferstrategie entwickelt, die auf die Wünsche und mentalen Strukturen der potenziellen Innovationsadaptoren abgestimmt ist und somit einerseits den Innovationstransfer wahrscheinlicher macht, andererseits aber auch Hinweise für eine stärker an den realistischen Steuerungsaussichten orientierte politische Zielsetzung bietet (Kapitel 8).

3.1. Ein zukunftswissenschaftlicher Ansatz

Die zahlreichen sozialen und technischen Innovationen im Bereich der Flächennutzung und ihre wissenschaftlichen Begutachtungen machen deutlich, dass hier kaum weiterer Entwicklungsbedarf besteht – es mangelt also nicht an neuen oder verbesserten Instrumenten. Der Erfolg des Transfers, die Umsetzung und Verbreitung der Innovationen, hält sich jedoch in Grenzen. Fragt man nach Gründen dafür, so wird unter anderem deutlich, dass zwar das 30-Hektar-Ziel zukunftsorientiert ausgerichtet ist, gleichzeitig aber wenig Auseinandersetzung mit und Kenntnisse über erwünschte und erwartete Entwicklungen aus Sicht der Zielgruppen vorhanden sind und somit Einstellungen und Wünsche relevanter Akteure nicht ausreichend berücksichtigt werden können. Was fehlt, ist demnach eine systematische Erschließung von Annahmen zukünftiger Entwicklungen, also Zukunftsbildern, von Expertinnen und Experten und darüber hinaus von den Zielgruppen selbst. An diesem Forschungsdesiderat setzte das im Folgenden beschriebene Projekt mit seinem zukunftswissenschaftlichen Ansatz an. Für die Ermittlung der Ansichten der drei für die Flächennutzung relevanten Gruppen Experten, Bevölkerung und Kommunen wurde auf die Delphi-Methode zurückgegriffen.

Der Begriff „Zukunftsforschung" kann leicht Assoziationen von Fragwürdigkeit oder geringer Seriosität wecken, was zum Teil an den Vorgehensweisen kommerzieller „Trendforscher" liegt (Rust, 2009), zum gewissen Grade aber dem Forschungsgegenstand selbst geschuldet ist. Schließlich kann etwas, das (noch) nicht existiert, auch nicht in einem kritisch-rationalen Sinne erforscht werden und der Schluss vom Bestehenden auf das Zukünftige ist wissenschaftstheoretisch nicht haltbar (Popper & Lorenz, 1985). Daher ist eine Präzisierung nötig. Was nämlich sehr wohl existiert und erforschbar ist, sind die Vorstellungen und Bilder, die handelnde Akteure eines Feldes von der Zukunft haben und die wiederum ihre Entscheidungen der Gegenwart beeinflussen. Oftmals fehlt jedoch, wie oben am Beispiel der Flächennutzung verdeutlicht, das Wissen über die subjektiven und kollektiven Bilder von Zukunft. Der Verdienst der Zukunftsforschung liegt darin, dass sie die mentalen Strukturen, die zukunftsgestaltendes Handeln beeinflussen, transparent und der Reflexion zugängig macht und damit die bestehenden Entscheidungs- und Handlungsspielräume sichtbar werden lässt. Neben der Bereitstellung von wissenschaftlich fundiertem Wissen über Zukünfte ist daher auch das Entwerfen von innovativen Umsetzungsstrategien Funktion einer praxisbezogenen Zukunftsforschung (Popp, 2009).

Der Plural „Zukünfte" wird hier in voller Absicht benutzt, weil darauf hingewiesen werden soll, dass das Handeln von Akteuren in Kenntnis von Annahmen und Prognosen über die Zukunft dieselbe beeinflussen kann. Zukunftsforschung beschreibt daher immer ein ganzes Spektrum denkbarer Entwicklungen und ist insofern immer auch Zukunftsgestaltung. Verschiedene Arten von Zukünften können in diesem Zusammenhang unterschieden werden (vgl. de Haan, 2011): Mögliche Zukünfte sind Visionen von dem, was in Zukunft sein könnte. Sie basieren auf kreativen Ideen, sind aber nicht mit Utopien und Science Fiction gleichzusetzen. Vielmehr bedarf die Beschreibung möglicher Zukünfte der systematischen Erschließung der Gegenwart in Hinblick auf das verfügbare individuelle und gesellschaftliche Wissen, die existenten oder geschätzten Ressourcen, die kulturellen und (darin eingeschlossen) individuellen Orientierungen. Wahrscheinliche Zukünfte konzentrieren sich auf spezifische Phänomene, die generell empirisch erschlossen werden und Aussagen darüber erlauben, wie die Zukunft am ehesten aussehen wird. Dabei wird – im Gegensatz zu den möglichen

Zukünften – immer ein Zeitraum angegeben, in dem sich (unter spezifischen Rahmenbedingungen) das Vorhergesagte ereignen wird. Plausible Zukünfte basieren in der Regel nicht auf quantitativen empirischen Daten, die Aussagen über zukünftige Entwicklungen erlauben, sondern auf guten Gründen und starken Argumenten. Plausible Zukünfte werden hermeneutisch gewonnen. Dabei wird das verfügbare Wissen über das Themenfeld ebenso genutzt wie existente innovative Ansätze, die in dem jeweiligen Feld diskutiert werden. Ein Zeithorizont, in dem die plausiblen Zukünfte Wirklichkeit werden, wird zumeist nicht angegeben, obschon der Zeithorizont die kommenden 25 Jahre kaum überschreitet. Wünschbare und zu vermeidende Zukünfte implizieren bei ihrer Formulierung moralische Aspekte. Sie werden erhofft oder befürchtet und sind nicht nur rational, sondern auch emotional besetzt. In ihnen drücken sich Erwartungen bezüglich der Verbesserung der Lebensverhältnisse ebenso aus wie die Furcht vor Gefahren, Risiken und Unsicherheiten.

3.2. Die Delphi-Methode

Ist es Ziel, Informationen über einen diffusen Sachverhalt zu gewinnen, gilt die Delphi-Methode als ein geeignetes Verfahren (vgl. Häder, 1996). In einem Prozess der Gruppenkommunikation werden Personen mit Fachexpertise um Einschätzung zu Entwicklungen auf einem Themengebiet gebeten, zu dem eben nur unvollständiges oder unsicheres Wissen vorliegt – wie am Beispiel der Zukunft der Flächennutzung in Deutschland. Merkmal der klassischen Delphi-Methode ist die Durchführung mehrerer Erhebungswellen eines standardisierten Fragenkatalogs. Es handelt sich also um ein mehrstufiges Experten-Befragungsverfahren, bei dem um Einschätzung von Thesen oder kleinen Zukunftsszenarien gebeten wird. Dabei werden den gleichen Studienteilnehmern ab der zweiten Welle die Ergebnisse der vorherigen Runde für die erneute Bewertung derselben Frage zur Verfügung gestellt. Zurückgemeldet werden die Ergebnisse unter Anonymität der Antworten jedes Einzelnen, da ein gemeinsames statistisches Gruppenurteil ermittelt wird (zur Delphi-Methode vgl. Häder, 2009). Somit erfolgen die Expertenbeurteilungen unter dem Einfluss der Einschätzungen der fachlichen Kolleginnen und Kollegen, in deren Lichte die eigene Meinung überdacht und gegebenenfalls verändert werden kann. Dieses Vorgehen hat im Wesentlichen zwei Gründe: Erstens sind kollektive Einschätzungen in der Regel präziser und treffender als individuelle und zweitens werden über die starke Strukturierung und Anonymisierung des Kommunikationsprozesses urteilsverzerrende gruppendynamische Tendenzen ausgeschaltet.

Die Delphi-Methode wurde zunächst für militärische Zwecke entwickelt, dann vor allem in den Bereichen der Betriebswirtschaft (z. B. Prognose von Marktpreisen) und der Technikvorausschau adaptiert (BMBF, 1998; Häder, 2009). Dass es in einem differenzierten Sinne durchaus möglich ist, seriöse, methodisch sorgfältige und valide Zukunftsprognosen für abgegrenzte Bereiche zu treffen, zeigen die umfangreichen Erfahrungen mit der Methode. De Haan & Poltermann (2002) attestieren ihr eine hohe Vorhersagekraft: Im Vergleich zweier groß angelegter Wissenschafts- und Technikdelphis Anfang und Ende der neunziger Jahre des 20. Jahrhunderts habe sich gezeigt, dass die befragten Experten zwar nicht immer die Zeiträume bestimmter Entwicklungen präzise bestimmten, auf jeden Fall aber die Entwicklungen als solche in hohem Maße korrekt vorhersagten. Somit lieferten Delphi-Befragungen auch im Rahmen der Bildungsforschung eine profunde Datenbasis für strategische auf die Zukunft gerichtete Entscheidungen.

Da Delphi-Studien in ihrer heutigen Form weitaus mehr leisten, als Aussagen zu zukünftigen Entwicklungen zu treffen, sollten sie nicht unbedingt danach beurteilt werden, ob es ihnen gelingt, zukünftige Entwicklungen präzise vorherzusagen oder nicht. Denn ihr vielleicht wichtigster Beitrag besteht darin, einen Kommunikationsprozess anzuregen, in dem die gewonnenen Erkenntnisse über Zukunftsannahmen relevanten Adressaten zugänglich gemacht werden und auch den Teilnehmern der Studie selbst zurückgespiegelt werden. Je nach Einsatzfeld der zukunftswissenschaftlichen Forschung ist es also auch Aufgabe und Ziel des Forscherteams, die Ergebnisse so aufzubereiten, dass sie für bestimmte Zielgruppen als Informationsgrundlage für kommende Entscheidungen und Handlungen zur Verfügung stehen und genutzt werden. Ob von den Studienteilnehmern vermutete Entwicklungen wirklich eintreffen oder nicht, hängt dann auch damit zusammen, welche Reaktionen aufgrund der Erhebungsergebnissen erfolgen. So kann es beispielsweise dazu kommen, dass eine bestimmte Entwicklung überhaupt erst eintrifft, weil sich Entscheidungsträger zu bestimmten Handlungsmaßnahmen aufgefordert sahen – und sich die Prognose damit selbst erfüllt („Self-fulfilling Prophecy"). In anderen Fällen, beispielsweise bei Annahmen, die eine negative Zukunft beschreiben, kann es hingegen dazu kommen, dass Entscheidungen getroffen werden, die genau diese Zukunftsprognose verhindern. Hier zerstört sich die Prognose somit selbst („Self-destroying Prophecy"), was jedoch für eine Gesellschaft positiv sein kann, auch wenn es sich dann im Grunde um eine „falsche" Prognose gehandelt hat. Im Fokus der Delphi-Methode steht inzwischen also das Ziel, Orientierungswissen für die heutige Gestaltung von Zukünften zu erzeugen und bereitzustellen.

Im Rahmen einer Delphi-Studie können verschiedene Formen von Zukünften (vgl. Abschnitt 3.1.) unterschieden und getrennt voneinander erhoben werden. So ist es beispielsweise möglich, relevante Informationen über vorhandene Diskrepanzen zwischen erwarteten und erwünschten Entwicklungen zu erhalten. In Handlungsempfehlungen können diese Informationen über Differenzen aufgegriffen und schließlich von Entscheidungsträgern berücksichtigt werden. Die Delphi-Methode gilt, wie erwähnt, klassischerweise als Instrument zur Befragung von Experten (vgl. Häder, 2009). Als Kriterien für die Auswahl für eine Delphi-Studie geeigneter Teilnehmer gelten nach Häder (2000) häufig der Beruf und das Tätigkeitsfeld, in denen die Expertise zum Themenfeld der Befragung gewonnen wurde. Wenn überhaupt ein zukunftswissenschaftlicher Ansatz zur Lösung eines überregionalen Problemfeldes gewählt wird, werden somit selten die Einschätzungen und Vorstellungen der Akteursgruppen einbezogen, die sowohl von den Auswirkungen der zukünftigen Entwicklungen persönlich betroffen sind, als auch die Zukunft selbst durch individuelle Entscheidungen mit beeinflussen können. Im Fall der Flächennutzung sind dies beispielsweise die Bürgerinnen und Bürger sowie die Kommunen. Entsprechend plädiert Gerhold (2009) für eine stärkere Subjektorientierung in der Zukunftsforschung. Um die Perspektive des einzelnen Akteurs zu berücksichtigen, beziehen wir daher neben den Beurteilungen von Experten erstmals in einer großangelegten Delphi-Studie auch die Einschätzungen von Laien, der Bevölkerung, mit ein und betrachten in diesem Zusammenhang die Bevölkerung als Experte ihrer Selbst. Diese Erweiterung ermöglicht es, Diskrepanzen und Übereinstimmungen zwischen Experten und Laien aufzuzeigen. Welche Innovationen werden beispielsweise sowohl von den Experten mit einer hohen Verbreitungswahrscheinlichkeit im Jahr 2020 bewertet als auch von den durch die von Flächennutzungsänderungen betroffenen Bürgern als in ihrer Entwicklung wünschenswert betrachten? Wo hingegen kann nicht von einer Akzeptanz von Veränderungen und deren Unterstützung ausgegangen werden, da eine oder beide befragten Gruppen die in der Studie beschriebenen Zukunftsszenarien ablehnen und als unwahrscheinlich einschätzen? Diese und weitere Fragen, die für zukünftige Strategien in dem Feld der nachhaltigen Flächennutzung berücksichtigt werden müssen, um eine Reduzierung der Flächenneuinanspruchnahme zu erzielen, können nur anhand der Befragung von Experten und von Betroffenen beantwortet werden.

3.3. Architektur des Projekts

Die zweijährige Projektlaufzeit umfasste die in Abbildung 3.1. dargestellten Arbeitsschritte: Nach vorbereitenden wissenschaftlichen Recherchearbeiten zu dem Themenfeld Flächennutzung fand eine Expertenrunde statt, an der neben den Projektmitarbeitern fünf ausgewiesene Experten (aus Wissenschaft, Politik, Wirtschaft sowie verschiedenen Disziplinen) teilnahmen, die aufgrund ihrer Profession einen unterschiedlichen Zugang zur Thematik aufwiesen. Dieser interdisziplinäre wissenschaftliche Beirat des Forschungsprojekts wurde eingesetzt, um eine eingeschränkte Ausrichtung zu vermeiden. Die qualitative Vorarbeit, bestehend aus Literaturrecherche und Expertenworkshop, hatte zum Ziel, die Fragestellung systematisch aufzubereiten und damit die sich anschließenden quantitativen Erhebungen vorzustrukturieren. Im Anschluss daran wurde ein Expertendelphi durchgeführt, das zum Ziel hatte, einen vollständigen, aktualisierten Überblick über erwünschte und erwartete soziale Innovationen auf dem Gebiet der Flächennutzung in Deutschland zu erstellen. Das genaue Vorgehen und die Ergebnisse von Expertenworkshop und -delphi sind in Kapitel 4 beschrieben. Der nächste Schritt bestand in der Durchführung eines Bevölkerungsdelphis als methodische Innovation. Einer repräsentativen Stichprobe wurden auf Basis der Expertenbefragungen zentrale Flächennutzungsinnovationen zur Beurteilung vorgelegt, um die Sichtweise von Laien zu erfassen und mit den Expertenurteilen kontrastieren zu können. In der Bevölkerungsstudie wurde außerdem eine Reihe von Variablen erhoben, die einer genaueren empirischen Untersuchung von für den Transferprozess relevanten mentalen Strukturen im Sinne der in Abschnitt 1.5. dargelegten Erwägungen dienten. Eine ausführliche Darstellung des Bevölkerungsdelphis findet sich in Kapitel 5. Da die Kommunen in Deutschland mit ihren Planungsentscheidungen ebenfalls als zentrale Treiber des Flächenverbrauchs anzusehen sind, wurden in einer weiteren Delphi-Studie auch deren Entscheidungsträger (sowohl von politischer als auch administrativer Seite) befragt. Kapitel 6 stellt die Ergebnisse dieser Studie vor. Damit lagen am Ende umfassende Einschätzungen zur Zukunft der Flächennutzung aus Sicht der wesentlichen relevanten Akteure vor. In einer Gesamtbetrachtung aller drei Studien, die in Kapitel 7 beschrieben wird, wurden abschließend zwei plausible Gesamtszenarien für den Transfer von Flächennutzungsinnovationen bis zum Jahr 2020 entwickelt, durch welche wir den zu erwartenden politischen Gestaltungsspielraum abgesteckt sehen.

Abb. 3.1. Ablauf des Projekts Integrierte Transfer-Strategie

Die Ergebnisse der Fallstudie wurden im Rahmen eines Ergebnisworkshops der Fachöffentlichkeit präsentiert und zur Diskussion gestellt. Das Projektdesign hat es ermöglicht, den Kommunikationsprozess zwischen Experten, Bevölkerung und Politik im Bereich der nachhaltigen Flächennutzung zu stärken. Vor allem wurde es so möglich, die Nutzer-Perspektive konsequent mit in den Innovationsdiskurs einzubeziehen. Damit sollte schon während des laufenden Forschungsprozesses ein Beitrag zur verbesserten Berücksichtigung verschiedener Perspektiven im Rahmen von politischen Entscheidungen geleistet werden.

4. Studie 1: Expertendelphi

Die erste Studie, die als klassisches mehrstufiges Expertendelphi konzipiert war, hatte im Wesentlichen zwei Ziele: Erstens diente sie dazu, eine fachlich fundierte Übersicht der wichtigsten auf dem Feld der Flächennutzung wünschenswerten oder zu erwartenden Innovationen der kommenden zehn Jahre zu erarbeiten, die als Basis der späteren Bevölkerungsstudie dienen konnte. Zweitens wurden die erhobenen Daten dazu benutzt, die Leitbilder und Zukunftsvorstellungen von wissenschaftlichen und administrativen Eliten mit jenen der Bürgerinnen und Bürger bzw. der kommunalpolitischen Praktikerinnen und Praktikern zu kontrastieren, um daraus Schlussfolgerungen über die Voraussetzung und Wahrscheinlichkeit des Innovationstransfers abzuleiten.

Bei der Delphi-Studie wurde in drei Schritten vorgegangen, bei denen qualitative und quantitative Methoden kombiniert wurden. Zunächst führten wir einen eintägigen Expertenworkshop durch, welcher der Sichtung, Strukturierung und Vorauswahl denkbarer Flächennutzungsinnovationen diente. Der zweite Schritt beinhaltete eine Absicherung und Quantifizierung der Einschätzungen in der Breite mittels einer standardisierten Online-Befragung. Im dritten Schritt erfolgte eine grafisch aufbereitete Rückmeldung der statistischen Ergebnisse der vorigen Runde an die gleiche Stichprobe, verbunden mit der Bitte um eine Überprüfung des eigenen Urteils und Abgabe einer erneuten Einschätzung.

4.1. Expertenworkshop zur Identifikation möglicher Innovationen der Flächennutzung

Bevor die schriftlichen Delphi-Befragungen beginnen konnten, musste angesichts der großen Zahl der in der Literatur beschriebenen möglichen Flächennutzungsinnovationen eine wohlüberlegte Vorauswahl getroffen werden. Zu diesem Zweck wurden die Ergebnisse einer entsprechenden Literaturrecherche (Bayerisches Landesamt für Umwelt, 2008; Deutscher Bundestag, 2007; 2008; Dosch, 2002; Jörissen & Coenen, 2004; 2007; Malburg-Graf, Jany, Lilienthal & Ulmer, 2004; Nachhaltigkeitsrat, 2004; 2007; REFINA, 2006) in einem eintägigen

Workshop mit fünf ausgewiesenen Experten[1] diskutiert und gemeinsam struktu-
riert.

4.1.1. Ablauf

Zunächst wurde nach der Vorstellung der Projektziele eine moderierte Diskussion zur Wahrscheinlichkeit der Erreichbarkeit des 30-Hektar-Ziels bis zum Jahr
2020 aus Sicht der Experten durchgeführt, um ihre Sichtweisen auf das Problem
zu erfahren. Im Anschluss benannten die Experten in einem moderierten Brainstorming die wichtigsten Innovationen, die aus ihrer Sicht nötig wären, um den
Flächenverbrauch zu reduzieren. Danach wurden Ergebnisse der Literaturreche-
che (s.o.) in Form eines Mindmaps präsentiert, welches dann „Ast für Ast" mit
den Experten diskutiert und um ihre eigenen Vorschläge ergänzt wurde. Darauf
erfolgte eine Priorisierung der Innovationsvorschläge, indem jeder Experte zehn
Innovationen auf dem Mindmap markierte, die aus seiner Sicht am wichtigsten
und am effektivsten wären, um das 30-Hektar-Ziel zu erreichen. Im Anschluss
wurde erneut eine moderierte Brainstorming-Runde durchgeführt, bei der die
Experten wichtige Bedingungen und Hindernisse für einen erfolgreichen Transfer von Innovationen in die Bevölkerung bzw. Kommunen benannten. Insbesondere wurden dabei mögliche Wünsche und Zukunftsvorstellungen der potenziellen Innovationsnutzer diskutiert, die sich auf die Entscheidung auswirken
könnten, welche Innovationen angenommen werden und welche nicht. In einer
Abschlussrunde wurde gemeinsam eine Vorstrukturierung des schriftlichen Expertendelphis vorgenommen. Dabei wurden gemeinsam die Innovationsbereiche
festgelegt, die in der schriftlichen Befragung enthalten sein sollten.

---

[1] Der Expertenworkshop fand am 23.1.2009 am Institut Futur in Berlin-Dahlem statt. Folgende fünf
Experten waren daran beteiligt: 1. Dr. Ignacio Campino, Vorstandsbeauftragter für Nachhaltigkeit
und Klimaschutz der Deutschen Telekom AG (Praxiserfahrung bei der Implementierung nachhaltigen Handelns in einem Großkonzern); 2. Priv.-Doz. Dr. Lutz Mez, Forschungsstelle für Umweltpolitik, Freie Universität Berlin (politikwissenschaftliche Perspektive); 3. Prof. Dr. Harald A. Mieg,
Humboldt-Universität zu Berlin, Metropolen- und Innovationsforschung (Erfahrung mit Fallstudien
der ETH-Zürich: Nachhaltigkeit als Dialogprozess zwischen Wissenschaft und Öffentlichkeit); 4.
Prof. Dr. Georg Müller-Christ, Universität Bremen, Allgemeine Betriebswirtschaftslehre und Nachhaltiges Management (ökonomische Perspektive, Dilemmata, Praxiserfahrung Nachhaltigkeitsmoni-
toring in Bremen); 5. Dietmar Schütz, MdB a. D. und Oberbürgermeister a. D. der Stadt Oldenburg
(Oldb.) (kommunalpolitische Praxis und Handlungslogik, als ehemaliger Energiepolitiker höchst
vertraut mit der Nachhaltigkeitsthematik).

4.1.2. Ergebnisse

Einschätzung der Wahrscheinlichkeit, das 30-Hektar-Ziel zu erreichen. Zunächst wurden die Wahrscheinlichkeitseinschätzungen der Experten auf einer fünfstufigen Skala (von „sehr unwahrscheinlich" über „eher unwahrscheinlich", „teilsteils" und „eher wahrscheinlich" bis „sehr wahrscheinlich") visualisiert. Dabei zeigte sich, dass die Wahrscheinlichkeit, das 30-Hektar-Ziel bis zum Jahr 2020 zu erreichen, insgesamt als eher gering eingeschätzt wurde, es aber durchaus eine große Spannweite der Urteile gab. Ein Experte hielt es sogar für eher wahrscheinlich. Auf der Suche nach dem Grund für die unterschiedlichen Einschätzungen zeigte sich, dass vor allem die Geschwindigkeit, mit der die Gesellschaft den Umgang mit einem Problem lernt, unterschiedlich eingeschätzt wird. Die Extrempositionen lassen sich dabei wie folgt beschreiben: „Selbst beim Klimawandel, einem Problem, das seit Jahrzehnten in aller Munde ist, gibt es, wenn überhaupt, nur sehr bescheidene Fortschritte. Wie soll man da bei einem Problem, von dem die Masse der Bevölkerung noch nie gehört hat (=Flächenverbrauch), erwarten, binnen nur zehn Jahren substanzielle Verhaltensänderungen zu erzeugen?" vs. „Die Gesellschaft lernt gerade an den Energiepreisen ganz massiv, wie wichtig Nachhaltigkeit ist. Diese Erfahrung wird sie nicht wieder vergessen; der Transfer auf ein anderes Nachhaltigkeitsproblem wird leicht sein." Zu der letzteren, optimistischeren These muss allerdings angemerkt werden, dass sie sich eher auf die Veränderung institutioneller Rahmenbedingungen als auf freiwillige Verhaltensanpassungen Einzelner bezog. Als Beispiel mag dienen, dass Banken künftig vor der Bewilligung einer Hypothek zum Grundstückserwerb und Hausbau vom Kreditnehmer verlangen könnten, eine Kalkulation vorzulegen, die die voraussichtliche Entwicklung der Mobilitätskosten berücksichtigt.

Generell waren sich alle Experten einig, dass die „großen Hebel" zur Erreichung des 30-Hektar-Zieles weniger in der freiwilligen Übernahme von Innovationen seitens der Kommunen und Privatpersonen bestehen, als vielmehr in der Veränderung rechtlicher und fiskalischer Rahmenbedingungen, also gerade in jenen Maßnahmen, die von der Bundesregierung als nicht durchsetzbar oder politisch nicht gewollt angesehen werden (vgl. Deutscher Bundestag, 2008).

Identifikation von Innovationen in der Flächennutzung. In Tabelle 4.1. sind als Ergebnis des Expertenworkshops alle identifizierten möglichen innovativen Flächennutzungspraktiken aufgelistet, die sich aus der Literaturrecherche (s.o.), dem freien Brainstorming und der durch das Mindmap gestützten Diskussion ergaben. Dabei wurden die einzelnen Innovationen mehrfach umstrukturiert, bis sich die aus der Tabelle ersichtlichen Einzelkategorien ergaben.

Tab. 4.1. Mögliche Innovationen in der Landnutzung

- Neue Stadtkonzepte: Innenentwicklung bestehender Flächen
  - o Neue Leitbilder für die Stadtentwicklung
    - „Stadt der kurzen Wege": Mobilitätsarme Siedlungsentwicklung
    - „Innen- vor Außenentwicklung"
    - „Entsiegelung bei Versiegelung": Flächenneutrale Gewerbe- und Siedlungsentwicklung, Ausgleichsentsiegelung
    - Leitbild als Marketinginstrument für Attraktivität innerstädtischen Wohnens, z.B. „Oldenburg die Kulturstadt"
  - o Brachflächen-Recycling
    - Ehemalige Militärflächen für neue Städte nutzen
    - Industriebrachen
    - Konversion von Altlasten
    - Kofferung von Altlasten
    - Auswahl von Flächen auf ökologische Kriterien stützen
  - o Nachverdichtung
  - o Aufwertung der bestehenden Bausubstanz: U.a. Revitalisierung leerstehender Bauten
  - o Public Private Partnerships zur Brachflächenentwicklung
  - o Revitalisierung der Innenstädte
    - Kultur und Bildung
    - Kindergärten (Familien anziehen)
    - Nutzungsmischung: Wohnen und Arbeiten am selben Ort
    - Barrierefreiheit, Zielgruppe Senioren
  - o Nachhaltigkeit von Gewerbegebieten
- Interkommunale Kooperation bei der Flächenausweisung
  - o Stärkung der Regionalplanung über Gemeinde-, Regional- und Zweckverbände
  - o Bundes-/Landeskompetenz stärken (Raumordnung abstimmen)
    - o Koordinierte Baulandausweisung
    - Nach ökologischen Kriterien geeignete Flächen bevorzugen
      - Natürlich "schlechte" Böden
      - Interkommunale Kompensationsflächenpools, z. B. „Ökopools"
      - Wegen Vornutzung "schlechte" Böden
    - Gesamtflächenverbrauch reduzieren
    - Entwicklungsziele von Gemeinden abstimmen
      - Regionale statt kommunale Entwicklungskonzepte
      - Aufgabenteilung: „Gewerbegemeinden" und „Naturgemeinden"
      - Abstimmung der Gewerbeflächenentwicklung, bessere Auslastung
      - Schaffung von Einkommensausgleich zwischen "spezialisierten" Gemeinden
      - Netzwerke/Verbünde für Flächennutzungsplanung
- Bau- und Planungsrecht
  - o Revisionspflicht für Flächennutzungspläne (umgesetzt!)

- o Flächenkreislaufwirtschaft und „Baurecht auf Zeit" (Befristung von Flächennutzungsplänen und Baugenehmigungen)
- o Erleichterter Stadtumbau
- o Planungspflichten: Quantifizierte Flächenziele
- o Entscheidungsprämissen langfristig anlegen
- o Verbot der Neuversiegelung, ggf. mit Fristen oder Kompensation mit Entsiegelungspflicht
- o Pflicht zum Flächenrecycling
- Problembewusstsein / Informationsberücksichtigung
  - o QTradeoff-SensibilitätQ schaffen („Entweder Natur genießen *oder* Steuereinnahmen")
    - Bevölkerung
    - Kommunale Entscheidungsträger
  - o Best Practice Beispiele „Leuchtturmdenken"
  - o Leitfäden
  - o „Kosten- und Planungswahrheit": Umfassende Betrachtung von Folgekosten der Infrastrukturentwicklung
    - als rechtliche Pflicht
    - als Forderung der Banken bei Baukalkulationen
    - aus eigenem Antrieb
  - o Baulandkataster
    - Monitoring der flächenbezogenen Entwicklungsprozesse
    - Flächenstatistik mit qualitativen Indikatoren
  - o Intensive mediale Kommunikation des Flächenthemas
  - o Kommunaler Wettbewerb (Flächenverbrauch = Null)
- Fiskalische Rahmenbedingungen reformieren
  - o Grund- und Grunderwerbsteuer umgestalten (Z.B. Vergünstigungen bei Altflächen)
  - o Ökologisierung des kommunalen Finanzausgleichs
  - o Handelbare Flächenausweisungszertifikate
  - o Baulandausweisungsumlage (Kommunen zahlen)
  - o Neuerschließungs- oder Bodenversiegelungsabgabe (Bauherr zahlt)
  - o kommunaler Einkommenssteueranteil nicht länger einwohnerbezogen
  - o Spekulative Finanzanreize beseitigen (Planungswertausgleich)
- Planungsprozesse
  - o Korruptionsbekämpfung und Transparenz in der kommunalen Bauwirtschaft
  - o „Zukunftsfähigkeit" als Planungskriterium („Wie wollen wir unsere Gemeinde unseren Kindern übergeben?")
  - o Organisation der Prozesse
    - Eigentümeransprache
    - Dialog mit Verbandsakteuren
    - Moderation dilemmatischer Abwägungsprozesse
    - Beteiligungsformate
- Konzepte, eigene Identität für ländlichen Raum (statt Industrialisierungsideal)

An der Diskussion der Innovationen zur ersten Kategorie *Neue Stadtkonzepte* wurde deutlich, welch massiver sozialer Wandel im Grunde mit dem Flächenreduktionsziel verbunden ist. Wenn die vorrangige oder gar alleinige Nutzung bestehender innenstädtischer Flächen propagiert wird, geht es dabei letzten Endes um nicht weniger als die Etablierung eines neuen Urbanitätsideals bei der Frage, wie Menschen leben möchten. Als zentral wird dabei von einigen Experten die Rolle von Leitbildprozessen bei der Stadtentwicklung gesehen, während andere der Meinung sind, dass dem Konzept des Leitbildes bei der politischen Steuerung zu hohe Erwartungen entgegengebracht würden, die man in der Praxis als gescheitert ansehen müsse. Ein hohes Hemmnis der Innenstadtentwicklung im Vergleich zur Neuentwicklung von Siedlungen und Gewerbegebieten am Stadtrand stellt die Konfliktanfälligkeit neuer Projekte in verdichteten innerstädtischen Gebieten dar. Bezüglich der Akzeptanz von Brachflächenrecycling wird die subjektive Wahrnehmung der mit industriellen oder militärischen Altlasten verbundenen Risiken als bedeutsam angesehen (für Kommunen / Investoren = finanzielle Risiken; für Privatpersonen = wahrgenommene Gesundheitsrisiken).

Die *interkommunale Kooperation* wird von den Experten übereinstimmend als ganz wesentliches Instrument angesehen. Nur wenn auf höherer, regionaler Ebene die Entwicklung koordiniert werde und dabei „Spezialisierungsmöglichkeiten" einzelner Kommunen möglich seien, lasse sich der Flächenverbrauch sachgerecht (auch in qualitativer Hinsicht) steuern. Große Hindernisse werden jedoch zum einen darin gesehen, dass unter den gegebenen fiskalischen Bedingungen adäquate Ausgleichszahlungen (etwa für den Verlust an Gewerbesteuereinnahmen bei Realisierung des Gewerbegebietes auf dem Boden einer Nachbargemeinde) nur sehr schwierig zu realisieren seien. Zum anderen sei die Interessenlage oft allzu unterschiedlich, daher verweigerten sich prosperierende Umlandgemeinden eines größeren Zentrums oft solchen Kooperationen.

Der Bereich *Bau- und Planungsrecht* wird als einer der wichtigsten zur Erreichung des 30-Hektar-Ziels angesehen, wurde aber bei dem Workshop nur insoweit diskutiert, als rechtliche Änderungen für die Realisierung von Innovationen aus anderen Bereichen für unverzichtbar erachtet wurden. Empfehlungen an den Gesetzgeber waren nämlich nicht das Ziel des ITS-Projekts, so dass hierauf nicht viel Zeit verwandt wurde. Hierzu liegt auch bereits eine umfangreiche Literatur vor (z. B. Deutscher Bundestag, 2007; Dosch, 2002; Jörissen & Coenen, 2004; Nachhaltigkeitsrat, 2004; 2007).

Innovationsvorschläge im Bereich *Problembewusstsein / Informationsberücksichtigung* beziehen sich naturgemäß mehr auf den Prozess, in dem über die Flächennutzung entschieden wird, als auf die Art der Flächennutzung selbst (vgl. auch die klassische Unterscheidung zwischen Produkt- und Prozessinnovationen bei Hauschildt, 1997). Damit ist diese Kategorie wohl weniger scharf von

Maßnahmen zum Innovationstransfer zu trennen. Bezüglich der Bedeutung be-
wusstseinsbildender Maßnahmen zeigte sich recht großer Dissens unter den
Experten. Während einerseits auf die Notwendigkeit hingewiesen wurde, bei
Entscheidern eine „Tradeoff-Sensibilität" dafür zu schaffen, dass z. B. nur *entweder* ein Mehr an Gewerbesteuereinnahmen *oder* ein unberührtes Waldstück
zum Spielen für Kinder möglich ist, aber nicht beides, wurde dem andererseits
entgegengehalten, dass ein solches Problembewusstsein keine Garantie für ge-
ringeren Flächenverbrauch darstelle. Im Gegenteil, die Erfahrungen aus der
Umweltverhaltensforschung (etwa: Energie sparen) wiesen darauf hin, dass die
Erzeugung von umweltbewussten *Einstellungen* gerade keinen besonders effek-
tiven Weg darstelle, auch umweltbewusstes *Verhalten* zu erzeugen. Ein wichtiger Punkt, an dem auch größerer Konsens bestand, scheint die Frage der „Kostenwahrheit" zu sein, die sich auf eine langfristige Planung der ökonomischen
Bilanz neuer Siedlungsstrukturen (inklusive möglicher Aspekte wie die
Schrumpfung der Bevölkerung oder eine möglicherweise drastische Verteuerung
der Mobilitätskosten) bezieht. Wenn eine solche langfristige Planungsperspekti-
ve institutionalisiert werde (z. B. durch Anforderungen von Banken bei der Ren-
tabilitätsberechnung öffentlicher wie privater Bauprojekte), könne sie – so die
Meinung der teilnehmenden Experten – zu einem sehr wirksamen Hebel bezüglich des 30-Hektar-Ziels werden, weil sie manchen durch Flächenverbrauch
erzielbaren kurzfristigen ökonomischen Profit in der Gesamtbetrachtung ganz
anders aussehen lasse.

Wie bereits erläutert, werden *Fiskalische Rahmenbedingungen* übereinstimmend als besonders starke Treiber des Flächenverbrauchs angesehen und die
diesbezüglichen Reformvorschläge, die sich vor allem an den Gesetzgeber richten, als sehr bedeutend für die Zielerreichung erachtet.

Die Bedeutung innovativer, insbesondere partizipativer *Planungsprozesse*
für die Erreichung des 30-Hektar-Zieles wird seitens der Experten nicht ganz
einheitlich gesehen (vgl. die Kontroverse zur Bedeutung von Leitbildern, s.o.).
Auf der einen Seite wurde betont, dass komplexere Beteiligungsprozesse zu
mehr Transparenz hinsichtlich der Interessen von Akteuren führen, was der nach
Expertensicht verbreiteten Korruption in der kommunalen Bauwirtschaft entgegen wirke, einem bedeutenden Motor des Flächenverbrauchs vor allem in kleineren Gemeinden. Zudem biete ein partizipativer Ansatz die Chance, die Planungsentscheidungen unter größerer Vielfalt von Perspektiven zu diskutieren und
somit einer Verengung auf die ökonomische Prosperität der Gemeinden entge-
genzuwirken. Auf der anderen Seite machten die Experten deutlich, dass es keineswegs einen „Automatismus" dahingehend gebe, dass mehr Elemente von
direkter Demokratie auch zu ökologisch nachhaltigeren Entscheidungen führten.
Gerade bezüglich des Innovationsvorschlags Nachverdichtung / Flächen-

recycling (s.o.) könne ein breit angelegter Diskurs dem Flächenverbrauchreduktions-Ziel angesichts der großen Konfliktanfälligkeit von Planungsprozessen im Innenbereich sogar abträglich sein.

Als innovativer Vorschlag, der nicht in der berücksichtigten Literatur zu finden war und sich auch keinem der genannten Innovationsbereiche zuordnen ließ, wurde die Entwicklung von *Konzepten für den ländlichen Raum* genannt. Hintergrund ist die Auffassung, dass der ländliche Raum in Deutschland als eine Art Restkategorie betrachtet und meist vor dem Hintergrund von Benachteiligungen gegenüber urbanen Gebieten (Beispiel: Breitband-Internetversorgung) gedacht werde. Dieses „Defizitdenken" verleite insbesondere kommunale Entscheidungsträger in kleinen ländlichen Gemeinden dazu, mit der Ausweisung von Gewerbeflächen einem industriellen Entwicklungsideal nachzujagen. Gäbe es hingegen ein Bewusstsein für den Wert ländlicher Räume „an sich", könne es einfacher sein, flächenzehrende politische Entscheidungen zu vermeiden.

Vorstrukturierung des schriftlichen Expertendelphi. Da aus Zeitgründen nicht alle oben aufgeführten möglichen Innovationen in den beiden schriftlichen Befragungsrunden des Expertendelphi auf die Wahrscheinlichkeit und Wünschbarkeit ihrer Verbreitung hin beurteilt werden können, wurde im Rahmen des Expertenworkshops eine Priorisierung vorgenommen. Dabei wählte zunächst jeder Experte aus dem gesamten gegen Ende des Workshops erarbeiteten Pool an Innovationen die seiner Ansicht nach zehn wichtigsten Innovationen, d. h. diejenigen mit dem größten Wirkungspotenzial in Bezug auf das 30-Hektar-Ziel, aus. Anschließend wurde auf Basis der so erzielten Nennungshäufigkeiten gemeinsam eine Auswahl getroffen und in ein weiteres, simultan während der Diskussion erzeugtes Mindmap eingetragen, welches die Grundlage dafür bildete, in der Nachbereitung des Workshops die inhaltliche Struktur aller folgenden schriftlichen Delphi-Befragungen auszuarbeiten, die in Abbildung 4.1. dargestellt ist.

Dazu ist anzumerken, dass der Innovationsbereich *Rechtliche und fiskalische Rahmenbedingungen* relativ geringen Raum einnimmt, gemessen an der ihm von den Experten beigemessenen Bedeutung. Dies liegt an der Zielsetzung der vorliegenden Studie, welche auf die freiwillige Innovationsadaption privater und kommunaler Akteure abzielt, wohingegen die Änderung der fiskalischen Rahmenbedingungen gesetzgeberische Aktivitäten erfordert, mithin auf einen „erzwungenen Innovationstransfer" abzielt (und, wie schon mehrfach erläutert, derzeit politisch mehrheitlich nicht gewünscht ist). Gleichwohl soll hier ausdrücklich festgehalten werden, dass die Experten in diesem Bereich einhellig den größten Hebel für die Erreichung des 30-Hektar-Zieles sahen.

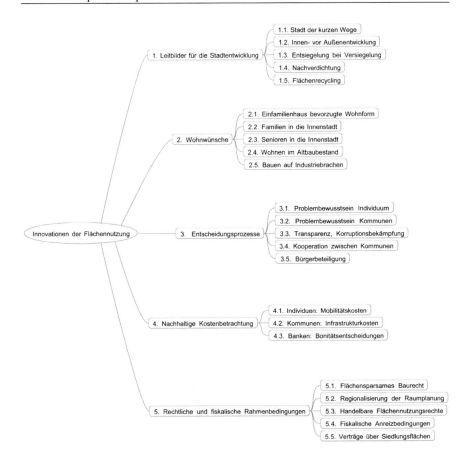

Abb. 4.1. In den Delphi-Studien berücksichtigte Flächennutzungsinnovationen

4.1.3. Diskussion

Es kann davon ausgegangen werden, dass mit dem Expertenworkshop eine umfassende Zusammenstellung der in Fachkreisen im Zusammenhang mit dem 30-Hektar-Ziel diskutierten Flächennutzungsinnovationen erreicht wurde. Die Ergebnisse aus der Sichtung einschlägiger Literatur konnten fundiert, systematisiert und teilweise noch ergänzt werden. Gleichzeitig sind in der Expertenrunde Dissense hinsichtlich der Bedeutungseinschätzung mehrerer Innovationen für den erfolgreichen Transfer deutlich geworden (etwa: Rolle von Bewusstseinsbildung, Lernfähigkeit der Gesellschaft, Leitbildprozesse, Partizipationsansätze). Es ist nicht unwahrscheinlich, dass diese hier zum Vorschein gekommenen unterschiedlichen Expertenurteile allgemeine, in breiteren fachlichen und politischen Kreisen bestehende Kontroversen widerspiegeln.

Deutlich geworden ist ebenso, dass eine der größten Herausforderungen beim Innovationstransfer zur Reduktion des Flächenverbrauchs offenbar darin besteht, einen massiven sozialen Wandel grundlegender das Wohnen betreffender mentaler Strukturen zu erzeugen. Solange der Wunsch nach dem selbst erbauten Einfamilienhaus im Grünen zum Kernbereich der Identität weiter Teile der Bevölkerung gehört, wird es äußerst schwierig sein, Innovationen zu verbreiten, die auf Nachverdichtung innenstädtischer Areale abzielen und im Grunde den freiwilligen Verzicht auf die Realisierung eines zentralen Lebenswunsches erfordern. Bislang scheinen aus Wissenschaft und Politik kommunizierte Auswirkungen der Realisierung dieser Wohnvorstellung auch nicht mit einer Veränderung der Verhaltensweisen der Bevölkerung einherzugehen. Ökologische Konsequenzen durch Alltagsmobilität, die mit der Entscheidung für diese Form des Wohnens verbunden sind, scheinen aber beispielsweise bei den Akteuren gar nicht präsent zu sein (vgl. Schmitt, Dombrowski, Seifert, Geyer & Murat, 2006). Ob den Bürgerinnen und Bürgern also überhaupt ein Zusammenhang zwischen eigener Wohnorientierung und der Problematik des Flächenverbrauchs bekannt ist, darf bezweifelt werden (vgl. Kuckartz & Rheingans-Heintze, 2006).

Eine weitere wichtige Schlussfolgerung aus dem Expertenworkshop besteht allerdings darin, dass die kommunalpolitischen Akteure zusätzlich zur Bevölkerung als Hauptzielgruppe einer Transferstrategie im Bereich Flächennutzung betrachtet werden müssen; wahrscheinlich sogar als deren primäre Zielgruppe. Mehr noch als die Bau- und Kaufentscheidungen von Privatpersonen (*Nachfrageseite*) sind es die Planungsentscheidungen der Kommunen, welche beim Flächenverbrauch den Hebel darstellen (*Angebotsseite*). So wie seitens der Bevölkerung der Traum vom Einfamilienhaus mit all seinen kognitiven und affektiven Assoziationen als entscheidende Hintergrundbedingung für die Innovationsakzeptanz berücksichtigt werden muss, sind es bei den Kommunen die ökonomischen Prosperitäts- und Zukunftsvorstellungen. Gleichzeitig ist davon auszugehen, dass auch kommunale Entscheider sich an den (wahrgenommenen) Wünschen der Bevölkerung orientieren, wenn sie z. B. die Entwicklung neuer Wohngebiete vorantreiben.

4.2. Das schriftliche Expertendelphi: Methodisches Vorgehen

Der schriftliche Teil des Expertendelphi, der in zwei standardisierten Befragungsrunden erfolgte, diente der Absicherung und genaueren quantitativen Bestimmung der im Expertenworkshop gewonnenen Einschätzungen über mögliche
Innovationen der Flächennutzung in den kommenden zehn Jahren.

4.2.1. Entwicklung des Fragebogens

Die Erhebung der Daten erfolgte internetbasiert über einen elektronischen Fragebogen, der mit der Befragungssoftware EFS Survey der Firma Globalpark
programmiert war. Der Fragebogen hatte die nachfolgend beschriebene Struktur:
Nach einigen Eingangsfragen, die sich auf die allgemeine Beurteilung des 30-
Hektar-Ziels bezogen, wurden die teilnehmenden Expertinnen und Experten
zunächst gebeten, 23 Zukunftsszenarien zur Flächennutzung hinsichtlich der
Erwünschtheit und Wahrscheinlichkeit ihrer Realisierung einzuschätzen. Dann
wurden aus Sicht der Expertinnen und Experten geeignete Maßnahmen zur Be-
förderung des Innovationstransfers erfragt. Beides wurde im Sinne der Delphi-
Methode in zwei Runden abgefragt. Ein dritter Befragungsteil, der nur in der
ersten Runde enthalten war, diente der Erhebung des institutionellen und soziodemografischen Hintergrunds sowie des Grades der Expertise der Befragten[2].

Szenarien zur Flächennutzung in Deutschland im Jahr 2020. Alle 23 Innovationen der Flächennutzung, welche in dem Expertendelphi enthalten waren (siehe
Abb. 4.1.), wurden den Befragungsteilnehmerinnen und -teilnehmern in Form
kurzer Szenarien präsentiert, die Beschreibungen möglicher Entwicklungen bis
zum Jahr 2020 enthielten. Ein Szenario ist eine kleine „Geschichte", die einen
hypothetischen zukünftigen Zustand eines Systems beschreibt, der aus einer als
plausibel beurteilten Kombination verschiedener Einflussfaktoren entsteht (vgl.
Scholz & Tietje, 2002, S. 79 ff.). Die Szenariotexte wurden von den Autoren
dieser Studie so entwickelt, dass sie das Diskussionsergebnis der durchgeführten
Expertenrunde (siehe Abschnitt 4.1.) möglichst konzise abbildeten. Eine besondere Herausforderung ergab sich dabei durch unseren Anspruch, die Szenarien so
zu beschreiben, dass sie einerseits von Expertinnen und Experten des Feldes als

---

[2] In der zweiten Befragungsrunde wurde außerdem ein Triadentest nach Burton & Nerlove (1976)
zur Bestimmung der kollektiven kognitiven Repräsentation des Problemfeldes Flächenverbrauch
durchgeführt. Dabei handelte es sich aber nur um einen Vortest für die entsprechende, detailliertere
empirische Bestimmung mentaler Strukturen während des Bevölkerungsdelphis (s. u. Kap. 5), so
dass hier auf weitere Ausführungen dazu zunächst verzichtet wird.

hinreichend sachgerecht und treffend beurteilt würden, andererseits aber auch im
Rahmen des späteren Bevölkerungsdelphis (s. u. Kap. 5) von fachlichen Laien
mit teilweise niedrigem Bildungsstand grundsätzlich verstanden würden. Denn
der Vergleich von Experten- und Bevölkerungseinschätzungen war ein wesentliches Ziel des Forschungsprojekts, so dass es aus methodischen Gründen angebracht erschien, den jeweils Befragten weitestgehend das gleiche Material vorzulegen. In mehreren Runden wurden die Szenarien immer wieder den
Teilnehmern des Expertenworkshops vorgelegt und Korrekturen bzw. Präzisierungen erbeten, bis nach übereinstimmender Auffassung die Ergebnisse des
Workshops sachgerecht durch die Formulierungen abgebildet waren. Die letztlich verwendeten Formulierungen können dem Anhang entnommen werden, in
dem sämtliche Szenarien mit ihren Originalformulierungen und grafisch aufbe-
reiteten Ergebnissen aller durchgeführten Studien in einer Übersicht zusammen-
gestellt sind.

Skalierung von Erwünschtheit und Wahrscheinlichkeit. Die Bewertung der Szenarien durch die teilnehmenden Expertinnen und Experten erfolgte differenziert
nach den Dimensionen Erwünschtheit und Wahrscheinlichkeit (vgl. Abschnitt 3.1. zu den verschiedenen Zukunftskonzeptionen) auf jeweils standardisierten Skalen.

Die subjektive *Erwünschtheit* der in den Szenarien beschriebenen sozialen
Innovationen wurde auf bipolaren siebenstufigen verbalen Schätzskalen bewertet, die von „gar nicht wünschenswert" (bzw. –3) über einen neutralen Punkt
(„weder noch" bzw. 0) bis „sehr wünschenswert" (bzw. +3) reichten. In der
zweiten Delphi-Runde wurde bei jeder Schätzskala zusätzlich eine grafisch aufbereitete Rückmeldung über die statistischen Ergebnisse der ersten Runde gegeben. Dabei wurde als Maß der zentralen Tendenz der Median angegeben und als
Streuungsmaß die Strecke, die das zweite und dritte Quartil umfasste (also die
mittleren 50 Prozent der Antworten). Die Visualisierung erfolgte als stilisierte
Dichteverteilung in Form eines kleinen Häuschens, bei dem die Breite der Streuung und die Dachspitze dem Median entsprachen (siehe Anhang).

Die Beurteilung der *Wahrscheinlichkeit* der beschriebenen Entwicklung
wurde, soweit dies inhaltlich logisch und sinnvoll erschien, in Form von Verbreitungsprognosen erbeten. Dabei sollte auf visuellen Analogskalen, die mit einer
von 0 bis 100 reichenden Skala versehen waren, angegeben werden, auf wie viel
Prozent der Kommunen (Szenarien 1.1., 1.2., 1.3., 1.4., 3.4., 3.5., 4.2., 5.5.; siehe
Abb. 4.1.), der Bürgerinnen und Bürger (2.1., 2.2., 2.3., 2.4., 4.1.), der sonstigen
Akteure (4.3.) bzw. der beanspruchten Flächen (1.5., 2.5.) die im Szenario ent-
haltene Beschreibung wahrscheinlich im Jahr 2020 zutreffen wird. Die Bedeutung und Präzision der so ermittelten numerischen Schätzungen darf nicht

überschätzt werden, da zukunftsorientierte Delphi-Studien zwar im Allgemeinen bezüglich qualitativer Trends, nicht aber unbedingt bezüglich der Exaktheit quantitativer Prognosen zuverlässig sind (vgl. de Haan & Poltermann, 2002). Dennoch wurden die quantitativen Schätzungen aus zwei Gründen bevorzugt: Erstens weisen Ergebnisse aus der psychologischen Grundlagenforschung zu Urteils- und Entscheidungsprozessen darauf hin, dass durch die Vorgabe numerischer Skalen eher deliberative kognitive Prozesse höherer Ordnung angesprochen werden, wohingegen verbale Skalen eher affektiv-intuitive Urteile begünstigen (Windschitl & Wells, 1996). Zweitens hatte eine von uns durchgeführte Vorstudie ($N = 33$ Studierende) ergeben, dass nur verbale, nicht aber numerische Wahrscheinlichkeitsurteile mit den Erwünschtheitsurteilen statistisch zusammenhingen. Somit wurde davon ausgegangen, dass über die letztlich verwendeten Prozentskalen besser durchdachte und von den Präferenzen der Befragten unabhängigere Expertenurteile erzielt würden.

In der zweiten Delphi-Runde erfolgte wiederum eine grafisch aufbereitete Rückmeldung der Schätzungen der ersten Runde. Die verwendeten statistischen Maße entsprachen denen der Erwünschtheitsskalen (Median als zentrale Tendenz, Interquartilsabstand als Streuungsmaß). Der Median wurde auf den Prozentskalen als kleiner vertikaler, roter Balken, der Streuungsbereich als horizontaler, blauer Balken dargestellt (siehe die Abbildungen im Anhang).

Für einige Szenarien ergab es inhaltlich keinen oder einen etwas anderen Sinn, nach Verbreitungsprognosen in Form einer Prozentangabe zu fragen. In diesen Fällen wurde als Antwortformat für die Wahrscheinlichkeitsschätzung entweder nur (Szenarien 3.1., 3.2., 3.3., 5.1., 5.2., 5.3. und 5.4.) oder zusätzlich (Szenarien 2.1. und 2.5.) zur numerischen Prognoseskala eine bipolare siebenstufige Verbalskala vorgegeben, die jeweils von „gar nicht wahrscheinlich" (bzw. –3) über einen neutralen Punkt („weder noch" bzw. 0) bis „sehr wahrscheinlich" (bzw. +3) reichte.

Zwei Szenarien (3.1. und 3.2.) galten der zukünftigen Rolle des auf Flächenverbrauch bezogenen Problembewusstseins von Individuen bzw. Kommunen bei zu treffenden Entscheidungen über die Inanspruchnahme von Flächen. Hier wurde jeweils in Ergänzung zum eigentlichen Szenario eine Liste mit möglichen für die Entscheidung relevanten Kriterien vorgegeben. Diese Vorgabe war verbunden mit der Bitte an die Befragten, diese Entscheidungskriterien in die richtige Rangreihe nach ihrer mutmaßlichen Wichtigkeit im Jahre 2020 zu bringen. Als mögliche Kriterien für individuelle Wohnstandortentscheidungen wurden zunächst folgende Antwortoptionen vorgegeben: „Günstige Verkehrsanbindung", „Wirtschaftliche Überlegungen (Kosten etc.)", „Etwas Eigenes / Neues schaffen", „Emotionale Bedeutung des Eigenheims" sowie „Wille, Flächenverbrauch zu vermeiden". Als mögliche Entscheidungskriterien für die

Ausweisung von Wohn- und Gewerbegebieten durch die Kommunen wurden folgende Aspekte zur Auswahl gestellt: „Wahrgenommene Wünsche der Einwohner", „kurzfristige wirtschaftliche Effekte (~ 5 Jahre)", „langfristige wirtschaftliche Effekte (~ 20 bis 30 Jahre)", „voraussichtliche demografische Entwicklung" sowie „Flächenverbrauch vermeiden". Außerdem standen bei beiden Szenarien in der ersten Delphi-Runde freie Antwortfelder zur Verfügung, in welche die Befragten subjektiv als wichtig erscheinende weitere Entscheidungskriterien eintragen konnten. Häufig vorkommende Nennungen wurden dann in der zweiten Delphi-Runde noch ergänzt. Außerdem erfolgte in der zweiten Runde die Darstellung der aufgrund der Antworten der ersten Runde ermittelten Wichtigkeitsrangfolge von Entscheidungskriterien in Form von Balkendiagrammen, wobei die mittlere Rangsumme als Maß für die Aggregation der individuellen Bewertungen gewählt wurde. Dies war – gemäß der Delphi-Methode – verbunden mit der Bitte, dieses Ergebnis noch einmal zu reflektieren und eine erneute, fundierte eigene Einschätzung abzugeben.

Förderliche Maßnahmen für den Innovationstransfer. Im zweiten Teil der Delphi-Befragung wurden die befragten Expertinnen und Experten gebeten, verschiedene mögliche Maßnahmen des Innovationstransfers, die sich aufgrund von Vorüberlegungen der Autoren ergeben hatten, in die Rangfolge ihrer Wirksamkeit vor dem Hintergrund der subjektiven Erfahrung der Befragten zu bringen. In der ersten Delphi-Runde wurden für solche Innovationen, die sich an die Bevölkerung als mögliche Adaptoren richten, die folgenden Transfer-Maßnahmen zur Auswahl angeboten: „Emotionale Kampagne mit Prominenter/m als Vorbild", „Aufklärung und Wissensvermittlung (z. B. Broschüren)", „Ausbildung und Einsatz von Multiplikatoren", „Bereitstellung von Angeboten im Internet (z. B. Mobilitätskostenrechner)" sowie „Vermittlung von Bildern in der Werbung (z. B. Werbespots, Plakate)". Für den Transfer von Innovationen zu den Kommunen als Akteure der Flächennutzung standen hingegen zunächst folgende Optionen zur Wahl: „Für Änderungen gesetzlicher Vorschriften eintreten", „Ausbildung und Einsatz von Multiplikatoren", „Kommunalpolitiker auszeichnen, die sich für Flächensparen einsetzen", „Finanzielle Förderung der Übernahme von Best-Practice-Beispielen" sowie „Beratungsangebote zur Übernahme von Best-Practice-Beispielen". Außerdem enthielt die erste Delphi-Runde wiederum zusätzlich freie Antwortfelder, in welche die teilnehmenden Expertinnen und Experten weitere ihnen als sinnvoll erscheinende Maßnahmen eintragen konnten. Häufig vorkommende Nennungen wurden dann in der zweiten Delphi-Runde noch ergänzt. Außerdem wurde auch zu den Transfer-Fragen in der zweiten Runde auf Basis der Rangsummenstatistik eine Rückmeldung der Ergebnisse der ersten Runde in Form von Balkendiagrammen gegeben – wiederum mit der Bitte um eine erneute, reflektierte Einschätzung verbunden.

4.2.2. Stichprobe und Ablauf der Datenerhebung

Wir baten im Zeitraum von Mai bis Juli 2009 614 Expertinnen und Experten aus Universitäten und Forschungsinstituten, Bundes- und Landesbehörden sowie Architektur- und Planungsbüros, am schriftlichen Expertendelphi teilzunehmen. Zur Recherche von Expertennamen und -anschriften griffen wir auf die folgenden Quellen zurück:

- Broschüren und internetbasierte Verzeichnisse von Forschungsprojekten im Rahmen des von der Bundesregierung finanzierten Programms „Forschung zur Reduzierung der Flächeninanspruchnahme (REFINA)".
- Teilnehmerlisten einschlägiger Workshops und wissenschaftlicher Konferenzen.
- Über einschlägige Datenbanken recherchierte Publikationen.
- Internetauftritte von relevanten Lehrstühlen oder Forschungsinstitutionen, die über Suchmaschinen mit Hilfe von Begriffen wie z. B. „Nachhaltige Flächennutzung", „Siedlungsentwicklung" oder „Flächenverbrauch" recherchiert worden waren.

All diese Personen erhielten etwa zehn Tage vor Start der Befragung einen persönlich adressierten Brief, in dem wir die Hintergründe des Forschungsprojekts erläuterten und darum baten, der nachfolgenden Einladung zur Teilnahme an der Online-Befragung nachzukommen. Die eigentliche Einladung erfolgte dann mit einer E-Mail, die einen personalisierten Link enthielt, mit dem der elektronische Fragebogen aufgerufen werden konnte. Einige Tage später erfolgte eine höfliche Erinnerung an alle, die bisher noch nicht auf unsere Einladung reagiert hatten. In all jenen Fällen, in denen die E-Mail den Empfänger nicht erreichte, versuchten wir mittels einer Nachrecherche den Kontakt noch herzustellen. In einigen Fällen erhielten wir von den angeschriebenen Probanden ein Feedback, sei es, dass sie sich selbst als ungeeignet für die Fragestellung einstuften oder aus zeitlichen oder sonstigen Gründen nicht an der Studie teilnehmen konnten oder wollten. Vor allem der erste Aspekt dürfte die Stichprobe weiter bereinigt haben.

Der Bitte um Teilnahme an der Studie kamen letztlich $N = 281$ Personen nach, was einer Rücklaufquote von 45,8 Prozent entspricht. Das Alter der Befragten betrug im arithmetischen Mittel 45,6 Jahre und die Standardabweichung 18,2 Jahre. Zum Geschlechterverhältnis ist zu sagen, dass 70,9 Prozent der

Teilnehmer männlich waren und 29,1 Prozent weiblich. Aus der Tabelle 4.2. ist die Zusammensetzung der Stichprobe nach fachlichem Hintergrund und institutioneller Zugehörigkeit ersichtlich. Bei den Angaben zur Expertise wurde im arithmetischen Mittel eine Tätigkeitsdauer im Fachbereich von 13,6 Jahren angegeben, die Standardabweichung betrug 14 Jahre. Zur Frage der Expertise im Themenfeld Flächenverbrauch anhand einer Selbsteinschätzung gaben 68,6 Prozent der Probanden an, dass diese „sehr hoch" oder „hoch" sei, 22,9 Prozent wählten „teils-teils". Die Antworten von $N = 23$ Personen, die angaben, über keine oder nur geringe Expertise zum Thema zu verfügen, wurden nicht in die nachfolgend berichteten Auswertungen mit einbezogen.

Die mittlere Bearbeitungszeit betrug 26,0 Minuten, wobei die Expertinnen und Experten auch die Möglichkeit hatten, die Befragung zwischenzeitlich zu unterbrechen und zu einem späteren Zeitpunkt wieder aufzunehmen. Es bestand zudem die Möglichkeit, einzelne Fragen nicht zu beantworten. Folglich schwankt die genaue Zahl der Antwortenden pro Frage etwas, sie wird jeweils weiter unten im Ergebnisteil mit angegeben (siehe Abschnitt 4.3.). Am Ende der ersten Befragungsrunde wurde den Teilnehmenden gedankt und auf die spätere zweite Runde hingewiesen.

Die grafische Aufbereitung der deskriptiven Ergebnisse der ersten Runde und Programmierung des elektronischen Fragebogens für die zweite Runde erfolgte innerhalb einer Woche nach Beendigung der Feldzeit. Alle 281 bisherigen Teilnehmer wurden mit dem Hinweis auf die Abschlussrunde erneut angeschrieben. Dabei wurde auch auf die Forschungen zur Delphi-Methode hingewiesen, die zeigen, dass durch ein solches mehrstufiges Vorgehen die Vorhersagekraft von Abschätzungen zukünftiger Entwicklungen erheblich gesteigert wird (siehe oben Abschnitt 3.2.). Wieder konnte über einen personalisierten Link der elektronische Fragebogen auf dem Bildschirm geöffnet werden und wieder erfolgte einige Tage später eine Erinnerung an alle, die noch nicht wieder teilgenommen hatten. Am Ende nahmen $N = 209$ Expertinnen und Experten an der zweiten Befragungsrunde teil. Dies entspricht im Verhältnis zur ursprünglichen Stichprobe einer Rücklaufquote von 74,4 Prozent. Die mittlere Bearbeitungszeit betrug in dieser Runde 36,1 Minuten. Zum Abschluss wurde den Befragten gedankt. Sie erhielten etwa zwei Wochen nach Beendigung des Expertendelphi eine grafisch aufbereitete Übersicht der deskriptiven Ergebnisse beider Runden zugesandt. Dies war zum einen als Dank für die Beteiligung an der Studie gedacht, zum anderen diente es der unmittelbaren Kommunikation der Ergebnisse an die relevante Community.

Tab. 4.2. Zusammensetzung der Expertenstichprobe

Ausbildungsschwerpunkt		Tätigkeitsbereich	
Naturwissenschaftlich	35,1 %	Universitäre Forschung und Lehre	24,9 %
Technisch	22,9 %	Bundes- oder Landesverwaltung oder zugeordnete Behörden	19,5 %
Sozialwissenschaftlich	18,0 %	Beratungsunternehmen, Architekten, Projektmanager etc.	17,6 %
Geisteswissenschaftlich	3,4 %	Sonstige Forschungsinstitute	12,7 %
Ökonomisch	6,8 %	Kommunale Verwaltung	10,2 %
Juristisch	4,9 %	Sonstige	7,3 %
Sonstige	7,8 %	Bundes- oder Landespolitik	3,9 %
		Kommunalpolitik	2,0 %
		Wohnungs- / Bauwirtschaft	1,5 %
		Keine Angabe	0,5 %

4.3. Ergebnisse

Erwartungsgemäß hält die übergroße Mehrheit der befragten Expertinnen und Experten (86,9 Prozent) es für „sehr" oder „überwiegend" wünschenswert, das Ziel der Bundesregierung zur Reduzierung des Flächenverbrauchs zu erreichen. Allerdings prognostizieren sie auch, dass das Ziel um Längen verfehlt werden. Statt der anvisierten 30 Hektar wird nämlich die tägliche Neuinanspruchnahme von Flächen im Jahr 2020 – der Expertenprognose zufolge – rund 76 Hektar betragen. Die Schätzungen schwanken zwischen 30 und 120 Hektar, wobei die Mehrheit der Befragten von einem Flächenverbrauch zwischen 70 und 90 Hektar ausgeht. Einen zielgemäßen Flächenverbrauch von 30 Hektar prognostizieren in der ersten Befragungsrunde ganze zwei Personen, in der zweiten Runde nur noch eine einzige Person aus der Stichprobe. Von einem niedrigeren Wert oder gar einer flächenneutralen Siedlungsentwicklung im Jahr 2020 geht niemand aus! Genaue Mittelwerte und Standardabweichungen getrennt nach erster und zweiter Delphi-Runde sind aus Tabelle 4.3. ersichtlich.

Die hohe Diskrepanz zwischen dem, was die Expertinnen und Experten als wünschenswert erachten, und dem, was sie für wahrscheinlich halten, zieht sich wie ein roter Faden durch die Ergebnisse des Expertendelphi: Fast alle in den Szenarien enthaltenen Flächennutzungsinnovationen werden als sehr wünschenswert angesehen, deutliche Skepsis überwiegt aber bei der Frage, wie weit die Innovationen wahrscheinlich im Jahr 2020 verbreitet sein werden. Sämtliche Verbreitungs- und Wahrscheinlichkeitsschätzungen bewegen sich eher auf der unteren Hälfte der vorgegebenen Skalen.

4.3.1. Beurteilung der Szenarien

Für alle Szenarien sind die durchschnittlichen Antworten hinsichtlich der Erwünschtheit, Wahrscheinlichkeit und mutmaßlichen Verbreitung der beschriebenen Entwicklung im Jahr 2020 in Tabelle 4.3. dargestellt, wobei auf der linken Seite die Ergebnisse der ersten und auf der rechten Seite die der zweiten Delphi-Runde abzulesen sind. Neben den Mittelwerten enthält die Tabelle auch die jeweilige Standardabweichung als Maß für die Streuung der Urteile. Eine niedrige Standardabweichung deutet auf hohe Einigkeit der Expertinnen und Experten hin, während eine hohe Standardabweichung im Sinne stärker divergierender Einschätzungen interpretiert werden kann.

Tab. 4.3. Beurteilung der Szenarien im Expertendelphi. Hinweis: Die verbalen Erwünschtheits- und Wahrscheinlichkeitsskalen reichten von –3 bis 3.

	Runde 1			Runde 2		
	N	Mittel-wert	SD	N	Mittel-wert	SD
30-Hektar-Ziel						
erwünscht	258	2,4	1,0			
Prognose	241	76,9 ha	17,0	165	76,4 ha	13,3
1. Leitbilder für die Stadtentwicklung						
Szenario 1.1. „Stadt der kurzen Wege"						
erwünscht	258	2,3	1,0	196	2,4	0,9
Prognose	249	49,3 %	22,1	185	48,4 %	14,8
Szenario 1.2. „Innen- vor Außen-entwicklung"						
erwünscht	258	2,7	0,7	194	2,7	0,6
Prognose	250	54,7 %	21,5	183	52,5 %	14,2
Szenario 1.3. „Entsiegelung bei Versiegelung"						
erwünscht	258	1,7	1,3	194	2,0	1,0
Prognose	250	35,2 %	23,4	184	31,9 %	14,1
Szenario 1.4. „Nachverdichtung"						
erwünscht	258	1,2	1,3	195	1,1	1,0
Prognose	251	46,3 %	20,7	182	42,0 %	12,9
Szenario 1.5. „Flächenrecycling"						
erwünscht	258	1,3	1,8	195	1,5	1,3
Prognose	250	22,6 %	18,7	184	16,9 %	10,1

2. Wohnwünsche						
Szenario 2.1. **„Einfamilienhaus bevorzugte Wohnform"**						
erwünscht	258	1,8	1,1	194	1,7	0,9
wahrscheinlich	258	−0,2	1, 3	194	−0,8	1,1
Prognose	253	57,6 %	14,2	180	59,8 %	10,9
Szenario 2.2. **„Familien in die Innenstadt"**						
erwünscht	258	1,5	1,3	194	1,5	0,9
Prognose	247	40,8 %	17,0	184	39,3 %	12,1
Szenario 2.3. **„Senioren in die Innenstadt"**						
erwünscht	258	2,0	1,0	193	1,8	0,8
Prognose	253	55,1 %	18,7	184	54,0 %	13,4
Szenario 2.4. **„Wohnen im Altbaubestand"**						
erwünscht	258	2,1	1,0	194	1,9	0,9
Prognose	253	45,5 %	18,1	184	43,6 %	12,8
Szenario 2.5. **„Bauen auf Industriebrachen"**						
erwünscht	258	2,3	0,9	195	2,3	0,8
wahrscheinlich	258	0,4	1,3	195	−0,0	1,1
Prognose	246	39,9 %	20,2	184	35,2 %	13,5
3. Entscheidungsprozesse						
Szenario 3.1. **„Problembewusstsein Individuum"**						
erwünscht	258	2,1	1,0	192	2,1	0,9
wahrscheinlich	258	−1,1	1,3	192	−1,5	0,9

Szenario 3.2. „Problembewusst-sein Kommunen"						
erwünscht	258	2,6	0,8	192	2,5	0,8
wahrscheinlich	258	0,1	1,4	192	−0,2	1,2
Szenario 3.3. „Transparenz, Korruptionsbe-kämpfung"						
erwünscht	258	2,5	0,9	192	2,5	0,8
wahrscheinlich	258	−0,7	1,5	192	−1,1	1,1
Szenario 3.4. „Kooperation zwi-schen Kommunen"						
erwünscht	258	2,3	0,8	192	2,5	0,7
Prognose	251	26,5 %	18,7	185	22,4 %	11,4
Szenario 3.5. „Bürgerbeteili-gung"						
erwünscht	258	1,7	1,2	192	1,8	1,0
Prognose	252	38,1 %	21,0	184	33,4 %	14,1
4. Nachhaltige Kostenbetrachtung						
Szenario 4.1. „Individuen: Mobi-litätskosten"						
erwünscht	258	2,2	1,1	195	2,4	0,8
Prognose	248	48,0 %	20,9	182	46,4 %	14,2
Szenario 4.2. „Kommunen: Inf-rastrukturkosten"						
erwünscht	258	2,5	1,0	195	2,5	0,9
Prognose	249	49,3 %	23,0	182	47,7 %	15,2
Szenario 4.3 „Banken: Bonitäts-entscheidungen"						
erwünscht	258	1,2	1,7	193	1,2	1,2
Prognose	249	26,1 %	24,7	184	22,3 %	14,9

5. Rechtliche und fiskalische Rahmenbedingungen						
Szenario 5.1. „Flächensparsames Baurecht"						
erwünscht	258	2,4	0,8	192	2,4	0,8
wahrscheinlich	258	0,2	1,4	192	−0,1	1,1
Szenario 5.2. „Regionalisierung der Raumplanung"						
erwünscht	258	1,5	1,4	192	1,7	1,1
wahrscheinlich	258	−0,7	1,4	192	−1,1	1,1
Szenario 5.3. „Handelbare Flächennutzungsrechte"						
erwünscht	258	1,0	1,7	192	1,0	1,3
wahrscheinlich	258	−1,3	1,4	192	−1,9	0,9
Szenario 5.4. „Fiskalische Anreizbedingungen"						
erwünscht	258	2,0	1,2	192	2,1	1,0
wahrscheinlich	258	−0,8	1,4	192	−1,4	0,9
Szenario 5.5. „Verträge über Siedlungsflächen"						
erwünscht	258	2,4	0,8	192	2,6	0,7
Prognose	253	33,7 %	20,4	185	30,7 %	13,1

Vergleicht man nun generell die Antworten aus der ersten mit jenen aus der zweiten Runde, so haben sich diese in Bezug auf die *Erwünschtheitsdimension* nicht merklich verändert. Der generelle Trend (Mittelwert) bleibt für alle Szenarien gleich, von einzelnen, unsystematischen und marginalen Schwankungen abgesehen. Die Streuung der Experteneinschätzungen geht nur unwesentlich von durchschnittlich *SD* = 1,1 in der ersten Runde auf *SD* = 1,0 in der zweiten Runde zurück. Ein anderes Bild ergibt sich für die *Verbreitungsprognosen*. Hier kommt es zum einen zu einer deutlichen Konsolidierung der Expertenschätzungen: die

Streuung vermindert sich von durchschnittlich SD = 20,2 in der ersten auf SD = 13,2 in der zweiten Runde. Gleichzeitig gehen (bis auf eine) *alle* Prognosen leicht zurück! Für die verbalen Wahrscheinlichkeitsskalen gilt Ähnliches: ein merklicher Rückgang der Standardabweichung (von durchschnittlich SD = 1,4 in der ersten auf SD = 1,1 in der zweiten Runde) bei in allen Fällen kleinerem Mittelwert. Die Rückmeldung der Ergebnisse aus der ersten Runde hatte also zusammenfassend den Effekt, dass zwar keine messbare Änderung der subjektiven Präferenzen eintrat, wohl aber eine generell größere Zurückhaltung hinsichtlich des prognostizierten Transfers von Flächennutzungsinnovationen bei gleichzeitig höherem Expertenkonsens. Nachfolgend werden wesentliche Ergebnisse getrennt nach den aus Abbildung 4.1. ersichtlichen Innovationsbereichen kurz skizziert, die genauen Szenarioformulierungen sind dem Anhang zu entnehmen.

Leitbilder für die Stadtentwicklung. Die flächensparenden Leitbilder „Stadt der kurzen Wege" und „Innen- vor Außenentwicklung" werden nach Ansicht der Expertinnen und Experten grob in der Hälfte aller Kommunen verbreitet sein und zählen damit zu den Flächennutzungsinnovationen, deren Transfer in die Breite noch als vergleichsweise wahrscheinlich beurteilt wird. Das Leitbild „Nachverdichtung" steht demgegenüber etwas zurück (Verbreitung in gut 40 Prozent der Kommunen) und wird auch nicht ganz so deutlich als wünschenswert bezeichnet wie die übrigen Leitbilder. Es gehört aber immer noch zu den Innovationen, deren Transferpotenzial überdurchschnittlich eingeschätzt wird. Hinsichtlich der Verbreitung des Konzepts „Entsiegelung bei Versiegelung" sind die Expertinnen und Experten deutlich skeptischer und denken, dass nur knapp ein Drittel der Kommunen sich 2020 nach diesem Ziel orientieren werden. Bemerkenswert ist, dass die Verbreitung von „Flächenrecycling", immerhin das Kernkonzept im fachlichen Diskurs über das 30-Hektar-Ziel, ziemlich pessimistisch eingeschätzt wird (Einsatz auf weniger als einem Fünftel der neu bebauten Flächen 2020). Nun hat dieses Ergebnis vermutlich auch mit der im Szenariotext etwas eingeengten Definition von Flächenrecycling im Sinne eines von vornherein befristeten Baurechts zu tun (vgl. hingegen das Ergebnis zum Szenario 2.5. „Bauen auf Industriebrachen", s. u.). Das Ergebnis macht allerdings schon deutlich, dass die Aussichten als gering eingestuft werden, bis 2020 in den Kommunen zu einer weitverbreiteten Auffassung von der Flächennutzung zu kommen, die eher zyklischer als dauerhafter Natur ist.

Wohnwünsche. Die Befragten gehen davon aus, dass das Einfamilienhaus im Grünen 2020 immer noch bei weitem die beliebteste Wohnform sein wird (bei knapp 60 Prozent der Menschen). Sie halten es für ziemlich wünschenswert (+1,7), aber auch eher unwahrscheinlich (−0,8), dass sich daran etwas ändert.

Immerhin werden urbanere Wohnformen für einen nennenswerten Anteil an Familien (knapp 40 Prozent) und vor allem an älteren Menschen (über 50 Prozent) attraktiv sein, wenn sich die Schätzungen der Expertinnen und Experten als richtig erweisen. Das Szenario „Senioren in die Innenstadt" wird sogar als das wahrscheinlichste von allen Szenarien angesehen, für keine der übrigen Flächennutzungsinnovationen fällt die Verbreitungsprognose höher aus. Vergleichsweise hoch fällt auch die Prognose für „Wohnen im Altbaubestand" aus (attraktiv für gut 40 Prozent der Menschen). Für das „Bauen auf Industriebrachen" ist die Einschätzung gemischt zu beurteilen. Auf der verbalen Wahrscheinlichkeitsskala ist die Beurteilung neutral, der Anteil neuer Bebauung, die auf solchen Flächen erfolgt, wird auf ein gutes Drittel geschätzt. Das stellt zwar eine optimistischere Prognose dar als bei dem anderen Szenario, das dem Kernkonzept Flächenrecycling zuzuordnen ist (s.o.); entscheidende Durchschlagskraft wird diese Innovation bis zum Jahr 2020 aber nach Meinung der befragten Expertinnen und Experten wohl auch nicht entfalten.

Entscheidungsprozesse. An einen nennenswerten Bewusstseinswandel bis zum Jahr 2020 glaubt kaum jemand unter den befragten Experten. Dass individuelle Akteure bis zum Jahr 2020 über so viel Problembewusstsein hinsichtlich des Flächenverbrauchs verfügen, dass dieses bei ihren privaten Entscheidungen über Wohnform und -ort eine Rolle spielen könnte, wird übereinstimmend als ziemlich unwahrscheinlich (−1,5) angesehen (Szenario 3.1.). Auf der Angebotsseite, also bei den Planungsentscheidungen der Kommunen (Szenario 3.2.), fällt das Urteil zwar nicht so eindeutig aus (die Streubreite der Urteile ist größer, es gibt keine klare zentrale Tendenz bezüglich der Wahrscheinlichkeit), große Realisierungschancen für das Szenario können aber sicher ebenfalls nicht aus dem Ergebnis herausgelesen werden. Unter den im Kontext der beiden Szenarien erfragten mutmaßlichen zukünftigen Entscheidungskriterien für individuelle Wohnstandortentscheidungen und kommunale Planungsentscheidungen rangiert der „Wille, Flächenverbrauch zu vermeiden" jeweils weit abgeschlagen auf dem letzten Platz (siehe Tab. 4.4.). Transparente kommunale Planungsverfahren, welche die Interessen verschiedener Akteure offenlegen und Korruption vermeiden, werden zwar als sehr wünschenswert (+2,5), aber auch wenig wahrscheinlich (−1,1) angesehen. Eine tendenziell ähnliche Diskrepanz, wenn auch weniger extrem, ergibt sich für das Szenario „Bürgerbeteiligung". Eine ausgeprägte Beteiligungskultur wird es nach den Prognosen nur in etwa einem Drittel der Kommunen geben, obwohl sie als generell ziemlich wünschenswert (+1,8) angesehen wird. Eine starke Kooperation zwischen benachbarten Kommunen bei der Flächennutzungsplanung (Szenario 3.4.) wird – in großer Übereinstimmung mit den Einschätzungen aus dem qualitativen Expertenworkshop (siehe

Abschnitt 5.1.) – als äußerst wünschenswert (+2.5) beurteilt. Mit nur knapp über 20 Prozent fällt die Verbreitungsprognose aber ausgesprochen mager aus.

Tab. 4.4. Vermutete Entscheidungen von Flächenakteuren im Expertendelphi

Entscheidungskriterien von Kommunen	Entscheidungskriterien von Privatpersonen
Vermutete Rangfolge der Wichtigkeit im Jahr 2020	*Vermutete Rangfolge der Wichtigkeit im Jahr 2020*
1. Kurzfristige wirtschaftliche Effekte (~ 5 Jahre)	1. Emotionale Bedeutung des Eigenheims (Status, Familie …)
2. Politische Interessen	2. Wirtschaftliche Überlegungen (Kosten etc.)
3. Konkurrenzsituationen zu Nachbargemeinden	3. Infrastruktur und Wohnumfeld
4. Wahrgenommene Wünsche der Einwohner	4. Wille, etwas Eigenes / Neues zu schaffen
5. Voraussichtliche demografische Entwicklung	5. Günstige Verkehrsanbindung
6. Langfristige wirtschaftliche Effekte (~ 20 – 30 Jahre)	6. Soziales Netzwerk
7. Wille, Flächenverbrauch zu vermeiden	7. Wille, Flächenverbrauch zu vermeiden

Nachhaltige Kostenbetrachtung. Jeweils knapp die Hälfte der Privatpersonen und Kommunen werden bis zum Jahr 2020 nach Expertenschätzung für die Idee der „Kostenwahrheit" empfänglich sein, mit der ein langfristiges Einbeziehen von Folgekosten in das Entscheidungskalkül gemeint ist. Da Kosten zumindest bei den Individuen auch weit vorne bei den vermuteten individuellen Entscheidungskriterien rangieren (siehe Tab. 4.4.), stellt das ökonomische Nachhaltigkeitsargument nach Ansicht der Expertinnen und Experten einen vielversprechenden Hebel für die Verbreitung flächensparenden Wohnens dar. Etwas relativiert wird diese Schlussfolgerung allenfalls durch den Umstand, dass bei den diesem Innovationsbereich zugeordneten Szenarien die Standardabwei-

chungen durchgehend ziemlich groß sind, der Expertenkonsens also vergleichsweise gering ausfällt. Im Vergleich zur Diskussion im qualitativen Expertenworkshop (siehe Abschnitt 4.1.) fällt außerdem auf, dass dem Wandel zu einer
langfristigen Wirtschaftlichkeitsbetrachtung vor allem über institutionelle Regeln
des Finanzsystems weniger Bedeutung zugemessen wird. Das entsprechende
Szenario 4.3. „Bonitätsentscheidungen von Banken" wird im schriftlichen Expertendelphi vergleichsweise skeptisch beurteilt. Zusammenfassend scheinen die
Expertinnen und Experten also davon auszugehen, dass es gelingen kann, bis
zum Jahr 2020 auf *freiwilliger Basis* Veränderungen wirtschaftlich motivierter
Entscheidungsprozesse zu erreichen: Im Vergleich zu heute wird eine nennenswerte Anzahl von Akteuren der Flächennutzung stärker langfristig orientiert
denken.

Rechtliche und fiskalische Rahmenbedingungen. Dieser Innovationsbereich, der
im Grunde auf durch äußere Bedingungen erzwungene Verhaltensänderungen
von kommunalen Entscheidungsträgern abzielt, gehört nach der Diskussion im
Expertenworkshop (siehe Abschnitt 4.1.) zu den wirkmächtigsten Hebeln in
Bezug auf die Reduzierung des Flächenverbrauchs (vgl. auch Nachhaltigkeitsrat,
2007). Tatsächliche Änderungen in den rechtlichen und fiskalischen Rahmenbedingungen der Flächennutzung werden aber durchgehend als unwahrscheinlich
beurteilt. Die einzige Ausnahme zu dieser Aussage betrifft vielleicht das Szenario 5.1. „Flächensparsames Baurecht", bei dem auf der Wahrscheinlichkeitsskala
ein neutraler Wert (–0,1) erreicht wurde. Zumindest einige der Befragten scheinen somit davon auszugehen, dass der Gesetzgeber hier in den kommenden
Jahren noch Veränderungen vornehmen wird, die für das Erreichen des 30-
Hektar-Zieles förderlich sind.

4.3.2. Innovationstransfer aus Expertensicht

In Abbildung 4.2. und Abbildung 4.3. ist dargestellt, mit welcher Häufigkeit (in
Prozent) verschiedene mögliche Transfermaßnahmen von den Expertinnen und
Experten als die jeweils bedeutsamsten bzw. erfolgversprechendsten beurteilt
wurde. Betrachtet man statt der Wahl auf den ersten Platz die Rangsummenstatistik, bei der auch berücksichtigt wird, wie oft eine Maßnahme als die zweit-
oder drittwichtigste usw. beurteilt wird, so ergibt sich fast das gleiche Bild –
lediglich bei den an die Bevölkerung gerichteten Transfermaßnahmen sind der
vorletzte und letzte Rangplatz im Vergleich zu den Grafiken vertauscht, was für
die praktische Relevanz der Ergebnisse ein unbedeutender Unterschied ist.

Ergebnisse der zweiten Befragungsrunde

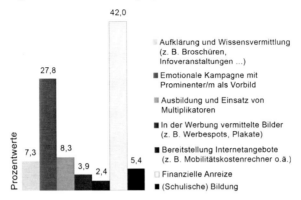

Abb. 4.2. Sinnvolle Maßnahmen aus Expertensicht für Innovationstransfer zu Privatpersonen

Ergebnisse der zweiten Befragungsrunde

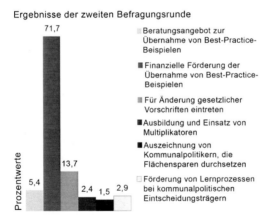

Abb. 4.3. Sinnvolle Maßnahmen aus Expertensicht für Innovationstransfer zu Kommunen

Als die beiden wirksamsten Maßnahmen für eine Verbreitung von Innovationen der Flächennutzung innerhalb der *Bevölkerung* werden die Schaffung geeigneter finanzieller Anreize (durch die Befragten selbst während der ersten Delphi-Runde ergänzt) sowie die Durchführung einer emotionalen Kampagne mit prominenten Persönlichkeiten als Vorbild angesehen (siehe Abb. 4.2.). Dieses Ergebnis ist hoch konsistent mit den Vermutungen der Expertinnen und Experten bezüglich der relevanten Kriterien für individuelle Wohnstandortentscheidungen – siehe Tabelle 4.4. Transfer über klassische Umweltbildung, also sachliche Aufklärung, „kalte" Wissensvermittlung oder die Bereitstellung von Angeboten im Internet zu erreichen, wird als weniger effektiv bzw. als unwahrscheinlich angesehen.

Für den Innovationstransfer hin zu den Kommunen werden vor allem die finanzielle Förderung und ein spezielles Beratungsangebot bei der Übernahme von Best-Practice-Beispielen als hilfreich angesehen (siehe Abb. 4.3.). Wiederum deckt sich die Einschätzung finanzieller Anreize als wirksamstes Transferinstrument mit der Rangfolge vermuteter Entscheidungskriterien in Tabelle 4.4. Die Befragten machen deutlich, dass sie nicht von einer selbständig erfolgenden Innovationsdiffusion – etwa allein aus der Macht der guten Ideen heraus – ausgehen, sondern vielmehr der Ansicht sind, dass massive aktive Anstrengungen nötig sind, um den Transferprozess in Gang zu setzen. Auch der Umstand, dass die Expertinnen und Experten das „Eintreten für die Änderung gesetzlicher Vorschriften" als zweitwichtigste Maßnahme einschätzen, passt zu dieser Lesart der Ergebnisse. Es kann nicht erwarten werden (jedenfalls nicht im angesichts der Nachhaltigkeitsziele erforderlichen Umfang), dass Privatpersonen und Kommunen aus Einsicht und aus freien Stücken Innovationen für flächensparsames Wohnen und Siedlungsentwicklung adaptieren werden. Vielmehr scheinen sich die Expertinnen und Experten zu wünschen, dass solche Verhaltensweisen durch Rechtsetzung und finanzielle Anreizstrukturen staatlich erzwungen werden.

4.4. Diskussion

Das durchgeführte Expertendelphi, welches aus einem qualitativen Tagesworkshop und einer standardisierten zweistufigen Befragung über das Internet bestand, diente der Erhebung des Bildes, welches einschlägige Expertinnen und Experten von der Zukunft der Flächennutzung in Deutschland haben. Viele Ergebnisse bieten aus einer Perspektive der angestrebten Entwicklung zur Nachhaltigkeit Anlass für Pessimismus. Die Studie zeigt deutlich, dass die befragten Expertinnen und Experten das in der Nachhaltigkeitsstrategie der Bundesregierung festgelegte Ziel einer Reduktion des Flächenverbrauchs auf nur noch 30 Hektar im täglichen Durchschnitt ziemlich übereinstimmend für nicht realisierbar halten. Der Transfer vieler Innovationen, die zum Beispiel im Rahmen des von der Bundesregierung geförderten Forschungsprogramms REFINA (vgl. Abschnitt 2.5.) entwickelt wurden, in die breite Anwendungs- und

Entscheidungspraxis von Individuen und Kommunen wird zwar als wünschenswert, aber auch als kaum zu verwirklichen beurteilt.

Die Ergebnisse zeigen hier und dort aber auch Ansatzpunkte für eine zumindest partiell erfolgversprechende Transfer-Strategie auf. So gehen die Expertinnen und Experten davon aus, dass es durchaus eine nennenswerte Anzahl von Personen (vor allem Familien und Senioren) gibt, für die ein urbaner und damit flächensparsamer Lebensstil attraktiv zu werden verspricht. An den Lebensvorstellungen und Wünschen dieser Gruppen anzusetzen, könnte langfristig sehr wohl einen Wandel hin zu einer nachhaltigen Veränderung von Bodennutzungsmustern bewirken. Auf die Kommunen bezogen, haben Leitbilder der Innenentwicklung und der kurzen Wege nach der Experteneinschätzung ein relativ hohes Verbreitungspotenzial. Schließlich bietet der Fokus auf die ökonomische Facette der Nachhaltigkeit einen interessanten Ansatzpunkt. Die Teilnehmenden am Expertendelphi gehen davon aus, dass ökonomische Aspekte wie Kosten und monetäre Werte die wesentlichen Entscheidungsdeterminanten sowohl für die privaten als auch für die kommunalen Akteure darstellen. Und sie scheinen auch der Auffassung zu sein, dass es gelingen kann, das Bewusstsein dieser Akteure bei ihrem ökonomischen Kalkül auf einen eher langfristigen Zeitraum umzustellen.

Damit ergeben sich also aus dem durchgeführten Expertendelphi neben einer generell skeptischen Einschätzung zur Wahrscheinlichkeit von Innovationstransfer auch schon einige Hypothesen darüber, auf welchen Pfaden die Verbreitung von Flächennutzungsinnovationen wenigstens teilweise gelingen könnte. In den nachfolgend berichteten Studien (Kap. 5 und 6) wurde ergänzend die Perspektive der möglichen Innovationsadaptoren untersucht, um das sich abzeichnende Zukunftsbild weiter zu untersuchen, zu ergänzen und kritisch zu prüfen.

5. Studie 2: Bevölkerungsdelphi

Eine wesentliche Erkenntnis aus dem im vorangegangenen Kapitel berichteten Expertendelphi besteht darin, dass ein weitreichender Transfer von sozialen Innovationen, der für ein Erreichen des Ziels einer nachhaltigen Flächennutzung im Jahre 2020 nötig wäre, als wenig oder zumindest nur für einzelne Bereiche einigermaßen wahrscheinlich bezeichnet werden muss. Vor dem Hintergrund der von uns (in Kap. 1) dargelegten Theorie des Innovationstransfers, nach der die Kompatibilität von Innovationen mit bestehenden mentalen Strukturen der potenziellen Innovationsadaptoren eine Voraussetzung für erfolgreichen Transfer darstellt, galt unser Interesse in der zweiten empirischen Studie unseres Forschungsprojekts eben diesen mentalen Strukturen aufseiten der Bevölkerung. Die beiden Leitfragen des im Folgenden dargestellten Bevölkerungsdelphi waren: Wie schätzen, erstens, die Bürgerinnen und Bürger selbst – im Kontrast zu der zuvor untersuchten Expertenstichprobe – die vorgeschlagenen Innovationen der nachhaltigen Flächennutzung ein? Und, zweitens, welche grundlegenden Werthaltungen, kognitiven und affektiven Repräsentationen liegen diesen Einschätzungen zugrunde? Von den empirischen Antworten auf diese Fragen erhofften wir uns einerseits Erkenntnisse über Transferprozesse an sich und andererseits Hinweise zur Entwicklung einer Strategie, wie der Innovationstransfer im Bereich Flächennutzung verbessert werden kann, indem die ex- und impliziten Wahrnehmungen und Wünsche der Bevölkerung Berücksichtigung finden.

5.1. Methodisches Vorgehen

Wiederum erfolgte die Erhebung der Daten im Rahmen einer zweistufigen standardisierten Delphi-Befragung, die internetbasiert unter Verwendung der Erhebungssoftware EFS Survey der Firma Globalpark erfolgte.

5.1.1. Entwicklung des Fragebogens

Die Befragung beinhaltete – neben einer einführenden kurzen Schilderung des Problems Flächenverbrauch und generellen Fragen zur Bekanntheit und

Beurteilung des 30-Hektar-Zieles – vier Gruppen von Fragen. Der Hauptteil
bestand in Anlehnung an das zuvor durchgeführte Expertendelphi aus Einschätzungen der Zukunftsszenarien zur Flächennutzung. Zweitens wurden etablierte
Skalen zur Messung von allgemeinen Persönlichkeitseigenschaften, Werthaltungen und umweltbezogenen Einstellungen verwendet als Operationalisierung
generalisierter mentaler Strukturen, die wir für das untersuchte Themenfeld als
relevant erachteten. Drittens wurde mit Hilfe kognitions- und emotionspsycholo-
gischer Methoden die sozial geteilte mentale Repräsentation des spezifischen
Themenfelds selber erhoben. Ein abschließender Block bezog sich auf soziode-
mografische Merkmale der Befragten. Aus Tabelle 5.1. ist eine Übersicht aller
erhobenen Variablen, den beiden Stufen der Delphi-Befragung zugeordnet, ersichtlich; Erläuterungen im Einzelnen sind den folgenden Absätzen zu entnehmen.

Tab. 5.1. Überblick aller Variablen der Bevölkerungsbefragungen

1. Runde	2. Runde
Expertise und Interesse 30-Hektar-Ziel	Erwünschtheit & Prognose 30-Hektar-Ziel mit Feedback Runde 1
Erwünschtheit & Prognose 30- Hektar - Ziel	
	Szenarien mit Feedback Runde 1
Szenarien	Erwünschtheit
Erwünschtheit	Wahrscheinlichkeit
Wahrscheinlichkeit	
	Umweltbewusstseinsskala
Kognitiv-affektive Strukturen	Big-Five-Persönlichkeitsmerkmale
Triaden-Test	
EPA-Emotionsskalen	
Werteskala nach Schwartz	
Wohnverhältnisse	
Demografische Daten	

Auswahl und Überarbeitung der Szenarien. Im Wesentlichen wurden der Bevölkerungsstichprobe dieselben Szenarien und Schätzskalen präsentiert wie den
Expertinnen und Experten; sie werden deswegen hier nicht gesondert beschrieben (vgl. Abb. 4.1. sowie die Szenariotexte im Anhang). Allerdings wurden vor
dem Hintergrund der Anforderung, dass die thematisch sehr spezielle Befragung

für ein breites Spektrum von Laien mit verschiedensten sozialen Hintergründen und Bildungsniveaus inhaltlich verstanden werden sollte, einige Vorstudien durchgeführt, die zu geringfügigen Modifikationen einzelner Szenariotexte führten. Darüber hinaus wurden einzelne Szenarien ganz aus der Bevölkerungsbefragung herausgenommen, weil sie sich auf Rahmenbedingungen kommunaler Entscheidungsprozesse bezogen. Die meisten Bürgerinnen und Bürger dürften weder über genügend Wissen zu diesen Themen verfügen, noch ein persönliches Interesse an der Ausgestaltung dieser Prozesse haben, so dass eine Befragung der Bevölkerung dazu nicht sinnvoll erschien. Dies betraf die Szenarien 3.4. („Kooperation von Kommunen"), 5.1. („Flächensparsames Baurecht"), 5.2. („Regionalisierung der Raumplanung"), 5.3. („Handelbare Flächennutzungsrechte") sowie 5.4. („Fiskalische Anreizbedingungen").

Übrig blieben 18 Szenarien, die zunächst mit $N = 16$ Laien inhaltlich hinsichtlich ihrer Verständlichkeit diskutiert wurden. Zu dem Zweck wurden Wartebereiche von Behörden (z. B. Agentur für Arbeit, Bezirksämter) von drei studentischen Interviewerinnen und Interviewern aufgesucht, die die dort angetroffenen Personen baten, eine Rückmeldung zu unserem Fragebogen zu geben. Zunächst wurde die interviewte Person gebeten, bei jedem Szenario anzugeben, ob sie den Eindruck habe, dieses inhaltlich vollständig zu verstehen. Im Anschluss daran sollte die Person kurz in eigenen Worten den Inhalt des Szenarios wiedergeben. Diese Paraphrasen wurden von den Interviewern notiert, um später mögliche inhaltliche Probleme und Missverständnisse aufdecken zu können.

Die Auswertung dieser Vorstudie ergab, dass die Verständlichkeit der Szenarien insgesamt befriedigend war. Lediglich kleinere sprachliche Änderungen, Präzisierungen und Ergänzungen schienen notwendig. Dies betraf insgesamt sechs von den 18 Szenarien, die entsprechend überarbeitet wurden. Durch die Veränderungen ergab sich das methodische Problem, dass etwaige Unterschiede in den Antworten der Bevölkerungsstichprobe im Vergleich zum Expertendelphi möglicherweise auf die modifizierten sprachlichen Formulierungen zurückzuführen sein könnten, statt einen wirklichen Unterschied in der Einschätzung darzustellen. Um diese Konfundierung auszuschließen, wurde eine weitere, nunmehr experimentelle Vorstudie durchgeführt, bei der eine studentische Stichprobe ($N = 50$) gebeten wurde, den Fragebogen auszufüllen. Dabei erhielt über einen Zufallsgenerator jeweils die Hälfte der Teilnehmer die neue bzw. alte Version der Szenarioformulierungen. Die Befragten schätzten für jedes Szenario die subjektive Erwünschtheit, die Wahrscheinlichkeit sowie die mutmaßliche Verbreitung der beschriebenen Innovation im Jahr 2020 ein. Dafür wurden exakt die gleichen Schätzskalen wie im Expertendelphi (vgl. Abschnitt 4.2.1.) benutzt. Mittels einzelner T-Tests wurde dann ermittelt, ob sich durch die Neuformulierungen statistisch bedeutsame Unterschiede in den Einschätzungen ergaben. Dies war bei sämtlichen Wahrscheinlichkeits- und Prognoseschätzungen nicht der Fall, wohl aber bei der Erwünschtheitseinschätzung zweier Szenarien. Zum einen wurde das Szenario 1.3. („Entsiegelung bei Versiegelung") mit der neuen Formulierung leicht positiver bewertet als mit der alten. Dieses Problem wurde daraufhin so gelöst, dass wieder auf den ursprünglichen Text aus dem Expertendelphi zurückgegriffen, dieser aber um eine Fußnote ergänzt wurde, welche eine Erläuterung des Begriffs „Versiegelung" enthielt. Auch das Szenario 1.5. („Flächenrecycling") wurde mit der neuen Formulierung als wünschenswerter beurteilt. Hier entschieden wir uns nach reiflicher Überlegung, zulasten der besseren Verständlichkeit (zur Erinnerung: insgesamt war die Verständlichkeit durchaus befriedigend) doch die ursprüngliche Formulierung aus dem Expertendelphi zu wählen. Schließlich war dort das Ergebnis sehr auffällig im Sinne einer äußerst pessimistischen Verbreitungsprognose gewesen, so dass uns hier der Aspekt der methodischen Vergleichbarkeit als besonders wichtig erschien.

Zusammenfassend lag als Ergebnis der Vorstudien ein leicht überarbeiteter Fragebogen vor, bei dem uns sowohl die breite Verständlichkeit durch Laien insgesamt befriedigend als auch die methodische Vergleichbarkeit mit der in Kapitel 4 berichteten Befragung von Expertinnen und Experten gegeben erschienen. Während des Bevölkerungsdelphis wurden die Szenarien von den Befragten auf den Dimensionen Erwünschtheit und Wahrscheinlichkeit bewertet, wobei die Wahrscheinlichkeit zum Teil in Form einer verbalen und zum Teil in Form einer numerischen Prognoseskala operationalisiert war. Die Skalen waren identisch mit jenen, die beim Expertendelphi benutzt wurden (siebenstufige bipolare Verbalskalen bzw. eine kontinuierliche Prozentskala in Form eines Schiebereglers). Ebenso identisch war die Methode, mit der in der zweiten Befragungswelle eine grafisch aufbereite Rückmeldung der Ergebnisse der ersten Welle erfolgte (siehe Abschnitt 4.2.1. und Anhang). Im Rahmen der Szenarien 3.1. („Problembewusstsein Individuen") sowie 3.2. („Problembewusstsein Kommunen") wurden wiederum wie auch beim Expertendelphi zusätzlich mögliche Kriterien für individuelle Wohnstandort- bzw. kommunale Planungsentscheidungen vorgegeben mit der Bitte, diese in die Rangreihe nach ihrer mutmaßlichen Bedeutung zu bringen.

Persönlichkeit, Werte und Umwelteinstellungen. Zur empirischen Überprüfung des Einflusses von generalisierten mentalen Strukturen auf die Bewertung von Flächennutzungsinnovationen wurde auf etablierte, von anderer Seite entwickelte Skalen zurückgegriffen.

Die Erhebung von Persönlichkeitsmerkmalen der Befragten erfolgte mit dem BFI-S, einer Kurzskala von 15 Items auf Basis des Fünf-Faktoren-Modells der Persönlichkeit („Big Five"; Costa & McCrae, 1985; 1992; siehe auch

Abschnitt 1.5.1.), die zwar keine treffsichere Individualdiagnostik erlaubt, aber zur Prüfung von Zusammenhangshypothesen bereits erfolgreich im Rahmen des Sozio-ökonomischen Panels (SOEP) eingesetzt wurde (Gerlitz & Schupp, 2005; Schupp & Gerlitz, 2009). Alle BFI-S-Items werden mit dem Halbsatz „Ich bin jemand, der ...“ eingeleitet, beispielhafte Ergänzungen sind „... sich häufig Sorgen macht“ (Neurotizismus), „... kommunikativ, gesprächig ist“ (Extraversion), „... originell ist, neue Erfahrungen einbringt“ (Offenheit), „... manchmal etwas grob zu anderen ist“ (Verträglichkeit, negative Polung) oder „... gründlich arbeitet“ (Gewissenhaftigkeit). Die fünf Persönlichkeitsfaktoren werden über die Zustimmung zu jeweils drei solcher Items auf einer siebenstufigen Antwortskala gemessen (von 1 = „trifft überhaupt nicht zu“ bis 7 = „trifft voll zu“). Die durchschnittliche Antwort (arithmetisches Mittel, ggf. um die Itempolung korrigiert) einer / s Befragten auf diesen drei Items ergab für die vorliegende Studie ihren / seinen Wert für die entsprechende Persönlichkeitseigenschaft. Im Unterschied zu der Bewertung der Innovationsszenarien, welche der zweistufigen Delphi-Methode folgte, wurden die Persönlichkeitsmerkmale der Befragten nur ein Mal, und zwar in der zweiten Befragungsrunde, erhoben.

Die Messung von allgemeinen Werthaltungen erfolgte nach dem Konzept des Werte-Circumplex von Schwartz (1992; siehe auch Abschnitt 1.5.2.) mit einer sehr ökonomischen, aber zuverlässigen und validen Kurzskala von Strack (2004, S. 177 ff.; persönliche Kommunikation mit Strack am 23.5.2009), welche 14 Gegensatzpaare von Werten enthält (z. B. „Gleichheit (gleiche Chancen für alle) vs. Autorität (das Recht zu führen und zu bestimmen)“). Die Befragten werden dabei aufgefordert, ihre persönlichen Ideale auf einer fünfstufigen Bipolarskala (2–1–0–1–2) zwischen den gegensätzlichen Polen zu verorten. Mit den so erzielten Rohdaten wurde in der vorliegenden Studie eine Faktorenanalyse durchgeführt. Der erste Faktor, der 21,5 Prozent der Antwortvarianz aufklärte, ließ sich im Sinne der Schwartzschen Basisdimension selbsttranszendenter bzw. universalistischer Werte (mit dem Gegenpol von Macht und Selbsterhöhung) interpretieren. Ein zweiter, zum ersten orthogonaler Faktor, klärte weitere 17,1 Prozent der Varianz auf und konnte der zweiten Schwartzschen Wertedimension von Traditionalismus und Sicherheit mit dem Gegenpol der Offenheit gegenüber Veränderungen zugeordnet werden. Zur Prüfung von Zusammenhanghypothesen zwischen diesen Wertedimensionen einerseits und der Einschätzung von Innovationen andererseits wurden die errechneten standardisierten Faktorwerte der befragten Personen auf den beiden Werte-Faktoren verwendet. Die Erhebung der allgemeinen Werthaltungen erfolgte ein Mal während der ersten Delphi-Runde.

Schließlich wurde die Skala „Allgemeines Umweltbewusstsein“ von Wingerter (2009) in das Bevölkerungsdelphi aufgenommen, mit der

Umweltbewusstsein als allgemeine Überzeugung bzw. als Weltbild erfasst werden kann. Die Skala besteht aus elf Items, die drei verschiedenen grundsätzlichen Sichtweisen auf die natürliche Umwelt zugeordnet sind: Bei einem *intrinsischen Naturverständnis* (Beispielitem: „Tiere sollten ähnliche Rechte wie Menschen haben") wird die Natur als an sich wertvoll und nicht mit anderen Gütern aufzuwiegen verstanden. Menschen mit einer vorwiegend *instrumentellen Naturauffassung* (Beispielitem: „Die Menschen haben das Recht, die Natur nach ihren Bedürfnissen umzugestalten") sehen hingegen die Umwelt als eine unter vielen austauschbaren Ressourcen zur Befriedigung menschlicher Bedürfnisse. Eine dritte Form der Naturwahrnehmung ist die *Sorge vor der Gefährdung der Existenzgrundlage* (Beispielitem: „Wenn wir so weitermachen wie bisher, steuern wir auf eine Umweltkatastrophe zu"). Alle Items sind auf einer fünfstufigen Skala zu beantworten, die von „stimme überhaupt nicht zu" bis „stimme voll und ganz zu" reicht. Für die Auswertung des Bevölkerungsdelphis wurden für jede befragte Person für alle drei Facetten des Umweltbewusstseins die durchschnittlichen Antworten (arithmetisches Mittel) der jeweils zugeordneten Items verwendet. Die Umweltbewusstseinsskalen wurden den Befragten ebenfalls nur ein Mal vorgelegt, und zwar in der zweiten Delphi-Runde.

Kognitive und emotionale Strukturen. Die erste Runde der Delphi-Befragung beinhaltete einen *Triadentest* mit dem Ziel, eine kognitive Karte als Abbild der kollektiven Repräsentation verschiedener Wohnformen (Einfamilienhaus, Wohnen in der Stadt) seitens der Bevölkerung zu erstellen (zur Methodik vgl. Burton & Nerlove, 1976; Müller, Jonas & Boos, 2001; Strack et al., 2008; siehe auch Abschnitt 1.5.3.). Der Triadentest ist ein Verfahren, mit dem semantische Ähnlichkeitsbeziehungen zwischen verschiedenen Begriffen messbar gemacht werden können, und zwar auch solche Ähnlichkeiten, bei denen es schwierig ist, die zugrunde liegenden Dimensionen zu verbalisieren. Es können somit auch implizite Wissensstrukturen aufgedeckt werden. Die Versuchspersonen werden dabei gebeten, aus vorgegebenen Begriffstriaden (z. B. „Hund – Katze – Bohrinsel") jeweils den Begriff herauszustreichen bzw. zu markieren, der den übrigen beiden intuitiv am wenigsten ähnlich erscheint – ganz gleich, worauf diese Ähnlichkeit beruhen mag (in dem Beispiel würden die meisten Personen vermutlich „Bohrinsel" markieren). Eine große Zahl solcher Unähnlichkeitsurteile, die über verschiedene Begriffstriaden hinweg von einer größeren Stichprobe an Probanden abgegeben wurde, lässt sich in metrische (z. B. euklidische) Distanzen umrechnen. Damit kann die sozial geteilte Bedeutungsstruktur von Begriffen als Netzwerk dargestellt werden: die Begriffe selbst stellen die Netzwerkknoten dar, während die Kanten sich aus den berechneten Ähnlichkeiten ergeben. Die Bedeutung eines Begriffs (wie z. B. „Einfamilienhaus") ergibt sich somit aus der

Relation zu anderen assoziierten Begriffen im „semantischen Raum": Ein naher Begriff bedeutet etwas Ähnliches, während ein weiter entfernter Begriff weniger zum Verständnis des Zielbegriffs beiträgt.

Der erste Schritt zu einem solchen semantischen Netzwerk von Wohnformen bestand natürlich in der Auswahl von relevanten Begriffen, die mit Hilfe des Triadentests skaliert werden sollten. Hierbei wurde eine doppelte Strategie verfolgt. Zunächst einmal wurden $N = 33$ Personen (Laien auf dem Themengebiet des Flächenverbrauchs) gebeten, ihre freien Assoziationen zu den Begriffen „Einfamilienhaus" sowie „Wohnen in der Stadt" aufzuschreiben (sog. *free-listing*), und wir wählten aus allen genannten Begriffen jene aus, die von mindestens fünf Personen spontan genannt worden waren (empirische Strategie). Die aus diesem Vorgehen resultierenden Begriffe wurden dann in einem zweiten Schritt (theoriegeleitete Strategie) noch von den Autoren dieser Studie ergänzt, um relevantes Expertenwissen mit abbilden zu können. Beispielsweise assoziierte niemand spontan Begriffe wie „Flächenverbrauch" oder „Nachhaltigkeit", die aber im Kontext dieses Forschungsprojekts von hoher Bedeutung sind. Mit diesen theoretisch begründeten Ergänzungen ergab sich schließlich ein Pool von 32 Begriffen. Da aus Gründen der Kombinatorik die Zahl der den Befragten vorzulegenden Triaden exponentiell mit der Zahl der Begriffe steigt, musste eine Reduktion auf 19 Begriffe erfolgen, um schließlich auf ein Design des Triadentests zu kommen, dass im Rahmen des Bevölkerungsdelphis den Befragten als zeitlich zumutbar erschien (vgl. Burton & Nerlove, 1976). Somit wählten wir nach intensiver Diskussion aller Mitglieder des Projektteams die folgenden Begriffe für den Triadentest aus, die uns inhaltlich am interessantesten erschienen: Einfamilienhaus (Zielbegriff), Wohnen in der Stadt (Zielbegriff), Viel Platz, Kulturangebot, Natur erleben, Freiheit, Gutes Leben, Erfolg und Status, Wohlstand der Gemeinde, Flächenverbrauch, Lärm, Umweltbelastung, Auto, Hohe Kosten, Eigentum, Gute Nachbarschaft, Familie, Zukunft, Nachhaltigkeit.

Aus ökonomischen Gründen (Zeitbedarf, Konzentrationsspanne) konnten nicht alle Triaden, die sich theoretisch durch verschiedene Begriffskombinationen bilden lassen, den Befragten vorgelegt werden. Stattdessen wurde ein von Burton & Nerlove (1976) entwickeltes sogenanntes balanciertes unvollständiges Blockdesign verwendet, bei dem jedes mögliche Paar von zwei Begriffen in genau zwei Triaden enthalten ist (sog. $\Lambda = 2$ Design), so dass insgesamt 114 Triaden konstruiert wurden (Burton & Nerlove, 1976, S. 265, Design Nr. 7b). Zwei Beispiele hierfür sind: „Einfamilienhaus – Kulturangebot – Gute Nachbarschaft" sowie „Familie – Umweltbelastung – Gute Nachbarschaft". Diese 114 Triaden wurden in 14 Gruppen zu jeweils acht oder neun Triaden aufgeteilt, von denen jede befragte Person über einen Zufallsgenerator zwei Gruppen zugewiesen bekam. Auf diese Weise hatte jede Person 16 bis 18 Triaden zu beurteilen, wodurch die kognitiven und zeitlichen Anforderungen durch diese Aufgabe minimal waren. Auf der anderen Seite wurden zu jeder Triade zwischen 156 und 197 Unähnlichkeitsurteile abgegeben, so dass eine statistisch sehr zuverlässige Bestimmung der sozial geteilten kognitiven Struktur des Themenfelds möglich war. Die Durchführung des Triadentests erfolgte ein Mal während der ersten Delphi-Runde.

Über die rein kognitive Bedeutungsstruktur des Themenfelds hinaus, die über den Triadentest ermittelt wurde, interessierte uns deren *emotionale Verankerung* im dreidimensionalen affektiven Raum (siehe Abschnitt 1.5.4. zu den theoretischen Hintergründen). Diese wurde mit der Methode des semantischen Differenzials erhoben (vgl. Osgood, Suci & Tannenbaum, 1957). Spezifisch wurden Skalen verwendet, die Schröder (2009) für die empirische Erstellung eines „affektiven Lexikons" für die deutsche Sprache verwendete. Für die affektive Basisdimension der *Valenz* wurde eine bipolare, neunstufige Skala (von –4 über 0 bis +4) verwendet, deren Endpunkte mit den folgenden Blöcken aus je vier Adjektiven gekennzeichnet waren: [angenehm / gut / schön / freundlich] vs. [unangenehm / schlecht / hässlich / unfreundlich]. Für die *Potenz*-Dimension wurden die folgenden Adjektivblöcke verwendet: [groß / schwer / stark / kraftvoll] vs. [klein / leicht / schwach / zart], während die Endpunkte der Skala für *Erregung* folgendermaßen gekennzeichnet waren: [schnell / geräuschvoll / bewegt / lebhaft] vs. [langsam / still / ruhig / träge].

Im Anschluss an den Triadentest während der ersten Delphi-Runde wurde den Befragungsteilnehmern eine Zufallsauswahl von drei aus den oben genannten 19 Begriffen jeweils einzeln zusammen mit den drei Affektskalen (Valenz, Potenz und Erregung) präsentiert. Dem war die Instruktion vorangestellt, auf den Skalen jeweils den Punkt zu markieren, der intuitiv und spontan am ehesten dem subjektiven Gefühl zum jeweils gezeigten Begriff entsprach. Durch die Zufallsprozedur wurde jeder einzelne Begriff letztlich von mindestens 112 und höchstens 186 Personen bewertet. Die durchschnittliche Bewertung aller Befragten (arithmetisches Mittel) wurde als Maß für die sozial geteilte affektive Bedeutung der Begriffe verwendet (vgl. Heise, 2010, zu den theoretischen und methodologischen Hintergründen). Zusätzlich zu den thematisch relevanten Konzepten aus dem Triadentest wurden zufällig ausgewählte Probanden gebeten, den Begriff „Ich selbst, wie ich wirklich bin" zu bewerten, um einen Vergleich zwischen der emotionalen Wahrnehmung der eigenen Identität mit der affektiven Bedeutung des Einfamilienhauses und des urbanen Wohnens zu ermöglichen.

Soziodemografischer Hintergrund. Zusätzlich wurden übliche Daten zum soziodemografischen Hintergrund der Befragten wie Alter, Geschlecht, Bildungsstand, Einkommen etc. erhoben, über welche Tabelle 5.2. einen Überblick gibt.

Dabei wurden auch Informationen zu den vergangenen, momentanen und zu-
künftig gewünschten Wohnverhältnissen erfragt.

5.1.2. Stichprobe und Ablauf der Datenerhebung

Die Teilnehmerinnen und Teilnehmer für das Bevölkerungsdelphi wurden über
ein kommerzielles Meinungsforschungspanel der Firma Respondi AG rekrutiert
und von dieser für ihr Mitwirken finanziell entlohnt. Durch Respondi wurde eine
für die Bevölkerung der Bundesrepublik Deutschland repräsentative Zusammensetzung der Stichprobe hinsichtlich Alter, Geschlecht, Bildung und regionaler
Herkunft zugesichert. Tabelle 5.2. ist die genauere demografische Zusammensetzung der Stichprobe nach den von uns erfragten Kriterien inklusive der momentanen und vergangenen Wohnverhältnisse zu entnehmen.

Tab. 5.2. Demografische Daten Bevölkerungsdelphi

Geschlecht		Anzahl der Kinder	
Männlich	51,1 %	0	44,5 %
Weiblich	48,9 %	1	19,7 %
		2	25,0 %
Bildungsabschluss		3	7,9 %
Hauptschule	15,0 %	4	2,3 %
Mittlere Reife	16,5 %	> 4	0,6 %
Berufsaus-bildung	32,9 %		
Abitur	13,3 %	**Haushaltsgröße**	
Fachhoch-schule	21,1 %	1 Person	24,1 %
Sonstige	0,8 %	2 Personen	40,1 %
Keine	0,3 %	3 Personen	16,7 %
		4 Personen	13,9 %
		5 Personen	4,2 %
		6 Personen	0,7 %
		> 6 Personen	0,3 %

Berufstätig

Vollzeit	52,5 %
Teilzeit	15,0 %
Nein	32,6 %

Einkommensklasse

< 1.250 Euro	16,4 %
1.250 – 1.750 Euro	18,2 %
1.750 – 2.500 Euro	24,0 %
2.500 – 3.250 Euro	20,5 %
3.250 – 4.000 Euro	11,7 %
> 4.000 Euro	9,5 %

Alter

Mittelwert =	45,27 Jahre
Minimum =	18 Jahre
Maximum =	74 Jahre

Wohntyp

	Aufge-wachsen	Momen-tan	erwünscht
freistehendes Einfamilienhaus	32,5 %	25,7 %	57,8 %
Reihenaus / Doppelhaushälfte	14,4 %	17,2 %	11,3 %
Etagenwohnung Neubau (Nachkriegszeit)	25,1 %	33,1 %	13,6 %
Etagenwohnung Altbau	21,6 %	18,1 %	9,5 %
Sonstiges	6,4 %	6,0 %	7,9 %

Stadtgröße

	Wohnort-größe	Ort des Aufwachsens
Kleine Gemeinde / Landstadt (< 5.000 EW)	20,2 %	26,8 %
Kleinstadt (5.000–20.000 EW)	20,7 %	17,7 %
Mittelstadt (20.000–100.000 EW)	23,8 %	23,6 %
Großstadt (> 100.000 EW), Innenstadt	12,2 %	11,8 %
Großstadt (> 100.000 EW) Außenbezirke	23,1 %	20,1 %

An der ersten Runde der Befragung nahmen $N = 1.972$ Personen teil, die von dem Marktforschungsunternehmen einen Link zugesandt bekamen, über welchen sie direkt unseren elektronischen Fragebogen aufrufen konnten. Über einen von Respondi gesteuerten und an unsere Datenbank übertragenen Zahlencode war die Zuordnung der Teilnehmer von der ersten zur zweiten Delphi-Runde möglich. Im arithmetischen Mittel benötigten die Befragten 23,0 Minuten zur

Beantwortung der Fragen der ersten Runde. Die Feldzeit betrug eine Woche. Anschließend wurden innerhalb einer weiteren Woche die deskriptiven Ergebnisse zu den einzelnen Fragen grafisch aufgearbeitet und der elektronische Fragebogen für die zweite Delphi-Runde programmiert. Alle Teilnehmerinnen und Teilnehmer wurden dann von Respondi erneut eingeladen, $N = 1.590$ kamen dem nach. Dies entspricht einer Rücklaufquote von 80,6 Prozent im Vergleich zur ersten Runde. Die Beantwortung der Fragen der zweiten Runde dauerte durchschnittlich 16,1 Minuten. Erneut betrug die Feldzeit eine Woche. Die vollständige Durchführung der Datenerhebung für beide Runden des Bevölkerungsdelphi erfolgte im Januar 2010.

Die Form der Teilnehmerrekrutierung über ein kommerzielles Marktforschungsinstitut brachte das Problem mit sich, dass zumindest für einen Teil der Befragten der finanzielle Anreiz mutmaßlich die einzige Motivation zur Teilnahme darstellte. Ein nicht geringer Anteil beendete die Befragung so schnell, dass bezweifelt werden konnte, dass es in dieser kurzen Zeit möglich war, die Fragen zu lesen, kognitiv zu verarbeiten und wenigstens einigermaßen gewissenhaft zu beantworten. Empirisch zeigte sich bei den Teilnehmern mit extrem kurzen Antwortzeiten im Vergleich zur übrigen Stichprobe unabhängig vom Inhalt der jeweiligen Items eine deutliche Tendenz zur jeweiligen Skalenmitte, was die Vermutung untermauerte, dass viele solche Teilnehmer lediglich schnell die Befragung „durchklickten", um die finanzielle Belohnung zu erhalten. Aus diesem Grund entschlossen wir uns, um eine bessere Aussagekraft der Ergebnisse zu erreichen, eine Bereinigung der Stichprobe durchzuführen. Für die erste Delphi-Runde entschieden wir uns, die Daten der Personen nicht zu berücksichtigen, deren Beantwortungsdauer zehn Minuten unterschritt. Dies waren $N = 213$ (10,8 Prozent). Zusätzlich wurden alle Teilnehmer aus der Auswertung entfernt, die auf unsere Frage zum Ende der Befragung angegeben hatten, die Flächennutzungsszenarien inhaltlich nicht oder überwiegend nicht verstanden zu haben. Dabei handelte es sich um weitere $N = 155$ (8,8 Prozent) Personen. Nur die Daten der verbleibenden $N = 1.604$ Teilnehmerinnen und Teilnehmer, die angaben, die Befragung verstanden zu haben und deren Bearbeitungszeiten im Bereich des Möglichen lagen, wurden zur Erstellung der grafischen Rückmeldung für die zweite Delphi-Runde benutzt. Stichprobenartige Tests, bei denen die so erstellten Grafiken mit solchen verglichen wurden, die sich bei Berücksichtigung aller Teilnehmerinnen und Teilnehmer ergeben hätten, zeigten, dass die Auswirkung der Teilnehmerbereinigung auf die inhaltlichen Ergebnisse nur marginal, wenn überhaupt vorhanden, waren.

Eine ähnliche Teilnehmerbereinigung wurde, geleitet durch die gleichen Überlegungen und gestützt durch ähnliche Beobachtungen in den Daten, mit der Stichprobe der zweiten Delphi-Runde durchgeführt. Als kritisches Zeitkriterium wurde hier das erste Dezil definiert, was einer Bearbeitungsdauer von 5,85 Minuten entsprach. Dieses Kriterium führte zur Entfernung der Daten von $N = 54$ weiteren Befragten. Bei $N = 36$ Personen war außerdem wegen technischer Probleme keine Zuordnung von der ersten zur zweiten Runde möglich, so dass sie ebenfalls nicht berücksichtigt werden konnten. Die nachfolgend berichteten Ergebnisse beruhen folglich auf den Antworten von $N = 1.222$ Personen, die an beiden Delphi-Runden teilnahmen, jeweils das Mindestzeitkriterium erfüllten, technisch zuordenbar waren und angaben, die Befragung inhaltlich verstanden zu haben.

5.2. Ergebnisse

Uns interessierte zunächst, inwiefern die Bevölkerung überhaupt um die Anstrengungen zur Reduzierung der Flächeninanspruchnahme weiß und wie sie diese spontan beurteilt. Eine knappe Mehrheit (51,6 Prozent) der Befragten gab an, schon mal vom Problem des Flächenverbrauchs gehört zu haben. Das 30-Hektar-Nachhaltigkeitsziel allerdings scheint der Öffentlichkeit praktisch vollkommen unbekannt zu sein: 92,3 Prozent gaben an, dass dieses neu für sie sei. Gleichwohl schätzte jeweils eine große Mehrheit das Problem des Flächenverbrauchs nach einer kurzen Schilderung als „eher", „überwiegend" oder „sehr" wichtig (75,8 Prozent) und die Erreichung des 30-Hektar-Ziels als „eher", „überwiegend" oder „sehr" wünschenswert (80,5 Prozent) ein. Trotz geringen Vorwissens stößt das Thema also bei der damit konfrontierten Bevölkerung auf großes Interesse und positive Resonanz.

Ebenso wie im Expertendelphi (siehe Kap. 4) baten wir die befragten Bürgerinnen und Bürger um eine Prognose des tatsächlichen Flächenverbrauchs im Jahr 2020. Das Ergebnis ist erstaunlich ähnlich. Der Bevölkerungsprognose zufolge wird die Neuinanspruchnahme von Flächen bis 2020 auf rund 71 Hektar im täglichen Durchschnitt zurückgehen. Die Mehrheit geht von einem Flächenverbrauch zwischen 60 und 80 Hektar aus. Damit ist die Streuung der Einschätzungen lediglich etwas größer und etwas mehr in Richtung eines niedrigeren Flächenverbrauchs orientiert als im Expertendelphi. Genaue Mittelwerte und Standardabweichungen getrennt nach erster und zweiter Delphi-Runde sind aus Tabelle 5.3. ersichtlich.

5.2.1. Beurteilung der Szenarien

Für alle Szenarien sind die durchschnittlichen Antworten hinsichtlich der Erwünschtheit, Wahrscheinlichkeit und prognostizierten Verbreitung im Jahr 2020 in Tabelle 5.3. dargestellt. Auf der linken Seite der Tabelle sind die Ergebnisse der ersten, rechts die Ergebnisse der zweiten Runde abzulesen. Als Maß für die Streuung der Einschätzungen ist wiederum jeweils die Standardabweichung angegeben. Je niedriger diese ausfällt, desto höher ist der Konsens unter den Befragten anzusehen.

Tab. 5.3. Beurteilung der Szenarien im Bevölkerungsdelphi. Hinweis: Die Skalen der verbalen Erwünschtheits- und Wahrscheinlichkeitsurteile reichten von –3 bis 3.

	Runde 1			Runde 2		
	N	Mittel-wert	SD	N	Mittel-wert	SD
30-Hektar-Ziel						
erwünscht	1.222	1,7	1,3	1.222	1,6	1,2
Prognose	1.222	69,6 ha	25,2	1.222	71,0 ha	21,1
1. Leitbilder für die Stadtentwicklung						
Szenario 1.1. „Stadt der kurzen Wege"						
erwünscht	1.222	1,8	1,2	1.222	1,8	1,1
Prognose	1.222	43,0 %	20,5	1.222	42,6 %	16,0
Szenario 1.2. „Innen- vor Außenentwicklung"						
erwünscht	1.222	1,8	1,3	1.222	1,7	1,1
Prognose	1.222	42,6 %	20,3	1.222	41,4 %	14,9
Szenario 1.3. „Entsiegelung bei Versiegelung"						
erwünscht	1.222	1,8	1,4	1.222	1,8	1,2
Prognose	1.222	39,4 %	20,9	1.222	38,9 %	15,5

Szenario 1.4. **„Nachverdichtung"**						
erwünscht	1.222	–0,3	1,7	1.222	–0,6	1,5
Prognose	1.222	44,5 %	22,6	1.222	44,0 %	16,5
Szenario 1.5. **„Flächenrecycling"**						
erwünscht	1.222	–0,1	2,0	1.222	–0,3	1,7
Prognose	1.222	26,7 %	21,4	1.222	25,1 %	15,9
2. Wohnwünsche						
Szenario 2.1. **„Einfamilienhaus** **bevorzugte Wohn-** **form"**						
erwünscht	1.222	0,2	1,5	1.222	0,2	1,3
wahrscheinlich	1.222	–0,3	1,4	1.222	–0,4	1,2
Prognose	1.222	58,3 %	22,6	1.222	61,9 %	16,8
Szenario 2.2. **„Familien in die** **Innenstadt"**						
erwünscht	1.222	0,8	1,6	1.222	0,9	1,2
Prognose	1.222	45,8 %	19,7	1.222	46,9 %	13,9
Szenario 2.3. **„Senioren in die** **Innenstadt"**						
erwünscht	1.222	1,7	1,3	1.222	1,7	1,1
Prognose	1.222	53,8 %	21,8	1.222	55,7 %	15,9
Szenario 2.4 **„Wohnen im Alt-** **baubestand"**						
erwünscht	1.222	1,4	1,4	1.222	1,3	1,2
Prognose	1.222	45,5 %	20,0	1.222	47,2 %	14,6
Szenario 2.5. **„Bauen auf Indust-** **riebrachen"**						
erwünscht	1.222	1,4	1,6	1.222	1,3	1,4
wahrscheinlich	1.222	0,6	1,3	1.222	0,3	1,1
Prognose	1.222	44,6 %	21,8	1.222	44,8 %	14,5

3. Entscheidungs-prozesse					
Szenario 3.1. **„Problembewusst-sein Individuum"**					
erwünscht	1.222	1,5	1,3	1.222	1,2	1,2
wahrscheinlich	1.222	–0,3	1,4	1.222	–0,4	1,2
Szenario 3.2. **„Problembewusst-sein Kommunen"**					
erwünscht	1.222	1,3	1,4	1.222	1,1	1,3
wahrscheinlich	1.222	0,3	1,3	1.222	0,0	1,1
Szenario 3.3. **„Transparenz, Kor-ruptionsbe-kämpfung"**					
erwünscht	1.222	2,0	1,3	1.222	1,9	1,3
wahrscheinlich	1.222	–1,0	1,5	1.222	–1,0	1,3
Szenario 3.5. **„Bürgerbeteiligung"**					
erwünscht	1.222	1,9	1,2	1.222	1,8	1,1
Prognose	1.222	31,9 %	21,2	1.222	31,3 %	15,2
4. Nachhaltige Kos-tenbetrachtung					
Szenario 4.1. **„Individuen: Mobili-tätskosten"**					
erwünscht	1.222	1,2	1,3	1.222	1,0	1,1
Prognose	1.222	47,8 %	21,6	1.222	48,1 %	14,2
Szenario 4.2. **„Kommunen: Infra-strukturkosten"**					
erwünscht	1.222	1,1	1,5	1.222	1,0	1,2
Prognose	1.222	46,6 %	23,5	1.222	46,1 %	15,8

Szenario 4.3. „Banken: Bonitäts- entscheidungen"						
erwünscht	1.222	0,4	1,7	1.222	0,5	1,4
Prognose	1.222	48,6 %	27,7	1.222	50,2 %	18,7
5. Rechtliche und fiskalische Rahmen- bedingungen						
Szenario 5.5. „Verträge über Siedlungsflächen"						
erwünscht	1.222	1,3	1,4	1.222	1,2	1,1
Prognose	1.222	33,2 %	21,3	1.222	32,9 %	14,6

Beim Vergleich von erster und zweiter Delphi-Runde fällt wie schon beim Expertendelphi auf, dass die Standardabweichungen generell zurückgehen (durchschnittlich von $SD = 1,5$ auf $SD = 1,3$ für die Erwünschtheitsdimension, von
$SD = 21,8$ auf $SD = 15,6$ für die Verbreitungsprognosen sowie von $SD = 1,4$ auf
$SD = 1,2$ für die verbalen Wahrscheinlichkeitsurteile), mithin durch die Delphi-
Methode eine größere Einigkeit in den Einschätzungen erreicht wird. Unterschiede zum Expertendelphi bestehen allerdings insofern, als die Streuung der
Urteile generell auf allen Dimensionen in beiden Runden höher ausfällt. Außerdem lässt sich keine klar interpretierbare Veränderung der zentralen Tendenz von
der ersten zur zweiten Runde feststellen. Als generelles, alle Zukunftsszenarien
übergreifendes Ergebnis ist zudem festzuhalten, dass die befragten Bürgerinnen
und Bürger zwar generell den meisten Innovationen gegenüber aufgeschlossen
zu sein scheinen, wie die Antworten auf der Erwünschtheitsdimension zeigen.
Das Ausmaß, mit dem die Szenarien als wünschenswert beurteilt werden, bleibt
aber – nicht überraschend – oft deutlich hinter dem zurück, was die Expertinnen
und Experten angegeben hatten. Nachfolgend werden wesentliche Ergebnisse
nach Innovationsbereichen getrennt kurz beschrieben (vgl. Abb. 4.1. und Anhang
für die Szenarioübersicht), dabei wird auf Gemeinsamkeiten und Unterschiede
zum Expertendelphi eingegangen. Alle angegebenen Zahlen beziehen sich auf
die zweite Delphi-Runde.

Leitbilder für die Stadtentwicklung. Die flächensparenden Leitbilder „Stadt der
kurzen Wege", „Innen- vor Außenentwicklung" und „Entsiegelung bei Versiegelung" wurden relativ einheitlich beurteilt, nämlich als überwiegend wünschenswert (rund +1,7) und voraussichtlich bis 2020 in rund 40 Prozent der Kommunen

verbreitet. Zur Erinnerung: Die Expertinnen und Experten waren bezüglich der ersten beiden Leitbilder optimistischer, bezüglich des letzteren pessimistischer gewesen. Kritisch gesehen und eher abgelehnt wird das Leitbild der nachverdichteten Stadt (–0,6), obwohl hier mit knapp 44 Prozent eine ähnlich hohe Verbreitung prognostiziert (bzw. wohl eher: befürchtet) wird wie bei den anderen Leitbildern. Mit „Flächenrecycling" (Szenario 1.5.), einem der Kernkonzepte im fachlichen Diskurs, können die Befragten nicht viel anfangen, so dass es nicht einmal einen klaren Beantwortungstrend gibt (neutrale bis leicht ablehnende Erwünschtheitseinschätzung mit $M = -0,3$ bei großer Streubreite mit $SD = 1,7$). Offenbar ist ein Konzept zyklischer Flächennutzung weit von den Vorstellungen entfernt, die Laien vom Boden und seiner Nutzung haben. Einig sind sich die befragten Bürgerinnen und Bürgern mit den Expertinnen und Experten allerdings insofern, als dass sie hier die geringste Verbreitung von allen infrage stehenden Flächennutzungsinnovationen prognostizieren (rund 25 Prozent).

Wohnwünsche. Die Befragten gehen – in völliger Übereinstimmung mit den Expertinnen und Experten – davon aus, dass das Einfamilienhaus im Grünen 2020 immer noch bei weitem die beliebteste Wohnform sein wird (bei 61,9 Prozent der Menschen). Interessant ist, dass diese Prognose der Verteilung der Wohnwünsche zum jetzigen Zeitpunkt, die wir ebenfalls erfragt haben, sehr ähnlich ist. Bei einer freien Entscheidungsmöglichkeit würden 57,8 Prozent der von uns Befragten ein freistehendes Einfamilienhaus mit Garten wählen, der Rest der Wünsche verteilt sich etwa gleichmäßig auf Doppelhaushälften, Reihenhäuser, Altbau- und Neubauwohnungen sowie sonstige Wohnformen. Es wird also nicht von einer Änderung der Wohnpräferenzen im Vergleich zu heute ausgegangen. Im Unterschied zu den Expertinnen und Experten wird eine solche Änderung im Bevölkerungsdelphi auch nicht als wünschenswert angesehen.

Das Bevölkerungsdelphi bestätigt auf der anderen Seite klar die schon in der Expertenbefragung geäußerte Einschätzung, dass die Nachfrage nach urbaneren Wohnformen bei zwei Bevölkerungsgruppen zunehmen wird, für die Mobilität ein Problem darstellt, sei es aus zeitlich-logistischen oder aus körperlichen Gründen: Die Befragten prognostizieren, dass es im Jahr 2020 für 46,9 Prozent der jungen Familien und 55,7 Prozent der Senioren attraktiv sein wird, zentral im Innenstadtbereich zu wohnen. Diese Schätzungen gehen sogar deutlich über die aus dem Expertendelphi hinaus. Eine wichtige Frage ist, inwiefern die benannten Zielgruppen selbst diese Einschätzungen teilen. Um dies zu beantworten, wurden aus dem Datensatz die Personen isoliert betrachtet, auf welche die folgenden Kriterien zutrafen. Zur Zielgruppe „junge Familien" wurde gerechnet, wer angegeben hatte, jünger als 40 Jahre alt zu sein und mindestens ein Kind zu haben. Dies betraf $N = 148$ Personen. Von diesen hielten 57,2 Prozent das

Familienszenario (Nr. 2.2.) für „eher", „überwiegend" oder „sehr" wünschenswert. Dies entspricht einem Skalenmittelwert von $M = 0{,}90$, der mit jenem der Gesamtstichprobe fast identisch ist. Auch die Verbreitungsprognose unterscheidet sich nicht bedeutsam von jener der Gesamtstichprobe (46,1 Prozent). Zur Zielgruppe „Senioren" wurde gerechnet, wer ein höheres Alter als 50 Jahre angegeben hatte und demzufolge im Jahr 2020 mindestens 60 Jahre alt sein wird. Dies waren $N = 483$ Personen, von denen eine überwältigende Mehrheit (88,7 Prozent) das entsprechende Szenario (Nr. 2.3.) als „eher", „überwiegend" oder „sehr" wünschenswert beurteilte. Das entspricht einem Skalenmittelwert von $M = 1{,}84$ für die Erwünschtheitsdimension, der sogar bedeutsam höher liegt als jener der Gesamtstichprobe ($T = 2{,}66$; $p < .01$). Auch wenn die Auswertung auf die von den Szenarien 2.2. (Familien) und 2.3. (Senioren) unmittelbar Betroffenen beschränkt wird, bestätigen sich also die Hypothesen über entsprechende urbane Wohnwünsche in der näheren Zukunft. Insbesondere für die Senioren ist das Ergebnis des Bevölkerungsdelphi klar und deutlich. Es gibt – genau wie im Expertendelphi – keine Innovation unter den hier berücksichtigten, für welche die Zustimmung größer wäre.

Vergleichsweise hoch fallen auch Erwünschtheit (+1,3) und Prognose (47,2 Prozent) für das „Wohnen im Altbaubestand" (Szenario 2.4.) aus. Die Verbreitung des „Bauens auf Industriebrachen" (Szenario 2.5.), die wiederum zum Kernkonzept Flächenrecycling gehört, wird mit knapp 45 Prozent deutlich höher vorhergesagt als im Expertendelphi; wie dort ist aber auch die verbale Wahrscheinlichkeitseinschätzung neutral.

Entscheidungsprozesse. Auch die Bürgerinnen und Bürger selbst gehen nicht von einem starken Bewusstseinswandel bis zum Jahr 2020 bei individuellen Entscheidungen über Wohnform und -standort aus, wie die Antworten zum Szenario 3.1. zeigen. Bei der mutmaßlichen Wichtigkeitsrangfolge von Entscheidungskriterien der privaten Akteure, die in Tabelle 5.4. dargestellt ist, rangiert der „Wille, Flächenverbrauch zu vermeiden" wie schon im Expertendelphi auf dem letzten Platz. Die bedeutsamsten beiden Kriterien stellen auch zufolge des Bevölkerungsdelphis wirtschaftliche Überlegungen und die emotionale Bedeutung des Eigenheims dar. Eine gute Verkehrsanbindung wird von den Bürgerinnen und Bürgern etwas höher gewichtet als von den Expertinnen und Experten, was noch einmal die Bedeutung des Mobilitätsaspekts in den Köpfen der Menschen unterstreicht und die Hypothese unterstützt, dass Kommunikations- und Transfermaßnahmen, welche diesen Aspekt aufgreifen (vgl. Szenario 4.1., s. u.), in der Bevölkerung potenziell resonanzfähig sind.

Tab. 5.4. Vermutete Entscheidungen von Flächenakteuren im Bevölkerungsdelphi

Kriterien

Kommunen	Bevölkerung
1. Politische Interessen	1. Wirtschaftliche Überlegungen (Kosten etc.)
2. Langfristige wirtschaftliche Effekte (~ 20 – 30 Jahre)	2. Emotionale Bedeutung des Eigenheims (Status, Familie, Natur …)
3. Kurzfristige wirtschaftliche Effekte (~ 5 Jahre)	3. Günstige Verkehrsanbindung
4. Flächenverbrauch vermeiden	4. Etwas Eigenes / Neues schaffen
5. Voraussichtliche demografische Entwicklung	5. Infrastruktur und Wohnumfeld
6. Wahrgenommene Wünsche der Einwohner	6. Soziales Netzwerk
7. Konkurrenzsituation zu Nachbargemeinden	7. Wille, Flächenverbrauch zu vermeiden

Bezüglich der Planungsentscheidungen von Kommunen lassen sich die Ergebnisse etwas optimistischer lesen. Die Befragten unterstellen den Kommunen durchaus eine höhere Gewichtung langfristiger Wirtschaftlichkeitsbetrachtungen bei der Entscheidungsfindung. Auch der „Wille, Flächenverbrauch zu vermeiden" als vermutetes Kriterium wird höher (wenn auch nicht an der Spitze) eingestuft. Bedenklich stimmt an den Ergebnissen allerdings, dass die allgemeine Politikverdrossenheit in Deutschland auch die kommunale Ebene massiv erfasst zu haben scheint. Die „wahrgenommenen Wünsche der Einwohner" spielen nach der Wahrnehmung der Bevölkerung in der kommunalen Praxis nur eine sehr untergeordnete Rolle, während „politische Interessen" die Liste anführen. Partizipative Planungsverfahren, die Transparenz schaffen und Korruption vermeiden (Szenarien 3.3. und 3.5.), sind zwar von allen in der Studie zur Beurteilung gestellten Innovationen die am meisten erwünschten, werden aber gleichzeitig als wenig wahrscheinlich und für das Jahr 2020 in weniger als einem Drittel der Kommunen verbreitet angesehen.

Nachhaltige Kostenbetrachtung. Das Bevölkerungsdelphi bestätigt das Prognose-Ergebnis aus dem Expertendelphi, dass jeweils knapp die Hälfte der Privatpersonen und Kommunen bis zum Jahr 2020 für die Idee der „Kostenwahrheit" empfänglich sein werden. Auf der Erwünschtheits-Dimension liegen die Bewertungen für die entsprechenden Szenarien (Nr. 4.1. und 4.2.) im Vergleich deutlich unter den Expertenmeinungen. Der Skalenmittelwert von jeweils rund $M = 1$ deutet aber durchaus auf eine positive Bewertung und prinzipielle Zustimmung zur Idee der ökonomischen Nachhaltigkeit hin. Das Ergebnis der Bevölkerungsbefragung ist somit mit der Einschätzung der Expertinnen und Experten in Einklang zu bringen, dass die Innovationen, die Transparenz und eine langfristige Kosten- und Wirtschaftlichkeitsbetrachtung beinhalten, auf breitere Akzeptanz stoßen werden. Damit könnten sie eine wichtige Rolle bei der Erreichung bzw. zumindest der Annäherung an das 30-Hektar-Ziel spielen. Dafür spricht auch, dass wirtschaftliche Überlegungen an erster bzw. vorderer Stelle der Kriterien für individuelle Wohnstandortentscheidungen und kommunale Planungsentscheidungen vermutet werden (vgl. Tab. 5.4.).

Eine erhebliche Diskrepanz zum Expertendelphi zeigt sich für das Szenario 4.3., bei dem es um den Einbezug langfristiger Folgekosten in Bonitätsentscheidungen von Banken bei der Hypothekenvergabe geht. Anders als die Expertinnen und Experten beurteilen die Bürgerinnen und Bürger eine solche Praxis als im Jahr 2020 vermutlich recht weit verbreitet (bei rund 50 Prozent der Finanzierungsentscheidungen).

Rechtliche und fiskalische Rahmenbedingungen. Aus diesem thematischen Block wurde der Bevölkerungsstichprobe lediglich das Szenario 5.5. „Verträge über Siedlungsflächen" vorgelegt. Es wurde durchschnittlich als „eher" wünschenswert beurteilt (+1,2). Die Prognose stimmt stark mit der Prognose aus dem Expertendelphi überein: Demnach werden etwa ein Drittel der Kommunen in Deutschland bis 2020 Verträge über die gemeinsame Entwicklung von Siedlungen abgeschlossen haben.

5.2.2. Innovationsakzeptanz abhängig von Persönlichkeit, Werten, Umwelteinstellungen und soziodemografischem Hintergrund

Eine explorative Analyse der Interkorrelationen der Erwünschtheitsbeurteilungen der verschiedenen Innovationsszenarien zeigte, dass diese nicht unabhängig voneinander waren. Personen, die ein bestimmtes Szenario für erwünscht hielten, neigten dazu, auch die übrigen Szenarien mit höherer Wahrscheinlichkeit für wünschenswert zu befinden. Es wurde daher eine Faktorenanalyse mit den

Erwünschtheitsurteilen über alle Personen hinweg durchgeführt, und zwar getrennt nach erster und zweiter Delphi-Runde. Dabei ergab sich für die Daten der
ersten Runde ein großer erster Faktor, der 28,7 Prozent der Varianz aufklärte und
als generelle, undifferenzierte Aufgeschlossenheit allen beschriebenen Innovationen gegenüber interpretiert werden konnte. Die Faktorwerte aller befragten
Personen wurden in den nachfolgend beschriebenen Analysen als Maß für ihre
themenfeldbezogene Innovativität benutzt. Diese positive Einstellung gegenüber
Flächennutzungsinnovationen allgemein korrelierte substanziell mit dem Ausmaß, in dem die Erreichung des 30-Hektar-Ziels bis zum Jahr 2020 als wünschenswert beurteilt wurde ($r = .54$; $p < .001$). Die Daten der zweiten Runde
wiesen eine ganz ähnliche Faktorstruktur auf. Es konnte ein großer Innovativi-
tätsfaktor identifiziert werden, der 32,8 Prozent der Varianz aufklärte. Die individuellen Faktorwerte korrelierten hoch mit der Beurteilung des 30-Hektar-
Zieles als wünschenswert ($r = .59$; $p < .001$).

   In einem nächsten Schritt wurde geprüft, inwieweit sich die so ermittelte
generell positive Einstellung zu Innovationen der Flächennutzung aus den erhobenen individuellen Persönlichkeitsmerkmalen, Werthaltungen und allgemeinen
Naturbildern vorhersagen ließ. Zu diesem Zweck wurde – wiederum getrennt
nach den Daten aus der ersten und zweiten Delphi-Runde – eine schrittweise
lineare Regression durchgeführt. Das Ergebnis ist in Tabelle 5.5. dargestellt. Es
zeigt sich, dass ein nicht übermäßig großer, aber doch substanzieller Varianzan-
teil durch die – für beide Runden sehr ähnlichen – Regressionsmodelle vorhergesagt werden kann. Zwei von fünf Persönlichkeitseigenschaften sagen die Bewertung der Innovationen vorher. Neurotische Personen lehnen Flächennutzungsinnovationen eher ab, während Befragte mit einer höheren Offenheit für neue
Erfahrungen ihnen (erwartungsgemäß) positiver gegenüberstehen. Die Hypothese, dass Extraversion einen begünstigenden Einfluss hat (vgl. Abschnitt 1.5.1.),
findet sich hingegen nicht bestätigt. Neben Persönlichkeitseigenschaften hängen
nach dem Circumplex-Modell von Schwartz (1992) die grundlegenden Werthaltungen mit der Innovationsakzeptanz zusammen. Dieser Befund steht im Einklang mit bisherigen Ergebnissen der Innovationsforschung (vgl. Abschnitt
1.5.2.). Befragte mit eher universalistischen und selbsttranszendenten Werten
stimmen neuen Formen der Flächennutzung eher zu, während an traditionellen
Werten wie Macht und Status interessierte Personen diese eher ablehnen. Auch
haben zumindest zwei Facetten des allgemeinen Umweltbewusstseins einen
Einfluss auf die Innovationsakzeptanz. Delphi-Teilnehmer mit einer instrumentellen Einstellung gegenüber der Natur sind tendenziell skeptischer in Bezug auf
Innovationen, die als hilfreich für eine Eindämmung des Flächenverbrauchs
gelten.

Tab. 5.5. Regressionsmodelle zur Vorhersage der Aufgeschlossenheit gegenüber Flächennutzungsinnovationen

Prädiktor	Regressionskoeffizienten basierend auf Daten aus...	
	Delphi-Runde 1	Delphi-Runde 2
Konstante	–.74**	–.78**
Big-Five- Persönlichkeitsmerkmale		
Neurotizismus	–.06*	–.05*
Offenheit	.09**	
Werthaltungen nach Schwartz		
Selbsttranszendenz	.18**	.15**
Traditionalismus	–.18**	–.22**
Umweltbewusstsein		
Instrumentell	–.14**	–.10**
Gefährdung der Existenz grundlagen	.19**	.29**
	$R^2 = .16$ F = 38,3** (df = 5, 1216)	$R^2 = .17$ F = 48,5** (df = 5, 1216)

* p < .05; ** p < .01

Wer hingegen davon überzeugt ist, dass die natürlichen Existenzgrundlagen des Menschen gefährdet sind, befürwortet mit höherer Wahrscheinlichkeit einen sparsameren Umgang mit der Ressource Fläche in der Zukunft. Durch diese Regressionsanalyse werden im Wesentlichen bekannte Befunde über den Zusammenhang von allgemeinen Werten und Einstellungen auf der einen und spezifischen umweltbezogenen Einstellungen und Handlungen auf der anderen Seite repliziert (vgl. z. B. Karp, 1996; Schmidt et al., 2007). Dies bedeutet aber im Umkehrschluss, dass das Problem Flächenverbrauch von der damit konfrontierten Bevölkerung implizit vor allem als Umweltproblem wahrgenommen wird und nicht etwa als ökonomisches Problem. Denn es gibt keinen Grund, warum eher traditionell eingestellte Personen, also solche, für die materielle Werte eine hohe Bedeutung besitzen, nicht an Innovationen interessiert sein sollten, die einen langfristigen Werterhalt von privatem wie öffentlichem Eigentum befördern.

Ergänzend wurden mögliche Zusammenhänge zwischen erhobenen soziodemografischen Merkmalen der befragten Personen und ihrer themenfeldbezogenen Innovativität untersucht (alle nachfolgend berichteten Ergebnisse beruhen auf Daten der ersten Delphi-Runde). Dabei zeigte sich, dass Personen mit einem höheren Bildungsabschluss die Innovationen tendenziell als wünschenswerter beurteilten (Spearman's $\rho = .13$, $p < .001$). Ältere Befragte waren ebenfalls aufgeschlossener ($r = .15$, $p < .001$), was die weiter oben berichteten Ergebnisse zu den Wohnwünschen Älterer unterstreicht. Je mehr Personen mit dem / der Befragten im selben Haushalt wohnen, desto weniger erwünscht wurden die Innovationen bewertet ($r = -.13$, $p < .001$). Schließlich erreichten Männer mit $M = 0,06$ höhere Innovativitäts-Faktorwerte als Frauen mit $M = -0,06$, wobei dieser Effekt zwar statistisch bedeutsam ($T = 2,07$, $df = 1220$, $p < .05$), aber bezüglich der Effektstärke wohl zu vernachlässigen ist (Cohen's $d = 0,12$; entspricht ungefähr $r = .06$). Keine Zusammenhänge ließen sich für die Variablen Einkommen, Zahl der Kinder und Berufstätigkeit nachweisen, und interessanterweise – unseren Hypothesen entgegen – auch nicht für die Größe des aktuellen oder in der Kindheit und Jugend prägendsten Wohnorts oder für die heutige bzw. frühere Wohnform. Damit lässt sich festhalten, dass zumindest auf der Ebene der Bevölkerung auch nicht von einem Unterschied zwischen ländlichen und urbanen Räumen bei der Beurteilung von Flächennutzungsinnovationen und 30-Hektar-Ziel ausgegangen werden kann.

5.2.3. Kognitive und emotionale Strukturen

Die Auswertung des Triadentests, mit dem die sozial geteilte kognitive Repräsentation des Themenfelds Wohnformen und Flächennutzung erfasst werden sollte, erfolgte mit Hilfe der Software Anthropac (Borgatti, 1996). Dabei wurde zunächst eine Analyse der sozialen Geteiltheit der erhobenen Wissensstruktur vorgenommen, indem für alle einzelnen Befragten der Anteil der Übereinstimmungen zum Modalwert der Stichprobe im Verhältnis zu allen abgegebenen Unähnlichkeitsurteilen bestimmt wurde. Ein Beispiel verdeutlicht das Vorgehen: Angenommen, eine Probandin, die 18 Begriffstriaden beurteilt hat, habe bei 14 Triaden jeweils den Begriff als am unähnlichsten markiert, den auch eine Mehrheit der ganzen Stichprobe bei derselben Triade markiert hat, aber bei den verbleibenden Triaden eine Wahl getroffen, die von der Mehrheit abweicht.

Dann würde dieser Probandin ein Konsenswert von $D = 14 / 18 = 0,78$ zuge-schrieben. Man bedenke, dass der per Zufall zu erwartende Konsenswert $D = 1/3$ und der maximal mögliche $D = 1$ beträgt. Der durchschnittlich ermittelte Konsenswert aller 1.222 Befragten beträgt $D = 0,61$ ($SD = 0,16$), was deutlich und überzufällig über dem zufällig zu erwartenden Wert liegt ($T = 63,2$, df $= 1221$, $p < .001$) und somit eine empirische Rechtfertigung dafür bietet, die nachfolgend berichteten Ergebnisse des Triadentests als Abbild der kollektiven Repräsentation des Themenfelds zu behandeln.

In einem zweiten Schritt wurden die Maße für die Ähnlichkeit zwischen allen im Triadentest enthaltenen Begriffen ermittelt. Sie sind in Tab. 5.6. dargestellt. Die Ähnlichkeitswerte schwanken prinzipiell zwischen 0 (= keinerlei semantische Beziehung zwischen den beiden Begriffen) und 1 (= beide Begriffe haben exakt die gleiche Bedeutung) und geben wieder, wie häufig ein Begriffspaar im Verhältnis zu allen Triaden, in denen es vorkam, als ähnlich beurteilt wurde. Zwei Beispiele verdeutlichen, wie die Tabelle zu lesen ist. Der Wert von 0,88 zwischen „Einfamilienhaus" und „Viel Platz" bedeutet, dass die Befragten in 88 Prozent aller Fälle, in denen sie eine Triade zu beurteilen hatten, in der die beiden Begriffe vorkamen, diese als ähnlich wahrnahmen und den verbleibenden dritten Begriff, welcher auch immer es war, als unähnlich markierten. Damit besteht in der kollektiven Wahrnehmung der Bevölkerungsstichprobe eine sehr große begriffliche Ähnlichkeit zwischen „Einfamilienhaus" und „Viel Platz". Anders sieht es mit dem Zusammenhang zwischen „Wohnen in der Stadt" und „Viel Platz" aus. Hier ist der Tabelle ein Ähnlichkeitswert von 0,17 zu entnehmen, was bedeutet, dass nur in 17 Prozent der relevanten Triaden die beiden Begriffe als ähnlich, in den übrigen 83 Prozent aber einer der beiden als besonders unähnlich beurteilt wurden. Urbanes Wohnen hat in der Wahrnehmung der Bevölkerung also so gut wie gar nichts damit zu tun, viel Platz zu haben. Je größer der Ähnlichkeitswert, desto stärker der assoziative Zusammenhang.

Was also bedeutet für die deutsche Bevölkerung ein Einfamilienhaus? Der Tabelle 5.6. ist zu entnehmen, dass, neben dem schon erwähnten reichlich verfügbaren Platz, vor allem Familie, Gute Nachbarschaft, Naturerleben und Eigentum spontan assoziiert werden. Vor allem der letztgenannte Aspekt ist interessant, denn er ergibt sich keinesfalls sachlogisch. Erstens kann Eigentum auch im Stadtzentrum erworben werden, zweitens kann ein Einfamilienhaus auch gemietet werden und letztlich ist es sogar denkbar, ein in der Stadt liegendes Einfamilienhaus zu mieten. Diese Optionen scheinen aber nicht der impliziten kognitiven Struktur der Bevölkerung zu entsprechen. Eigentum erwirbt man dieser zufolge in Form eines Einfamilienhauses, das nicht im Stadtzentrum liegt. Jahrzehnte (west-)deutscher Wohneigentumsförderpolitik und Bausparkassenwerbung sind in den mentalen Strukturen der heutigen Bevölkerung fest verankert.

Tab. 5.6. Ergebnisse des Triadentests

	Gute Nachbarschaft	Flächenverbrauch	Kulturangebot	Eigentum	Lärm	Einfamilienhaus	Auto	Hohe Kosten	Gutes Leben	Viel Platz
Gute Nachbarschaft	0,00	0,10	0,13	0,44	0,08	0,68	0,21	0,23	0,64	0,37
Flächenverbrauch	0,10	0,00	0,23	0,29	0,35	0,37	0,22	0,21	0,14	0,35
Kulturangebot	0,13	0,23	0,00	0,11	0,24	0,05	0,19	0,35	0,37	0,13
Eigentum	0,44	0,29	0,11	0,00	0,04	0,67	0,53	0,47	0,55	0,55
Lärm	0,08	0,35	0,24	0,04	0,00	0,07	0,58	0,24	0,05	0,04
Einfamilienhaus	0,68	0,37	0,05	0,67	0,07	0,00	0,32	0,44	0,53	0,88
Auto	0,21	0,22	0,19	0,53	0,58	0,32	0,00	0,59	0,15	0,16
Hohe Kosten	0,23	0,21	0,35	0,47	0,24	0,44	0,59	0,00	0,21	0,34
Gutes Leben	0,64	0,14	0,37	0,55	0,05	0,53	0,15	0,21	0,00	0,51
Viel Platz	0,37	0,35	0,13	0,55	0,04	0,88	0,16	0,34	0,51	0,00
Natur erleben	0,53	0,24	0,44	0,15	0,07	0,60	0,08	0,11	0,69	0,49
Freiheit	0,37	0,24	0,31	0,22	0,08	0,33	0,33	0,07	0,55	0,53
Wohnen in der Stadt	0,55	0,29	0,74	0,49	0,62	0,24	0,14	0,53	0,36	0,17
Zukunft	0,32	0,32	0,34	0,49	0,07	0,41	0,07	0,11	0,33	0,12
Familie	0,84	0,11	0,27	0,79	0,17	0,84	0,24	0,41	0,72	0,45
Nachhaltigkeit	0,33	0,37	0,17	0,56	0,11	0,11	0,12	0,21	0,37	0,20
Umweltbelastung	0,09	0,56	0,15	0,10	0,66	0,23	0,75	0,43	0,11	0,15
Erfolg und Status	0,19	0,13	0,33	0,57	0,14	0,27	0,41	0,45	0,57	0,32
Wohlstand der Stadt / Gemeinde	0,63	0,53	0,64	0,20	0,10	0,35	0,25	0,30	0,39	0,19

	Natur erleben	Freiheit	Wohnen in der Stadt	Zukunft	Familie	Nach-haltigkeit	Umweltbe-lastung	Erfolg und Status	Wohlstand der Stadt / Gemeinde
Gute Nachbarschaft	0,53	0,37	0,55	0,32	0,84	0,33	0,09	0,19	0,63
Flächenverbrauch	0,24	0,24	0,29	0,32	0,11	0,37	0,56	0,13	0,53
Kulturangebot	0,44	0,31	0,74	0,34	0,27	0,17	0,15	0,33	0,64
Eigentum	0,15	0,22	0,49	0,49	0,79	0,56	0,10	0,57	0,20
Lärm	0,07	0,08	0,62	0,07	0,17	0,11	0,66	0,14	0,10
Einfamilienhaus	0,60	0,33	0,24	0,41	0,84	0,11	0,23	0,27	0,35
Auto	0,08	0,33	0,14	0,07	0,24	0,12	0,75	0,41	0,25
Hohe Kosten	0,11	0,07	0,53	0,11	0,41	0,21	0,43	0,45	0,30
Gutes Leben	0,69	0,55	0,36	0,33	0,72	0,37	0,11	0,57	0,39
Viel Platz	0,49	0,53	0,17	0,12	0,45	0,20	0,15	0,32	0,19
Natur erleben	0,00	0,67	0,18	0,35	0,51	0,39	0,14	0,28	0,24
Freiheit	0,67	0,00	0,28	0,51	0,36	0,22	0,06	0,31	0,10
Wohnen in der Stadt	0,18	0,28	0,00	0,35	0,52	0,23	0,51	0,30	0,42
Zukunft	0,35	0,51	0,35	0,00	0,66	0,54	0,30	0,57	0,31
Familie	0,51	0,36	0,52	0,66	0,00	0,32	0,03	0,14	0,09
Nachhaltigkeit	0,39	0,22	0,23	0,54	0,32	0,00	0,23	0,51	0,29
Umweltbelastung	0,14	0,06	0,51	0,30	0,03	0,23	0,00	0,25	0,20
Erfolg und Status	0,28	0,31	0,30	0,57	0,14	0,51	0,25	0,00	0,37
Wohlstand der Stadt / Gemeinde	0,24	0,10	0,42	0,31	0,09	0,29	0,20	0,37	0,00

Was hingegen bedeutet implizit das Wohnen in der Stadt? Familie und Gute Nachbarschaft lassen sich dort, wenn es nach den stärksten Assoziationen im Triadentest geht, ebenso verwirklichen wie im Einfamilienhaus am Ortsrand. Dieser Befund stützt zusätzlich die im Zusammenhang mit Szenario 2.2. weiter oben diskutierte Erwartung, dass viele Familien Interesse an urbanen Wohnformen haben oder in naher Zukunft entwickeln werden. Was dem Einfamilienhausbesitzer das Naturerlebnis, ist dem Stadtbewohner, wenig überraschend, das kulturelle Angebot (stärkste Assoziation zu „Wohnen in der Stadt"). Zum „kognitiven Markenkern" des urbanen Wohnens gehören allerdings auch die negativen Aspekte wie hohe Kosten, Lärm und Umweltbelastung, welche laut Tabelle 5.6. hoch in der Rangfolge der am ehesten spontan assoziierten Begriffe stehen.

Im Vergleich der Assoziationen zu Einfamilienhaus und urbanem Wohnen fällt abgesehen von der inhaltlichen Charakterisierung auf, dass es mehr Begriffe gibt, die zu ersterem sehr hohe Ähnlichkeitswerte aufweisen, als es bei letzterem der Fall ist. Dies könnte als Hinweis dafür gedeutet werden, dass die kollektive Bedeutung eines Einfamilienhauses kognitiv stärker festgelegt ist, als die des urbanen Wohnens.

In einem weiteren Analyseschritt wurde die Auswertung des Triadentests, die bis hierher für die Gesamtstichprobe beschrieben wurde, für verschiedene Substichproben aus dem Bevölkerungsdelphi separat wiederholt. Damit sollte die Hypothese geprüft werden, dass sich verschiedene Bevölkerungsgruppen hinsichtlich ihrer kognitiven Repräsentation des Themenfeldes unterscheiden. Zunächst wurden aus den Quadranten die Subgruppen gebildet, die sich aus der Kombination der beiden Schwartzschen Wertedimensionen (s.o.) ergeben und die als grobe Annäherung an verschiedene Lebensstile bzw. Milieus verstanden werden können. Anhand des in Abschnitt 5.3.2. beschriebenen Innovativitätsmaßes wurden ferner vier verschiedene innovative Bevölkerungscluster gebildet (in Anlehnung an die Innovatorenklassifikation von Rogers, 2003, vgl. hier Abschnitt 1.4.1.). Schließlich erfolgten ergänzende Auswertungen des Triadentests für die in Abschnitt 5.3.1. beschriebenen Zielgruppen von jungen Familien bzw. Senioren. Entgegen unserer Vermutung ließ sich aber für keine dieser Gruppen eine spezifische kognitive Struktur aufdecken, die sich systematisch und sinnvoll interpretierbar von der unterschieden hätte, die anhand der Daten der Gesamtstichprobe errechnet wurden. Durchschnittliche zeilenweise Korrelationskoeffizienten, die wir als Maß für die Ähnlichkeit der jeweiligen Matrizen mit Tabelle 5.6. heranzogen, schwankten zwischen $r = .92$ und $r = .96$, wiesen also auf eine fast vollständige Übereinstimmung der Repräsentationen zwischen den verschiedenen untersuchten Bevölkerungsgruppen hin.

Mit Skalen des semantischen Differentials wurden im Bevölkerungsdelphi auch affektive Koordinaten der im Triadentest enthaltenen Begriffe erhoben, um die emotionale Verankerung der sozial geteilten mentalen Repräsentation des Themenfeldes im dreidimensionalen Affektraum zu untersuchen. Die Rohergebnisse (durchschnittliche Bewertungen auf den Skalen Valenz, Potenz und Aktivierung) sind in Tabelle 5.7. dargestellt. Sie können wiederum genutzt werden, um euklidische Distanzen zwischen den Begriffen und damit die affektive Ähnlichkeit zueinander darzustellen. Eine Visualisierung der so abbildbaren affektiven Struktur des Themenfelds Wohnformen und Flächennutzung bietet Abbildung 5.1., in der zusätzlich auch die Koordinaten der prototypischen Basisemotionen *Zufriedenheit* (hohe Valenz, hohe Potenz, niedrige Erregung), *Freude* (hohe Valenz, hohe Potenz und hohe Erregung) und *Ärger* (niedrige Valenz, hohe Potenz und hohe Erregung) dargestellt sind (zu den theoretischen Hintergründen vgl. Abschnitt 1.5.4.).

Tab. 5.7. Koordinaten der Begriffe im affektiven Raum

Begriff	Valenz	Potenz	Erregung
Gute Nachbarschaft	2,47	1,54	0,68
Flächenverbrauch	−1,67	1,56	0,89
Kulturangebot	2,28	1,33	1,31
Eigentum	2,68	2,30	−0,29
Lärm	−3,09	2,25	2,82
Einfamilienhaus	**2,70**	**1,81**	**−1,14**
Auto	1,26	2,10	2,35
Hohe Kosten	−2,64	1,99	1,37
Gutes Leben	3,18	2,03	0,29
Viel Platz	2,85	2,02	−0,26
Natur erleben	3,20	1,10	−1,16
Freiheit	3,16	1,87	1,36
Wohnen in der Stadt	**0,28**	**1,51**	**2,38**
Zukunft	1,60	1,44	1,40
Familie	3,03	2,37	1,80
Nachhaltigkeit	1,79	1,55	−0,38
Umweltbelastung	−2,99	2,25	1,58
Erfolg und Status	1,67	2,21	1,78
Wohlstand der Gemeinde	2,01	1,63	1,18
Ich selber, wie ich wirklich bin	2,15	1,60	0,71

Horizontal verläuft in der Abbildung die Valenzdimension (links unangenehme und rechts angenehme Emotionen) und vertikal die Erregungsdimension (oben Ruhe und unten Erregung). Deutlich erkennbar ist, dass das Einfamilienhaus ganz in der Nähe der Basisemotion Zufriedenheit einen klaren „affektiven Markenkern" hat, der durch die Begriffe Natur erleben, Eigentum, Viel Platz, Gute Nachbarschaft und ganz allgemein ein „gutes Leben" inhaltlich näher bestimmt wird. Die emotionale Bedeutung urbanen Wohnens hingegen ist ambivalent zwischen den Basisemotionen Freude und Ärger positioniert, wobei erstere durch ein großes Kulturangebot und letztere durch Nachteile wie höhere Kosten, Umweltbelastung und Lärm konkretisiert werden. Wiederum zeigt auch diese Auswertungsmethode, dass die Familie bei beiden infrage stehenden Wohnformen etwa gleich stark assoziiert ist. Fügte man in die Abbildung noch die zu dem Begriff „Ich selber, wie ich wirklich bin" gehörige Koordinate als Entsprechung des überdauernden, die eigene Identität kennzeichnenden Selbst-Affekts hinzu, so wäre dieser etwa auf der Hälfte der Strecke zwischen dem Einfamilienhaus und der Basisemotion Freude zu platzieren, fiele also in den Bereich des „Markenkerns". Daraus ist zu schlussfolgern, dass die Wohnform Einfamilienhaus der prototypischen Selbstwahrnehmung in der deutschen Bevölkerung affektiv sehr stark entspricht. Die meisten Menschen erwarten, dass sie sich in dieser Wohnform am ehesten so fühlen können, wie sie wirklich sind. Diese tiefe emotionale Verankerung des Einfamilienhauses erklärt die hohe Präferenz für diese Wohnform, die wir auch in dieser Studie wieder berichten, und sie zeigt, warum es schwierig bis unmöglich ist, daran kurz- bis mittelfristig durch politische Maßnahmen und / oder stadtplanerische Innovationen etwas zu ändern.

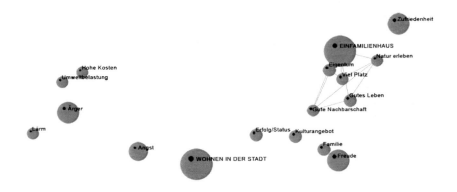

Abb. 5.1. Affektive Struktur des Themenfelds Wohnformen und Flächennutzung

5.3. Diskussion

Mit dem durchgeführten Bevölkerungsdelphi sollte das aus der in Kapitel 4 beschriebenen Expertenbefragung gewonnene Zukunftsbild um die Perspektive der
Bevölkerung ergänzt werden, um daraus Rückschlüsse über mehr oder weniger
plausible zukünftige Entwicklungen auf dem Feld der Flächennutzung zu erhalten. Die Ergebnisse lassen sich in der Gesamtbetrachtung durchaus in eine kohärente Interpretation mit jenen aus dem Expertendelphi bringen. Bezüglich der
Prognosen, welche Innovationen eher und welche vermutlich nicht so leicht zu
verbreiten sein werden, erlauben beide Studien insgesamt gesehen sehr ähnliche
Schlussfolgerungen. Vielfach können Ergebnisse aus dem Bevölkerungsdelphi
sogar als Erläuterung oder Begründung für Annahmen aus dem Expertendelphi
interpretiert werden. Dies gilt insbesondere bezüglich solcher Innovationsszenarien, deren Realisierungschancen von den Experten eher skeptisch beurteilt worden waren. So liefert die Ablehnung dieser Innovationen durch eine Mehrheit der
Bevölkerung, z. B. bei der Verbreitung verdichteter urbaner Wohnformen oder
einer aus Expertensicht wünschenswerten Veränderung von Wohnpräferenzen,
gerade den Grund dafür, warum die Wahrscheinlichkeitsschätzungen der Expertinnen und Experten über die Diffusion solcher Neuerungen berechtigterweise
verhalten ausfallen. Niedrige Erwünschtheitsurteile seitens der Bevölkerung
korrespondieren mit niedrigen Verbreitungsprognosen der Experten. Die Ergebnisse zur kollektiven kognitiven und emotionalen Repräsentation der Wohnformen zeigen, wie fest der Wunsch nach dem freistehenden Einfamilienhaus mit
viel Platz und grüner Umgebung mental verankert ist. Eine weitreichende Veränderung dieser mentalen Strukturen, wie sie für einen umfassend gelingenden
Innovationstransfer notwendig wäre, wird nicht so leicht zu erreichen sein.

Gleichwohl finden sich in den Erkenntnissen aus dem Bevölkerungsdelphi
durchaus Ansatzpunkte für mögliche Strategien zum Innovationstransfer, die an
den Wünschen, Interessen und mentalen Repräsentationen der Bevölkerung
orientiert sind und damit zumindest partielle Erfolge versprechen. So zeigen die
Ergebnisse, dass die Bereitschaft, ja sogar: der Wunsch, mehr in den Zentren zu
wohnen, bei relevanten Bevölkerungsgruppen ohne Zweifel stark ausgeprägt ist
und in Zukunft noch wachsen wird. Insbesondere gilt dies für die zahlen- und
wohl auch kaufkraftmäßig starke Gruppe der älteren Bürgerinnen und Bürger.
Städte und Gemeinden, die diese Wünsche aufgreifen und den oft mühevolleren
und konfliktbehafteteren Weg der Innenentwicklung gehen, könnten schon bald
im Wettbewerb um finanzkräftige Einwohner im Vorteil sein. Natürlich erfordert
das innovative Angebote, die auch in zentraler Lage den Wohnkomfort und die
Annehmlichkeiten des eigenen Hauses bieten. Wenn es noch gelingen soll, die
Trendwende zu einer tatsächlichen Reduzierung von Flächeninanspruchnahme

zu schaffen, dann geschieht dies vor allem über den ökonomischen Hebel. Erst wenn Bausparkassen anfangen, die neu geschaffene Eigenheimidylle auf frisch ausgewiesenem Bauland in ihren Werbespots durch umgebaute Altbauten zu ersetzen (seien es alte Fabriken im urbanen Bereich oder restaurierte Fachwerkhäuser in Dorfzentren), wird der Wandel gelingen. Dass sich damit durchaus ebenso Geld verdienen ließe, zeigt das Bevölkerungsdelphi ohne Zweifel. Desweiteren werden durch das Bevölkerungsdelphi Einschätzungen der Experten bestätigt, dass ökonomisch orientierte Nachhaltigkeitsargumente durchaus bei vielen Bürgerinnen und Bürgern auf offene Ohren stoßen werden. Dazu gehören die Einbeziehung von Mobilitätskosten oder auch die langfristig zu erwartende Wertentwicklung beim Vergleich von möglichen zentralen und peripheren Immobilienstandorten.

Für ein Erreichen des von der Bundesregierung ausgegebenen 30-Hektar-Ziels bis 2020 werden solche Ansätze jedoch aller Wahrscheinlichkeit nach nicht ausreichen. Die befragte Expertengruppe und die Bevölkerungsstichprobe sind sich einig, dass der im Jahr 2020 zu erwartende Flächenverbrauch wohl eher zwischen 70 und 80 Hektar liegen wird. Man sollte diese Schätzung ernst nehmen. Dafür spricht zum einen die Kohärenz der Ergebnisse beider Studien: Die Teilnehmer des Bevölkerungsdelphi sind unabhängig zu dieser Prognose gekommen, denn sie kannten die Ergebnisse der Expertenbefragung nicht. Zum anderen haben zahlreiche Studien gezeigt, dass große Gruppen sehr präzise und häufig im Vergleich zu Expertinnen sogar bessere Schätzungen unsicherer Sachverhalte vornehmen. Die „Weisheit der Massen" ist häufig ein verlässlicher Ratgeber (Surowiecki, 2004).

In der Gesamtbetrachtung der Ergebnisse aus dem Experten- und dem Bevölkerungsdelphi zeichnet sich durchaus schon ein recht plausibles Zukunftsbild über die Verbreitung von Flächennutzungsinnovationen im Jahr 2020 ab. Allerdings fehlt mit der Perspektive von Entscheidungsträgern in den Kommunen noch die Sichtweise von Akteuren, die für die Entwicklung der Flächennutzung von höchst entscheidender Bedeutung sind. Um diese im Rahmen der vorliegenden Fallstudie integrieren zu können, wurde eine weitere Delphi-Studie durchgeführt. Bevor wir also (in Kap. 8) versuchen, aus den hier berichteten Ergebnissen des Bevölkerungsdelphis praktische Schlussfolgerungen und Handlungsempfehlungen für einen verbesserten Innovationstransfer im Bereich Flächennutzung abzuleiten, berichten wir zunächst im folgenden Kapitel über die Befragung der Kommunen.

6. Studie 3: Kommunaldelphi

Aufgrund der Ergebnisse der Experten- sowie der Bevölkerungserhebungen schien es uns naheliegend, im Anschluss zusätzlich eine Befragung von Entscheidungsträgern in den Kommunen durchzuführen, da gerade die Kommunen durch ihre Entscheidungen und Vorgaben erheblichen Einfluss auf die Entwicklung des Flächenverbrauchs in ihrem Einzugsgebiet ausüben. Uns interessierte hierbei nicht ausschließlich die Sicht der Kommunen auf die Problematik des hohen Flächenverbrauchs allein, sondern auch besonders, ob und inwiefern sich die Einschätzungen der Kommunen von jenen der Experten und der Bevölkerung unterscheiden. Als ein weiteres Ziel formulierten wir – als Ergänzung zur reinen Erhebung von Daten – einen Transfer von Ergebnissen des Experten- und Bevölkerungsdelphi an kommunale Entscheidungsträger. Dieses Ziel ist ganz im Sinne der Delphi-Methode (vgl. Abschnitt 3.2.), bei der es neben der Datenerhebung immer auch simultan schon um die Kommunikation dieser Daten zwischen Experten und Entscheidungsträgern geht. Insofern ist die nachfolgend beschriebene Studie schon ein unmittelbarer Beitrag zum Innovations- und Wissenstransfer in die kommunale Praxis hinein.

6.1. Methodisches Vorgehen

Die Erhebung der Daten aus der Kommunalbefragung erfolgte erneut internetbasiert unter der Verwendung der Erhebungssoftware EFS Survey der Firma Globalpark. Im Unterschied zu den beiden vorangegangenen Studien erfolgte in diesem Fall jedoch nur ein einstufiges Delphi. Dabei wurden den Teilnehmerinnen und Teilnehmern sofort in der ersten (und einzigen) Befragungsrunde die Ergebnisse aus dem Expertendelphi sowie dem Bevölkerungsdelphi zurückgemeldet.

6.1.1. Anpassung des Fragebogens

Die präsentierten Szenarien entsprachen sowohl in ihrer Anzahl als auch in ihrer Formulierung den bereits zuvor im Expertendelphi verwendeten Szenarien (vgl.

Abb. 4.1. sowie die Szenariotexte im Anhang). Unterschiedlich war jedoch die Art der Präsentation der zuvor erhobenen Ergebnisse. Es gab nur eine Befragungsrunde. In dieser wurden gleich die Ergebnisse aus der Experten- und der Bevölkerungsbefragung dargeboten. Eine Rückmeldung der Ergebnisse der eigenen Referenzgruppe wie in den vorherigen Delphis erfolgte hingegen nicht. Bei Szenarien, zu denen es keine Einschätzungen seitens der Bevölkerung gegeben hatte, wurden lediglich die Angaben der Experten präsentiert. Bei der Befragung der Kommunen handelte es sich also um eine einstufige Untersuchung. Der Stichprobe wurde folglich nicht – wie beim klassischen Delphi – die Einschätzung ihrer eigenen Bezugsgruppe mitgeteilt, sondern die Daten der übrigen beiden Bezugsgruppen. In der Instruktion wurde dementsprechend unser Interesse betont, die Einschätzungen aus kommunaler Sicht im Kontrast zu den übrigen befragten Gruppen zu erfahren.

Für die Datenerhebung (Erwünschtheits-, Wahrscheinlichkeits- und Prognoseschätzungen) wurden jeweils dieselben Skalen benutzt wie im Experten- und im Bevölkerungsdelphi (vgl. Abschnitt 4.2.1. bzw. 5.1.1.). Die Darstellung der Ergebnisse der bisherigen beiden Studien erfolgte wiederum grafisch aufbereitet in Form farblich markierter stilisierter Dichteverteilungen bzw. horizontaler und vertikaler Balken auf den Prognoseskalen. Die grafische Darstellung ist im Anhang zu allen Skalen abgebildet.

Das Szenario 3.2. („Problembewusstsein Kommunen") wurde wiederum ergänzt um eine Ranking-Aufgabe, bei der mögliche Kriterien für Planungsentscheidungen in die Reihenfolge ihrer Wichtigkeit gebracht werden sollten. Hierbei unterschied sich die Vorgehensweise von jener in den beiden vorhergehenden Studien insofern, als nicht mehr alle Kriterien zur Auswahl gestellt wurden, sondern nur noch „kurzfristige wirtschaftliche Effekte", „langfristige wirtschaftliche Effekte" sowie der „Wille, Flächenverbrauch zu vermeiden". Hintergrund war, dass die befragten Experten den Kommunen eher eine kurzfristige, die Bevölkerungsstichprobe aber eine langfristige und am Flächensparen orientierte Perspektive unterstellt hatten (vgl. Abschnitt 4.3.1. bzw. 5.2.1.). Nun erwarteten wir bei der Befragung der Kommunen keine vollständig neue Sichtweise auf die Entscheidungsprozesse, wohl aber eine Klärung dieser spezifischen und für den Innovationstransfer höchst bedeutsamen Einschätzung.

In Anlehnung an das Expertendelphi wurde im Anschluss an die Szenariobeurteilungen nach aus Sicht der Kommunen geeigneten Maßnahmen für einen verbesserten Innovationstransfer in die kommunale Praxis gefragt. Zu diesem Zweck wurden die Studienteilnehmer gebeten, die folgenden möglichen Transferinstrumente in die Rangreihe ihrer Wirksamkeit zu bringen: „Für Änderungen gesetzlicher Vorschriften eintreten", „Lernprozesse bei kommunalpolitischen Entscheidern fördern", „Ausbildung und Einsatz von Multiplikatoren",

„Kommunalpolitiker auszeichnen, die sich für Flächensparen einsetzen", „Finanzielle Förderung der Übernahme von Best-Practice-Beispielen" sowie „Beratungsangebote zur Übernahme von Best-Practice-Beispielen".

Der Fragebogen in der Kommunenbefragung unterschied sich von den anderen Fragebögen dahingehend, dass auf ergänzende Befragungskomplexe wie Skalen zu Werten und Umwelteinstellungen oder kognitiv-affektiven Strukturen verzichtet wurde. Dem lagen pragmatische Erwägungen zugrunde: Erfahrungsgemäß sehen sich Kommunen und insbesondere Bürgermeisterinnen und Bürgermeister selbst mit zahlreichen Bitten um die Teilnahme an Befragungen konfrontiert, so dass wir anstrebten, unsere Befragung möglichst kurz und der Lebenswelt der Befragten angemessen zu gestalten. Es wurden daher lediglich knapp ergänzende Daten zu genauer beruflicher Position innerhalb der Kommune, Berufserfahrung und Hintergrund, Entscheidungskompetenzen etc. erhoben.

6.1.2. Stichprobe und Ablauf der Datenerhebung

Um geeignete Teilnehmer zu ermitteln, wurden statistische Landesämter und kommunale Verbände aus verschiedenen Bundesländern kontaktiert und entsprechende Adresslisten von (Ober-)Bürgermeistern bzw. kommunalen Verwaltungen angefragt. Ergänzende Adressdaten aus Bundesländern, von denen keine Listen erhältlich waren, wurden im Internet recherchiert. Insgesamt kontaktierten wir schließlich $N = 4.869$ Kommunen elektronisch. Dabei wurde das Anschreiben an die jeweiligen (Ober-)Bürgermeisterinnen und (Ober-)Bürgermeister adressiert – soweit die Information verfügbar war, auch namentlich. Bevor die Online-Befragung per E-Mail-Anschreiben gestartet wurde, wurde mittels geschichteter Zufallsauswahl an einen Teil der Kommunen ($N = 1.000$) im Vorfeld zusätzlich postalisch ein Brief mit der Bitte um die Teilnahme gesendet, um die Rücklaufwahrscheinlichkeit zu erhöhen. Die Anzahl der Briefe, die pro Bundesland verschickt wurde, richtete sich dabei nach der Bevölkerungsanzahl des jeweiligen Bundeslandes.

Es erfolgten insgesamt $N = 1.348$ Zugriffe auf die Online-Befragung, was einer Rücklaufquote von 27,7 Prozent entsprach. Davon beendeten $N = 548$ Teilnehmer die Befragung vollständig (Beendigungsquote = 40,7 Prozent). Wir erzwangen keine Antworten, um der hohen zeitlichen Belastung der Zielgruppe Rechnung zu tragen. Aus diesem Grund schwankt die genaue Zahl der Antworten von Frage zu Frage zwischen $N = 325$ und $N = 348$, was im Einzelnen Tabelle 6.2. im Abschnitt 6.2. „Ergebnisse" zu entnehmen ist. Die Stichprobe setzte sich zu 52 Prozent aus Bürgermeistern, zu 32 Prozent aus Verwaltungsangehörigen in leitenden Funktionen, zu 11 Prozent aus Spezialisten und einem Rest

sonstiger Teilnehmer zusammen. Eine Übersicht der gesamten Stichprobenzu-
sammensetzung folgt in Tabelle 6.1. Es ist auffällig, dass sich der Teilnehmer-
kreis vor allem aus Angehörigen von Landgemeinden oder Kleinstädten zusam-
mensetzt. Über die Gründe dafür kann nur spekuliert werden: Eine größere
Aufgeschlossenheit gegenüber Befragungen generell, eine geringere zeitliche
Belastung oder auch eine größere Betroffenheit von dem Thema sind gleichermaßen plausibel. Die dadurch möglicherweise entstehende Verzerrung der in der
Befragung abgegebenen Urteile ist aber für die Zwecke unserer Fallstudie un-
problematisch. Schließlich stellen gerade die kleinen Städte und Gemeinden die
wichtigste Zielgruppe für den Transfer von Flächennutzungsinnovationen dar,
weil im ländlichen Raum am meisten Flächenverbrauch tatsächlich stattfindet
(Dosch, 2002, S. 35). Gerade diese Perspektive ist deswegen für unsere Untersuchung besonders bedeutsam.

Tab. 6.1. Stichprobe Kommunalbefragung

Bundesland		Wohnortgröße	
Baden-Württemberg	10,0 %	Kleine Stadt oder Gemeinde (bis 5.000 EW)	32,9 %
Bayern	28,3 %		
Berlin	0,3 %	Kleinstadt (5.000– 20.000 EW)	38,6 %
Brandenburg	2,6 %		
Bremen	0,6 %	Mittelstadt (20.000– 100.000EW)	22,3 %
Hessen	7,4 %		
Mecklenburg-Vorpommern	2,3 %	Großstadt (>100.000 EW)	4,3 %
Niedersachsen	9,7 %	**Alter**	
Nordrhein-Westfalen	19,7 %	Mittelwert =	49,43 Jahre
Rheinland-Pfalz	1,4 %	Minimum =	22 Jahre
Saarland	2,6 %	Maximum =	71 Jahre
Sachsen	10,6 %		
Sachsen-Anhalt	2,0 %		
Schleswig-Holstein	1,1 %		
Thüringen	1,4 %		

Partei		Position	
CDU/CSU	20,3 %	Hauptamtlicher	
SPD	11,7 %	Bürgermeister bzw.	
FDP	1,1 %	Hauptverwaltungsbeamter	43,7 %
BÜNDNIS 90/DIE GRÜNEN	2,0 %	Ehrenamtlicher Bürgermeister	8,0 %
DIE LINKE	0,6 %	Leitende Funktion in der Verwaltung	
Unabhängige Wählergemeinschaft (oder ähnlich)	8,3 %	(z. B. Beigeordneter, Amt)	31,7 %
Sonstige	0,9 %	Fachliche Spezialisten- funktion in der Ver-	
Ich gehöre keiner Partei an	50,3 %	waltung	10,9 %
		Kommunalpolitische Funktion (z. B. Planungs	
Geschlecht		ausschussvorsitz)	0,6 %
Männlich	85,1 %	Sonstiges	3,1 %
Weiblich	12,3 %		

6.2. Ergebnisse

Die Bedeutung des Problems Flächenverbrauch wurde von den befragten kommunalen Entscheidungsträgern insgesamt als „ziemlich wichtig" eingeschätzt. Auf der siebenstufigen Skala von −3 bis +3 betrug der Mittelwert $M = 1,5$. Es wurde seitens der Kommunen prognostiziert, dass 2020 in Deutschland rund 71 Hektar Fläche pro Tag verbraucht werden. Dies entspricht nahezu exakt der Schätzung aus der Bevölkerungsstudie (vgl. Abschnitt 5.2.). Die Hälfte der Befragten geht von einem Wert zwischen 60 und 90 Hektar aus. Bezüglich der Erwünschtheit des 30-Hektar-Ziels nähert sich der Wert ebenfalls eher dem Wert der Bürger an, und so wird das 30-Hektar-Ziel nur als „überwiegend erwünscht" ($M = 1,5$) und nicht wie bei den Experten als „sehr erwünscht" angesehen.

6.2.1. Beurteilung der Szenarien

In den folgenden Abschnitten werden die Ergebnisse zu den einzelnen Innovationen der Flächennutzung nach Themenbereichen gegliedert dargestellt und erste Interpretationen vorgestellt. Da die Ergebnisse der Experten- und der Bevölkerungsbefragung bereits in den vorherigen Abschnitten ausführlich besprochen wurden, wird in diesem Kapitel vor allen Dingen auf Ähnlichkeiten und kontrastierende Einschätzungen eingegangen. Sofern von einem generellen Beantwortungstrend gesprochen werden kann, lässt sich festhalten, dass die befragten Kommunen auf der Dimension Erwünschtheit oft eine Zwischenposition einnehmen. Sie sind im Mittel vielen Innovationen gegenüber aufgeschlossener als die befragten Bürgerinnen und Bürger, gleichzeitig aber reservierter als die Expertinnen und Experten. Was Prognosen und Wahrscheinlichkeitsurteile angeht, so scheinen Bürgermeister und Kommunalverwaltung insgesamt eher den Expertenschätzungen zu folgen. Im Einzelnen sind alle Mittelwerte und Standardabweichungen zu den einzelnen Szenarien Tabelle 6.2. zu entnehmen.

Tab. 6.2. Beurteilung der Szenarien im Kommunaldelphi. Hinweis: Die Skalen der verbalen Erwünschtheits- und Wahrscheinlichkeitsurteile reichten von −3 bis 3.

	Runde 1		
	N	Mittel-wert	SD
30-Hektar-Ziel			
erwünscht	344	1,5	1,2
Prognose	310	71,5 ha	19,4
1. Leitbilder für die Stadtentwicklung			
Szenario 1.1. „Stadt der kurzen Wege"			
erwünscht	348	1,9	1,2
Prognose	328	49,5 %	14,3
Szenario 1.2. „Innen- vor Außen-entwicklung"			
erwünscht	347	2,3	1,0
Prognose	326	56,3 %	16,8
Szenario 1.3. „Entsiegelung bei Versiegelung"			
erwünscht	348	1,0	1,4
Prognose	327	32,5 %	15,2

Szenario 1.4. **„Nachverdichtung"**			
erwünscht	348	0,2	1,6
Prognose	328	38,9 %	16,1
Szenario 1.5. **„Flächenrecycling"**			
erwünscht	347	–0,5	1,7
Prognose	326	14,6 %	11,7
2. Wohnwünsche			
Szenario 2.1. **„Einfamilienhaus** **bevorzugte Wohn-** **form"**			
erwünscht	346	0,5	1,4
wahrscheinlich	327	–0,7	1,3
Prognose	324	63,3 %	14,0
Szenario 2.2. **„Familien in die** **Innenstadt"**			
erwünscht	347	0,6	1,5
Prognose	325	40,3 %	13,6
Szenario 2.3. **„Senioren in die** **Innenstadt"**			
erwünscht	347	1,2	1,5
Prognose	324	54,6 %	14,9
Szenario 2.4. **„Wohnen im Alt-** **baubestand"**			
erwünscht	346	1,3	1,2
Prognose	325	44,4 %	15,4
Szenario 2.5. **„Bauen auf Indust-** **riebrachen"**			
erwünscht	347	1, 8	1,2
wahrscheinlich	330	0,3	1,2
Prognose	325	35,7 %	16,2

3. Entscheidungs- prozesse			
Szenario 3.1. **„Problembewusst-** **sein Individuum"**			
erwünscht	347	−1,9	0,9
wahrscheinlich	339	−1,1	1,2
Szenario 3.2. **„Problembewusst-** **sein Kommunen"**			
erwünscht	347	1,8	1,2
wahrscheinlich	336	0,3	1,2
Szenario 3.3. **„Transparenz,** **Korruptionsbe-** **kämpfung"**			
erwünscht	347	2,2	1,0
wahrscheinlich	338	−0,6	1,4
Szenario 3.4. **„Kooperation zwi-** **schen Kommunen"**			
erwünscht	347	1,7	1,3
Prognose	328	21,2 %	13,5
Szenario 3.5. **„Bürgerbeteili-** **gung"**			
erwünscht	345	0,8	1,3
Prognose	327	34,7 %	16,2
4. Nachhaltige Kos- **tenbetrachtung**			
Szenario 4.1. **„Individuen: Mobi-** **litätskosten"**			
erwünscht	347	1,3	1,5
wahrscheinlich			
Prognose	327	46,7 %	15,8

Szenario 4.2. „Kommunen: Infrastrukturkosten"			
erwünscht	347	2,1	1,2
Prognose	323	55,3 %	18,3
Szenario 4.3. „Banken: Bonitätsentscheidungen"			
erwünscht	347	0,1	1,6
Prognose	327	28,6 %	20,0
5. Rechtliche und fiskalische Rahmenbedingungen			
Szenario 5.1. „Flächensparsames Baurecht"			
erwünscht	346	1,7	1,3
wahrscheinlich	339	0,0	1,2
Szenario 5.2. „Regionalisierung der Raumplanung"			
erwünscht	347	0,0	1,7
wahrscheinlich	338	–0,8	1,4
Szenario 5.3. „Handelbare Flächennutzungsrechte"			
erwünscht	345	–0,1	1,5
wahrscheinlich	340	–1,9	1,0
Szenario 5.4. „Fiskalische Anreizbedingungen"			
erwünscht	347	1,3	1,5
wahrscheinlich	341	–1,6	1,1

Szenario 5.5. „Verträge über Siedlungsflächen"			
erwünscht	347	1,6	1,3
Prognose	328	29,8 %	15,8

Leitbilder für die Stadtentwicklung. Mit Ausnahme des Szenarios „Entsiegelung bei Versiegelung", welches die Kommunen als weniger wünschenswert erachten ($M = 1,0$) als die Experten ($M = 2,0$) und die Bürger ($M = 1,8$), zeigt sich, dass die Einschätzungen der Kommunen recht variabel sind. So ordnen sich die Kommunen entweder zwischen den anderen beiden Gruppen ein (Szenario 1.4. „Nachverdichtung") oder es zeigen sich Übereinstimmungen, besonders hinsichtlich des Mittelwertes, mit den Experten (1.2. „Innen- vor Außenentwicklung") oder der Bevölkerung (1.1. „Stadt der kurzen Wege", 1.5. „Flächenrecycling"). Von einer klaren Tendenz in die eine oder die andere Richtung kann somit also nicht gesprochen werden. In der Gesamtbetrachtung bestätigt sich das aus den vorherigen Studien gewonnene Bild. Betrachtet man im Vergleich die Prognosen für die jeweiligen Szenarien, so zeigt sich, dass die Kommunen lediglich beim Szenario „Innen- vor Außenentwicklung" (das demnach auf rund 56 Prozent der Städte und Gemeinden zutreffen wird) optimistischer sind als die Experten (52 Prozent) sowie die Bürger (41 Prozent). Möglicherweise erklärt sich dies dadurch, dass die Kommunen bereits Schritte in diese Richtung in die Wege geleitet oder die zunehmende Notwendigkeit in ihrer praktischen Arbeit erlebt haben. Die Prognose der Kommunen entsprach der Expertenmeinung bezüglich der Frage, wie viel Prozent der Städte im Jahre 2020 dem Leitbild „Stadt der kurzen Wege" folgen, ebenso trifft dies auf die Prognose „Entsiegelung bei Versiegelung" zu. In letzterem Fall waren die Bürger deutlich optimistischer. Am pessimistischsten waren die Kommunen im Vergleich zu den Experten und Bürgern bei den Prognosen für die Szenarien „Nachverdichtung" (38,9 Prozent) sowie „Flächenrecycling" (14,6 Prozent).

Wohnwünsche. Auch hinsichtlich dieses Themenfeldes zeigt sich, dass die Kommunen im Vergleich zu den Erwünschtheits-Einschätzungen von Experten und Bevölkerung oft eine Zwischenposition einnehmen. Dies ist etwa am Szenario „Einfamilienhaus als bevorzugte Wohnform" (2.1.) zu erkennen, dessen Eintreffen für die kommunalen Teilnehmerinnen und Teilnehmer „eher wünschenswert" (+0,5) ist, wohingegen es die Experten als „überwiegend wünschenswert" (+1,7) und die Bürger als „weder wünschenswert noch nicht wünschenswert" einschätzten (+0,2). Hinsichtlich der Prognose ergibt sich das gleiche Bild wie bei den vorherigen Delphis: Für über 60 Prozent der Menschen steht das freistehende Einfamilienhaus im Jahr 2020 nach wie vor an erster Stelle ihrer Wohnwünsche. Übereinstimmung zwischen den drei befragten Gruppen besteht auch beim Szenario 2.3. „Senioren in die Innenstadt", diesmal sogar auf beiden Dimensionen. Hier finden sowohl die Experten und die Bürger als auch die Kommunen es überwiegend wünschenswert, dass ältere Menschen in die Stadt ziehen, wo ihnen ein vernetzter Nahverkehr hohe Flexibilität ermöglicht und ein reichhaltiges Kulturangebot vorhanden ist. Mit einer Verbreitungsprognose von über 50 Prozent gehört auch dieses Szenario zu den am optimistischsten beurteilten. Als überwiegend wünschenswert wurde von den kommunalen Entscheidungsträgern auch das „Bauen auf Industriebrachen" (Szenario 2.5.) eingeschätzt; Wahrscheinlichkeitsschätzung und Verbreitungsprognose fallen jedoch in Übereinstimmung mit dem Ergebnis des Expertendelphi eher mittelmäßig aus.

Entscheidungsprozesse. Die Befragten widersprechen nicht der Einschätzung von Experten und Bevölkerung, dass ein individueller Bewusstseinswandel beim Thema Flächenverbrauch kaum zu erwarten ist (Szenario 3.1.). Interessant ist aber, dass die Verbreitung von Problembewusstsein bei den Kommunen (Szenario 3.2.) von ihnen selbst als ziemlich wünschenswert (+1,8) angesehen wird, was die diesbezüglich eher negative Einschätzung aus dem Expertendelphi in ein günstigeres Licht setzt. In ihrer Selbstwahrnehmung berücksichtigen die Kommunen – so wie von der Bevölkerung unterstellt und von den Experten bestritten – im Sinne zumindest ökonomischer Nachhaltigkeit auch zuvorderst „langfristige wirtschaftliche Effekte" als Kriterium bei Planungsentscheidungen. „Kurzfristige wirtschaftliche Effekte" landen auf dem zweiten, der „Wille, Flächenverbrauch zu vermeiden" (nur diese drei Kriterien wurden ja hier erfragt) auf dem letzten Rang. Überraschend ist, dass im Bereich transparenter Planungsprozesse und Bürgerbeteiligung im Kommunaldelphi ähnliche Diskrepanzen festzustellen sind wie im Bevölkerungsdelphi. Die entsprechenden Szenarien 3.3. und 3.5. werden ebenfalls als erwünscht, aber nicht als wahrscheinlich bzw. verbreitet beurteilt. Gleiches gilt für die interkommunale Kooperation (Szenario 3.4.): Hier folgen die Befragten der Expertenauffassung, dass diese wohl wünschenswert ist, zugleich aber bis 2020 von kaum mehr als einem Fünftel der Kommunen in Deutschland verwirklicht werden wird. Das Transferproblem (vgl. Abschnitt 1.3.) wird offenbar auch von den Betroffenen selbst als solches gesehen.

Nachhaltige Kostenbetrachtung. Auch die Ergebnisse des Kommunaldelphis sind mit der schon geäußerten Annahme (siehe Abschnitt 5.2.1.) vereinbar, dass es sich bei der Idee der ökonomischen Nachhaltigkeit um eine soziale Innovation

handelt, der vergleichsweise große Verbreitungschancen eingeräumt werden
können. Bezüglich ihrer eigenen Kostenkalkulationen (Szenario 4.2.) gehen die
hier befragten kommunalen Entscheidungsträger sogar noch deutlich über die
Schätzungen von Experten und Bevölkerung hinaus (Realisierung des Szenarios
in über 55 Prozent der Kommunen). Dies steht im Einklang mit der im vorigen
Abschnitt berichteten Betonung eines langfristig ausgerichteten wirtschaftlichen
Entscheidungshorizontes. Im Übrigen sind die Ergebnisse zu diesem Innovationsbereich ziemlich vergleichbar mit denen des Expertendelphis.

Rechtliche und fiskalische Rahmenbedingungen. Hier fällt bei der Auswertung
besonders auf, dass die Kommunen bei fast allen Szenarien hinsichtlich der Erwünschtheit reservierter urteilen als die Experten (der Bevölkerungsstichprobe
wurden die meisten dieser Szenarien nicht vorgelegt). Eine „flächensparsame"
Umgestaltung des Baurechts (Szenario 5.1.) und eine Neugestaltung fiskalischer
Anreizbedingungen (Szenario 5.4.) werden immerhin noch im Einklang mit den
Experten als grundsätzlich wünschenswert erachtet, wenn auch nicht in so starker Ausprägung. Ebenfalls Übereinstimmung besteht bei diesen Szenarien auch
in der Wahrscheinlichkeitsbeurteilung: Ersteres wird immerhin für möglich
gehalten, letzteres aber klar als unwahrscheinlich angesehen (−1,6). Eher abgelehnt werden von den Kommunen aber die Regionalisierung der Raumplanung
(Szenario 5.2.) und handelbare Flächennutzungsrechte (Szenario 5.3.). Dies
verwundert nicht, denn insbesondere bei diesen Szenarien werden die kommunalen Einflüsse und Gestaltungsmöglichkeiten reduziert, was aus psychologischer
Sicht eine Bedrohung der Handlungsfreiheit darstellt und somit Reaktanz
(Wortmann & Brehm, 1975) und Widerstand auslöst (vgl. Abschnitt 1.3.).

6.2.2. Differenzierungen: Stadt vs. Land, Verwaltung vs. Politik

Angesichts des Umstands, dass eher Vertreterinnen und Vertreter kleiner Städte
und Gemeinden an der hier beschriebenen Studie teilgenommen haben, geben
die hier beschriebenen Ergebnisse vorwiegend eine ländliche Sichtweise auf das
Themenfeld wieder. Das ist völlig im Sinne der vorliegenden Fallstudie, da im
ländlichen Raum der größte Flächenverbrauch stattfindet und somit der größte
Handlungsbedarf besteht (Dosch, 2002). Die Stichprobe ist aber breit genug
zusammengesetzt, dass Unterschiede zwischen eher kleineren und eher größeren
Kommunen statistisch untersucht werden konnten. Dabei zeigt sich, anders als es
beim Bevölkerungsdelphi der Fall war, dass es einen Zusammenhang zwischen
der Gemeindegröße und der generellen Aufgeschlossenheit gegenüber den hier
beschriebenen Innovationen gibt. Tendenziell werden die Szenarien als er-

wünschter beurteilt, je größer die Stadt bzw. Gemeinde ist, in der die befragte Person ihr Wirkungsfeld hat. Diese generelle Tendenz ist statistisch bedeutsam, wie eine multivariate Varianzanalyse zeigt, bei der die Erwünschtheitsantworten zu allen Szenarien als abhängige und die Gemeindegröße als unabhängige Variablen behandelt werden (Wilks $\lambda = .58$; $F = 2,60$; $df_1 = 69$; $df_2 = 885$; $p < .01$). Je größer die Betroffenheit der Kommunen, desto skeptischer ist folglich ihre Haltung gegenüber den untersuchten Flächennutzungsinnovationen. Dies wurde übrigens an einer hohen Zahl kritischer Kommentare deutlich, die vor allem von Bürgermeisterinnen und Bürgermeistern kleinerer Gemeinden in ein für diesen Zweck in der Befragung vorgesehenes freies Feld eingetragen wurde. Zwar haben wir diese freien Bemerkungen nicht systematisch-methodisch ausgewertet, es wurde aber sehr deutlich, dass das Flächenproblem auch als Konflikt zwischen urbanen und ländlichen Räumen wahrgenommen wird. Dabei kann die generelle Argumentationslinie vielleicht dahingehend zusammengefasst werden, dass den ländlichen Räumen heute unter dem Stichwort „30-Hektar-Ziel" Entwicklungsmöglichkeiten vorenthalten werden, welche größere Städte über Jahrzehnte genossen hätten, als noch nicht vom Flächensparen die Rede war.

Ein für uns im Vergleich zu den Stadt-Land-Differenzen unerwarteter Befund besteht darin, dass die Daten auch für systematische Wahrnehmungsunterschiede zwischen kommunaler Fachverwaltung auf der einen und Kommunalpolitik auf der anderen Seite sprechen. Generell beurteilen Verwaltungsangehörige das 30-Hektar-Ziel und die damit verbundenen sozialen Innovationen im Vergleich zu der politischen Ebene (Bürgermeister und Ratsmitglieder) als erwünschter, was statistisch wieder mit Hilfe einer multivariaten Varianzanalyse gezeigt werden kann (Wilks $\lambda = .79$; $F = 3,32$; $df_1 = 23$; $df_2 = 286$; $p < .01$)[3]. Innerhalb der Kommunen scheint also die Sichtweise der Verwaltung etwas ähnlicher zu der der Experten zu sein, während sich die Ratsmitglieder und Bürgermeister etwas mehr an den Präferenzen der Bevölkerung, also ihrer Wählerinnen und Wähler, orientieren. Soweit man also das Transferproblem bei der nachhaltigen Flächennutzung als gesellschaftliche Konfliktkonstellation zwischen aus Expertenwissen gespeisten Problemlösungsversuchen auf der einen

---

[3] Je kleiner eine Gemeinde, desto häufiger nahm der Bürgermeister selbst an der Befragung teil, während dies in größeren Kommunen eher von Verwaltungsmitarbeitern erledigt wurde. Es war deshalb nicht auszuschließen, dass der berichtete Befund ebenfalls auf die Stadt-Land-Differenz und nicht auf eine Politik-Verwaltungs-Differenz zurückzuführen ist. Aus diesem Grunde haben wir die statistische Analyse noch einmal separat nur für die Gemeinden bis 20.000 Einwohner durchgeführt. Dabei erwies sich der Effekt tatsächlich als etwas kleiner, aber immer noch als bedeutsam. Wir denken daher, dass es neben der Stadt-Land-Diskrepanz tatsächlich einen Wahrnehmungsunterschied innerhalb der Kommunen zwischen Verwaltung und Politik gibt.

und den Wünschen der Bevölkerung auf der anderen Seite auffassen kann, so scheint dieser Konflikt mitten durch die Kommunen selbst zu verlaufen.

6.2.3. Innovationstransfer aus kommunaler Sicht

Diese zuletzt genannte Schlussfolgerung wird unterstrichen, wenn man die Antworten der befragten kommunalen Entscheider zu geeigneten Transferinstrumenten mit dem entsprechenden Ergebnis des Expertendelphis vergleicht. Die Rangfolge der Wirksamkeit von Transfermaßnahmen aus Sicht der Kommunen, die sich aus der hier beschriebenen Studie ergibt, ist in Abbildung 6.1. dargestellt. Während die Kommunen noch mit den Experten übereinstimmen, dass eine Änderung bestimmter gesetzlicher Vorschriften nötig oder hilfreich für den Innovationstransfer wäre, besteht ein wichtiger Unterschied darin, dass die „finanzielle Förderung der Übernahme von Best-Practice-Beispielen" von den Kommunen als weit weniger sinnvoll, die Förderung von „Lernprozessen bei kommunalpolitischen Entscheidern" aber als deutlich notwendiger erachtet wird. Gute Ideen oder „best practices" setzen sich eben nicht einfach kraft ihrer Qualität durch, sondern sie müssen von den Adressaten aktiv bearbeitet und in ihr jeweiliges subjektives Bezugs- und Deutungssystem integriert werden.

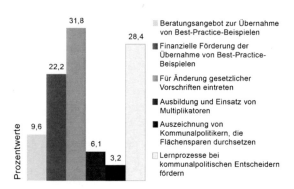

Abb. 6.1. Sinnvolle Maßnahmen aus kommunaler Sicht für Innovationstransfer zu Kommunen

6.3. Diskussion

Die Befragung der Kommunen als maßgebliche Akteure der Flächennutzung wurde mit dem Ziel durchgeführt, das sich aus Experten- und Bevölkerungsdelphi ergebende Zukunftsbild zu ergänzen. Außerdem sollten die Ergebnisse der ersten beiden Studien unmittelbar an die betroffenen Entscheidungsträgerinnen und Entscheidungsträger kommuniziert werden. Die Resonanz auf die Befragung kann als erfreulich bezeichnet werden und spricht für ein hohes Interesse am Themenfeld. Grob geschätzt, hat sich durch diese Befragung in jeder zehnten Kommune in Deutschland eine Person von maßgeblichem Einfluss mit unseren Befragungsergebnissen auseinandergesetzt. Das Thema Flächenverbrauch und das entsprechende Nachhaltigkeitsziel der Bundesregierung werden auf kommunaler Ebene überwiegend als bedeutsam und wünschenswert in der Realisierung angesehen. Eine kleine Einschränkung zu dieser generell positiven Bewertung muss lediglich darin gesehen werden, dass gewisse Selbstselektionseffekte bei der Gewinnung von Befragungsteilnehmerinnen und -teilnehmern wahrscheinlich sind: Wer das Thema ohnehin für wichtig hält, mag mit höherer Wahrscheinlichkeit unserer Bitte entsprochen haben. Insgesamt sind die Ergebnisse aber so deutlich, dass mit einiger Sicherheit davon ausgegangen werden kann, dass der Umgang mit dem Problem Flächenverbrauch bei den Kommunen durchaus auf der Tagesordnung steht.

Im Detail zeigen die Ergebnisse aber auch, dass von dieser grundsätzlichen Aufgeschlossenheit aber nicht auf eine hohe Wahrscheinlichkeit des Transfers der meisten hier behandelten Innovationen in die kommunale Praxis bis zum Jahr 2020 geschlossen werden kann – jedenfalls nicht gemessen an den Zielen, die in der Nachhaltigkeitsstrategie der Bundesregierung (2002, 2008) festgelegt sind. Der vielleicht interessanteste Befund unserer Befragung von Kommunen besteht in der Zwischenposition, die diese hinsichtlich der Erwünschtheit von neuen Ansätzen der Flächennutzung einnehmen. Sie befinden sich mitten in dem Spannungsfeld, das zwischen dem gesellschaftlichen Problemlösungsdruck, wie er von Experten gesehen wird, und den Wohnwünschen und Lebensvorstellungen der Bevölkerung besteht. Das Transferproblem (vgl. Abschnitt 1.3.) muss in den Kommunen gelöst werden.

7. Zusammenhängende Analysen

Bevor wir (in Kap. 8) versuchen, einige praktische Handlungsempfehlungen für die politische Steuerung von Innovationstransfer auf dem Problemfeld der nachhaltigen Flächennutzung aus den vorliegenden Studien abzuleiten, sollen im Folgenden plausible Zukunftsbilder entworfen werden, wie sie sich aus der integrierten Betrachtung der einzelnen Studien ergeben (Abschnitt 7.1.). Aus dem Vergleich verschiedener Szenarien ergeben sich Hinweise darauf, welche der betrachteten Innovationen möglicherweise besonders entscheidend sein werden, wenn eine Reduzierung des Flächenverbrauchs erreicht werden soll (Abschnitt 7.2.). Kombiniert mit einer Bewertung des Transferpotenzials der einzelnen Innovationen (Abschnitt 7.3.), ausgehend von den Ergebnissen der verschiedenen Delphi-Studien, ergeben sich strategische Hinweise darauf, auf welche Innovationsbereiche am ehesten Ressourcen konzentriert werden sollten.

7.1. Flächennutzung 2020: Zwei plausible und wahrscheinliche Szenarien

Basierend auf sämtlichen einzelnen Bewertungen der Flächennutzungsinnovationen durch die drei verschiedenen Gruppen (Experten, Bevölkerung und Kommunen), haben wir zwei verschiedene integrierte Szenarien (sozusagen Super-Szenarien) konstruiert, die unserer Ansicht nach plausible und aus heutiger Sicht gleichermaßen wahrscheinliche Zukunftsbilder zur Flächennutzung im Jahr 2020 liefern. Das eine Szenario ist, auf das Nachhaltigkeitsziel der Bundesregierung bezogen, optimistischer und unterstellt einen Flächenverbrauch von 60 Hektar pro Tag in 2020, das andere ist mit 90 Hektar pessimistischer. Natürlich ist die Zukunft offen und viele Entwicklungen sind möglich, vom Erreichen oder gar Übertreffen des 30-Hektar-Ziels („Best Case") bis hin zu einem weiteren Anstieg der Flächeninanspruchnahme im Vergleich zu heute („Worst Case"). Der in Abbildung 7.1. dargestellte Szenariotrichter stellt diesen „Möglichkeitsraum" der Entwicklung des Flächenverbrauchs dar. Die von uns entwickelten Szenarien befinden sich aber in einem mittleren Bereich des Trichters (siehe die graue Markierung in Abb. 7.1.), denn wir halten weder das Erreichen des 30-Hektar-Ziels noch ein Stagnieren oder gar Steigen des Flächenverbrauchs im Vergleich zum heutigen Niveau für besonders wahrscheinlich.

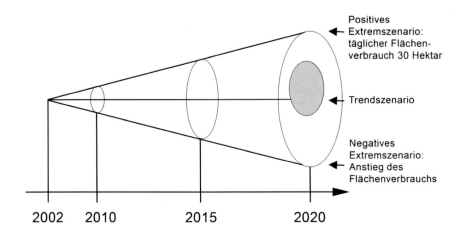

Abb. 7.1. Szenariotrichter zum 30-Hektar-Ziel

Bei der Konstruktion der beiden Szenarien – 60-Hektar-Szenario vs. 90-Hektar-Szenario – gingen wir wie folgt vor: Als Datengrundlage dienten über alle Innovationsbereiche hinweg die jeweils mittleren 50 Prozent der Einschätzungen der Expertinnen und Experten, der Bevölkerung und der Kommunen zu den Wahrscheinlichkeits- und Prognosefragen. Dabei wurde jeweils der oberste und der unterste Wert der mittleren 50 Prozent einbezogen (also das 25. und das 75. Quantil). Abbildung 7.2. veranschaulicht das Vorgehen am Beispiel der unmittelbaren Schätzung des Flächenverbrauchs im Jahr 2020.

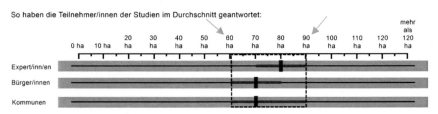

Abb. 7.2. Ergebnisse zur Einschätzung der Neuinanspruchnahme von Fläche im Jahr 2020

Auf den drei Prognoseskalen ist, nach befragter Gruppe getrennt, jeweils der mittlere Schätzbereich in Form eines horizontalen Balkens angegeben. Der Wert von 60 Hektar als Basis für das optimistischere Szenario ist der – übereinstimmenden – Prognose von Bevölkerung und Kommunen entnommen und markiert hier gewissermaßen das günstigste Ende des Wahrscheinlichkeitsbereiches. Der ungünstigere Wert von 90 Hektar als Basis für das pessimistischere Szenario entstammt dem Expertendelphi und markiert hier das obere Ende des sich aus den Schätzungen ergebenden Wahrscheinlichkeitsbereiches. Auf die gleiche Weise wurden zu jeder in den Delphi-Studien erfragten Flächennutzungsinnovation eine eher günstige und eine eher ungünstige Prognose für 2020 ermittelt. Alle Prognosen liegen aber im Bereich des Wahrscheinlichen; die extremeren Schätzungen (also die jeweils optimistischsten und pessimistischsten 25 Prozent) wurden nicht berücksichtigt.

Im Folgenden wird jeweils zu ausgewählten Fragen der Delphi-Studien der so ermittelte optimistische Wert dem pessimistischen Wert gegenübergestellt. Die Kombination aller eher optimistischen Werte ergibt unser nachfolgend beschriebenes „60-Hektar-Szenario", während das „90-Hektar-Szenario" alle eher pessimistischen Werte kombiniert. Insgesamt gesehen kann das 90-Hektar-Szenario im Vergleich zu heute in etwa als Status-quo-Szenario aufgefasst werden, bei dem es nicht zu einer nennenswerten Verbreitung vieler sozialer Innovationen kommt, allerdings wohl ein leichter Rückgang des Flächenverbrauchs allein aufgrund der demografischen Entwicklung und der allgemeinen wirtschaftlichen Dynamik zu erwarten ist. Demgegenüber liegt zwar auch beim 60-Hektar-Szenario das Erreichen der Nachhaltigkeitsziele der Bundesregierung noch in weiter Ferne, in einzelnen Bereichen kommt es aber durchaus zu einer sehr nennenswerten und bedeutsamen Veränderung von Praktiken der Flächennutzung. Getrennt nach den fünf großen Innovationsbereichen, anhand derer die Szenarien in den Delphi-Studien organisiert waren (vgl. Abb. 4.1.), werden beide Zukunftsbilder nachfolgend kurz beschrieben. Tabelle 7.1. enthält zudem eine systematische Gegenüberstellung beider Szenarien.

7.1.1. Leitbilder für die Stadtentwicklung

60-Hektar-Szenario: An welchen Leitbildern und Konzepten werden sich im Jahr 2020 die Städte und Gemeinde aus Sicht des 60-Hektar-Szenarios orientieren? Laut der Studienteilnehmerinnen und -teilnehmern wird das Leitbild „Stadt der kurzen Wege" von über 60 Prozent der Städte und Gemeinde verfolgt. Wohn- und Gewerbegebiete, Einkaufsmöglichkeiten und sonstige Infrastruktur wie Bildungseinrichtungen sind also so angelegt, dass lange Fahrzeiten überflüssig werden. Zudem wird das Konzept „Innen- vor Außenentwicklung" von knapp drei Viertel aller Städte und Gemeinden verwirklicht. Generell hat das Problembewusstsein der Kommunen zugenommen, so dass es eher wahrscheinlich ist, dass, wenn sie über Flächennutzung wie der Ausweisung neuer Gewerbegebiete entscheiden, in den meisten Fällen der Wunsch „Fläche zu sparen" ein wichtiges Entscheidungskriterium ist.

90-Hektar-Szenario: Nicht einmal ein Drittel aller Städte und Gemeinden verfolgen laut dem 90-Hektar-Szenario das Leitbild „Stadt der kurzen Wege", dies gilt auch für das Konzept „Innen- vor Außenentwicklung". Zudem ist es diesem Zukunftsbild nach eher nicht wahrscheinlich, dass, wenn Kommunen über Flächennutzung entscheiden, der Wunsch „Flächenverbrauch zu vermeiden" ein wichtiges Entscheidungskriterium darstellt.

7.1.2. Wohnwünsche

60-Hektar-Szenario: Im Jahr 2020 steht nur bei der Hälfte der Bevölkerung das Einfamilienhaus im Grünen an erster Stelle ihrer Wohnwünsche. Das heißt auch, dass sich die andere Hälfte eine andere Wohnform wünscht. Beispielsweise wird das Wohnen in der Innenstadt für Familien mit Kindern eine größere Rolle spielen. Für mehr als die Hälfte von ihnen ist es (dem 60-Hektar-Szenario zufolge) sehr attraktiv, zentral im Innenstadtbereich zu wohnen – aufgrund der kurzen Wege, der guten Infrastruktur und des kulturellen Angebots. Dies gilt nicht nur für die Familien, sondern auch für die Senioren. Zwei Drittel der älteren Menschen ziehen es vor, in den Stadtzentren zu wohnen. Zudem ist über die Hälfte der Menschen bereit, bestehende Bauten zu wählen, wenn sie Wohneigentum erwerben, statt etwas Eigenes, etwas Neues selbst zu bauen.

90-Hektar-Szenario: Wie sieht das Zukunftsbild der Wohnwünsche und -vorstellungen jedoch aus Sicht des 90-Hektar-Szenarios im Jahr 2020 aus? An den Wohnwünschen hat sich im Vergleich zu den vergangenen Jahrzehnten kaum etwas geändert. Über 70 Prozent der deutschen Bevölkerung, also sogar etwas mehr als heute, hat den Wunsch, in einem Einfamilienhaus im Grünen zu leben. Nur für ein Drittel der Familien mit Kindern ist das Leben in der Innenstadt eine attraktive Alternative. Ähnlich geht es den Senioren: Nur 44 statt 66 Prozent (= Vergleichswert des 60-Hektar-Szenarios) von ihnen werden es vorziehen, in den Stadtzentren zu wohnen. Sie bleiben tendenziell also lieber in ihren bisherigen Wohnformen leben, beispielsweise in ihrem Einfamilienhaus im Grünen. Bei der Frage nach Wohneigentum wird deutlich, dass im Jahr 2020 nach wie vor eine starke Verknüpfung mit dem Wunsch besteht, etwas Eigenes, ein neues Haus errichten zu wollen: So werden knapp 70 Prozent der Menschen in dieser Entscheidungssituation den Kauf bestehender Bauten ablehnen und sich für die Neuerrichtung entscheiden.

7.1.3. Kooperation von Kommunen

Welche Veränderungen wird es im Jahr 2020 bei der Zusammenarbeit von Kommunen geben? Dem 60-Hektar-Szenario nach wird die Neuinanspruchnahme von Fläche auch dadurch reduziert, dass Kommunen häufiger miteinander kooperieren. Verträge zwischen benachbarten Städten und Gemeinden über die Entwicklung von Siedlungs- und Gewerbeflächen sind dem Szenario zufolge in 41 Prozent der Städte und Gemeinden üblich. Solche Verträge sehen beispielsweise vor, dass ein gemeinsames Gewerbegebiet nur auf dem Gebiet einer Gemeinde entsteht, die Nachbargemeinde aber an den Steuereinnahmen beteiligt wird.

Die Baulandausweisung wird in 30 Prozent der Fälle zwischen den Kommunen koordiniert ablaufen. So können Entwicklungsziele zwischen den Kommunen abgestimmt werden. Errichtet zum Beispiel eine Stadt ein neues Wohngebiet, spezialisiert sich die benachbarte Gemeinde im Gegenzug darauf, natürliche Erholungsgebiete zu schaffen.

Wie könnte sich dieser Bereich jedoch noch entwickeln? Dem *90-Hektar-Szenario* nach kooperieren Kommunen eher selten miteinander, wenn es um die Flächennutzung und Ausweisung neuer Siedlungs- und Gewerbeflächen geht. Nur 20 Prozent der Städte und Gemeinden haben Verträge mit benachbarten Kommunen geschlossen und in nur 10 Prozent der Fälle läuft die Baulandausweisung koordiniert zwischen den Kommunen ab.

7.1.4. Planungs- und Entscheidungsprozesse

60-Hektar-Szenario: An kommunalen Entscheidungen über die Flächennutzung sind in 41 Prozent der Städte und Gemeinden die Bürger beteiligt. Verhandlungen über Interessenskonflikte werden hier unter Beteiligung der Bevölkerung öffentlich geführt.

71 Prozent der Städte und Gemeinden führen sehr langfristige Berechnungen durch, bevor sie über die Ausweisung eines Bau- oder Gewebegebietes entscheiden. 60 Prozent der Bürgerinnen und Bürger berücksichtigen die Mobilitätskosten, wenn sie sich für einen Wohnstandort entscheiden. Bei dieser

Entscheidung spielen auch die Kreditgeber eine Rolle. Denn 40 Prozent der Banken werden bei der Baufinanzierung verstärkt eine genaue Kalkulation über Mobilitätskosten verlangen. Zusammenfassend kann man also sagen, dass im Jahr 2020 die Kostenentscheidung eine große Rolle bei der Entscheidung für flächensparende Wohnformen spielt.

Das *90-Hektar-Szenario* geht hingegen von folgender Zukunft aus: Bei kommunalen Entscheidungen über Flächennutzung werden nur bei einem Fünftel der Städte und Gemeinden die Bürger beteiligt. Nur 36 Prozent der Städte und Gemeinden führen langfristige Berechnungen durch, bevor sie über die Ausweisung eines Bau- oder Gewebegebietes entscheiden. Kurzfristige Interessen überwiegen demzufolge. Bei der Bevölkerung berücksichtigen 35 Prozent der Bürgerinnen und Bürger Mobilitätskosten, wenn sie sich für einen Wohnstandort entscheiden. Die Banken spielen hier eine geringere Rolle: nur 10 Prozent von ihnen werden bei der Baufinanzierung verstärkt eine genaue Kalkulation über Mobilitätskosten verlangen.

Es zeigt sich hier demzufolge, dass die Entscheidung für einen Wohnort von den meisten Privatpersonen nicht auf einer bewussten Entscheidung für flächensparende Wohnformen beruht und es sich auch eher selten um eine bewusste Entscheidung unter Berücksichtigung von Langzeitfolgekosten handelt.

Tab. 7.1. Gegenüberstellung der Verbreitung ausgewählter Innovationen der Flächennutzung im Jahr 2020 unter dem 60- vs. 90-Hektar-Szenario

	60-Hektar-Szenario	**90-Hektar-Szenario**
Wohnwünsche		
Bevorzugte Wohnform: Einfamilienhaus im Grünen bei …	… 51 % der Bevölkerung	… 70 % der Bevölkerung
Leben in der Innenstadt attraktive Alternative für …	… 55 % der Familien mit Kindern	… 31 % der Familien mit Kindern
… ziehen Stadtzentren vor.	66 % der Senioren …	44 % der Senioren …
Wohnen im Bestand statt Neuerrichtung bei Erwerb von Wohneigentum bei …	… 57 % der Bevölkerung	… 32 % der Bevölkerung

Stadtkonzepte und Leitbilder

Leitbild „Stadt der kurzen Wege" in …	… 60 % der Städte und Gemeinden	… 30 % der Städte und Gemeinden
Konzept „Innen- vor Außenentwicklung" in …	… 71 % der Städte und Gemeinden	… 31 % der Städte und Gemeinden
„Fläche sparen" als wichtiges Entscheidungskriterium für Kommunen ist…	… eher wahrscheinlich	… eher nicht wahrscheinlich

Kooperation von Kommunen

Verträge zwischen Kommunen über die Entwicklung von Siedlungs- und Gewerbeflächen …	… in 41 % der Städte und Gemeinden	… in 20 % der Städte und Gemeinden
Koordinierte Baulandausweisung zwischen den Kommunen in …	… 30 % der Fälle	… 10 % der Fälle

Planungs- und Entscheidungsprozesse

Bürgerbeteiligung bei kommunalen Entscheidungen über Flächennutzung …	… in 41 % der Städte und Gemeinden	… in 20 % der Städte und Gemeinden
Durchführung langfristiger Berechnungen vor Flächennutzungsentscheidungen in …	… 71 % der Städte und Gemeinden	… 36 % der Städte und Gemeinden
Mobilitätskostenbetrachtung vor Wohnstandortentscheidung bei …	… 60 % der Bürgerinnen und Bürger	… 35 % der Bürgerinnen und Bürger
Kalkulation über Mobilitäts-Folgekosten von Privatpersonen verlangen …	… 40 % der Banken	… 10 % der Banken

Rechtliche Rahmenbedingungen

Baurecht, das auf Vermeidung von Flächenverbrauch ausgerichtet ist …	… eher wahrscheinlich	… eher nicht wahrscheinlich

7.1.5. Rechtliche Rahmenbedingungen

Schließlich noch ein Hinweis aus den Studienergebnissen zur Zukunft rechtlicher Rahmenbedingungen. Während es dem 60-Hektar-Szenario nach eher wahrscheinlich ist, dass das Baurecht im Jahr 2020 so ausgestaltet ist, dass es sich vor allem an der Vermeidung von Flächenverbrauch ausrichtet, zeigt das 90-Hektar-Szenario, dass es wahrscheinlich eher nicht so ausgestaltet sein wird.

7.2. Impact-Analyse: Welche Innovationen sind die Treiber?

Der Tabelle 7.1., in der das optimistische und das pessimistische Szenario gegenüber gestellt sind, kann entnommen werden, bei welchen Flächennutzungsinnovationen die Unterschiede zwischen beiden Szenarien besonders groß sind. Daraus sind Rückschlüsse darüber möglich, auf welche Innovationen es vermutlich besonders ankommt, wenn eine Entwicklung der Flächennutzung hin zu mehr Nachhaltigkeit erreicht werden soll. Zum Beispiel unterscheiden sich beide Zukunftsszenarien besonders stark darin, welche Verbreitung das städtische Leitbild „Innen- vor Außenentwicklung" in 2020 gefunden haben wird. Unter dem 60-Hektar-Szenario sind 71 Prozent, also eine übergroße Mehrheit der Kommunen in Deutschland, diesem Leitbild verschrieben, unter dem 90-Hektar-Szenario hingegen nicht einmal ein Drittel (31 Prozent). Ähnlich deutlich ist der Unterschied bei der Verbreitung langfristig orientierter wirtschaftlicher Berechnungen bei kommunalen Planungsentscheidungen. Daraus kann gefolgert werden, dass es sich hier um Schlüsselinnovationen handelt. Das optimistischere Flächenverbrauchsszenario zu erreichen, kann wohl nur dann als wahrscheinlich angesehen werden, wenn es gelingt, diese beiden Neuorientierungen (Innen- vor Außenentwicklung, ökonomische Nachhaltigkeit) im kommunalen Handeln zu verankern. Es ist hingegen eher unplausibel, eine bedeutsame Reduktion des Flächenverbrauchs zu erwarten, wenn in den genannten beiden Bereichen kein Umdenken erfolgt.

Auch die Wohnwünsche der Bevölkerung unterscheiden sich in beiden Szenarien deutlich, wenn auch nicht so stark wie bei den genannten, die kommunalen Planungsprozesse betreffenden Innovationen. Dennoch zeigt die Gegenüberstellung, dass das optimistischere 60-Hektar-Szenario eine spürbare Neuorientierung der Wohnwünsche weg vom Einfamilienhaus und hin zu urbaneren Wohnformen impliziert.

Um noch weitere, im Vergleich zur Gegenüberstellung der Szenarien systematischere Informationen über die für die Zielerreichung bedeutsamsten Innovationen zu erhalten, wurden getrennt nach Experten-, Bevölkerungs- und Kommunaldelphi schrittweise Regressionsanalysen durchgeführt. Dabei wurde geprüft, inwieweit sich die Prognose des Flächenverbrauchs 2020 aus einer Kombination der Prognosen bzw. Wahrscheinlichkeitsschätzungen zu einzelnen Innovationen vorhersagen ließ. Das Ergebnis ist in Tabelle 7.2. dargestellt.

Tab. 7.2. Regressionsmodelle zur Bestimmung des Impact einzelner Flächennutzungsinnovationen auf die Reduzierung des Flächenverbrauchs

Prädiktor (Szenario Nr.)	Regressionskoeffizienten basierend auf Daten aus ...		
	Expertendelphi	Bevölkerungsdelphi	Kommunaldelphi
Konstante	85,10**	48,45**	95,87**
„Stadt der kurzen Wege" (1.1.)		0,12**	
„Innen- vor Außenentwicklung" (1.2.)			–0,16*
„Nachverdichtung" (1.4.)		0,15**	
„EFH bevorzugte Wohnform" (2.1.)	0,25**	0,23**	
„Familien in die Innenstadt" (2.2.)			–0,23**
„Problembewusstsein von Individuen" (3.1.)		–1,71**	
„Transparenz, Korruptionsbekämpfung" (3.3.)		–1,22*	
„Bürgerbeteiligung" (3.5.)		–0,17**	–0,19**
„Individuen: Mobilitätskosten" (4.1.)	–0,29**		
„Kommunen: Infrastrukturkosten" (4.2.)	–0,20**		
	$R^2 = .31$ F = 21,9** (df = 3, 146)	$R^2 = .11$ F = 25,6** (df = 6, 1214)	$R^2 = .09$ F = 9,0** (df = 3, 290)

* p < .05; ** p < .01; Anmerkungen: Die Szenario-Nummern beziehen sich auf Abb. 4.1. Die Schätzung beruht für Experten- und Bevölkerungsdelphi jeweils auf den Daten der zweiten Runde. Differenzen von df's und Stichprobenumfang durch missing values (listenweiser Ausschluss).

Für die Expertenschätzungen zeigt sich, dass ein substanzieller Anteil der Unterschiede in den Prognosen (31 Prozent) durch ein Modell vorhergesagt wird, das ganze drei Prädiktoren enthält: Je größer der Anteil der Bevölkerung geschätzt wird, deren Präferenz 2020 nach wie vor das Eigenheim im Grünen ist, desto höher wird auch der Flächenverbrauch geschätzt. Expertinnen und Experten hingegen, die davon ausgehen, dass individuelle Wohnstandortentscheidungen und kommunale Planungsprozesse eher vom Gedanken der ökonomischen Nachhaltigkeit geprägt sein werden, unterstellen auch einen niedrigeren Flächenverbrauch (erkennbar am negativen Vorzeichen der entsprechenden Koeffizienten in Tab. 7.2.).

Die Vorhersage der Bevölkerungsschätzungen zum Flächenverbrauch fällt weit weniger deutlich aus (11 Prozent Varianzaufklärung) und bezieht mehr einzelne Innovationen mit ein. Übereinstimmung bezüglich der Bedeutung des Wohnwunsches Einfamilienhaus besteht mit den Experten, ansonsten wird die Flächenverbrauchsschätzung aber durch Faktoren wie ein verbessertes Problembewusstsein von Individuen sowie verstärkte Transparenz und Bürgerbeteiligung bei Planungsprozessen vorhergesagt. Auffällig und interessant ist das positive Vorzeichen des Koeffizienten zum städtischen Leitbild der Nachverdichtung: Bürgerinnen und Bürger, die für 2020 eine stärkere Verbreitung innerstädtischer Verdichtung erwarten, prognostizieren mehr und nicht etwa weniger Flächenverbrauch! Dies könnte auf einen ironischen Effekt hindeuten. Während Nachverdichtung von Experten als Innovation zur Lösung des Problems Flächenverbrauch propagiert wird, neigen Bürger dazu, gerade die nachverdichteten innerstädtischen Bereiche zu meiden und eben das großzügige Haus im Umland zu präferieren.

Das Regressionsmodell für die Flächenverbrauchsschätzungen aus dem Kommunaldelphi ist noch etwas schwächer (9 Prozent Varianzaufklärung). Übereinstimmung besteht mit der Bevölkerung hinsichtlich der Bedeutung von Bürgerbeteiligung (je partizipativer die Planungsprozesse, desto weniger Flächenverbrauch in 2020), außerdem erscheint die Verbreitung des Leitbilds „Innen- vor Außenentwicklung" als kritisch.

Angesichts der schwachen Regressionsmodelle für die Daten aus Bevölkerungs- und Kommunalbefragung ist wohl eine gewisse Vorsicht bei der Interpretation angeraten, aber in der Gesamtbetrachtung kristallisieren sich doch einige der betrachteten Innovationen als offenbar bedeutende Treiber heraus, dies gilt insbesondere, wenn man die Gegenüberstellung der Szenarien in Tabelle 7.1. und die dazugehörigen obigen Schlussfolgerungen mit einbezieht. Für die tatsächliche Entwicklung des Flächenverbrauchs dürfte demnach vor allem bedeutend sein:

- wie sich die Wohnwünsche der Bevölkerung entwickeln,
- ob sich in der Mehrheit der Kommunen das Leitbild „Innen- vor Außenentwicklung" verbreitet,
- ob es gelingt, sowohl bei Kommunen als auch bei Privatpersonen eine im Vergleich zu heute viel langfristigere Perspektive bei Wirtschaftlichkeitsberechnungen zu erzeugen *und*
- ob sich in den Kommunen transparentere und partizipativere Planungs- und Entscheidungsprozesse durchsetzen.

7.3. Transferpotenzial einzelner Innovationen

Für die Frage einer Transferstrategie und sinnvolle zu ergreifende Handlungen zur Annäherung an das Ziel einer Reduktion des Flächenverbrauchs (siehe Kap. 8) reicht es nicht aus, treibende Faktoren zu kennen, diese müssen auch beeinflussbar sein. Zum Beispiel nützt das Wissen, dass eine Veränderung von Wohnwünschen der Bevölkerung großen Einfluss auf mehr Nachhaltigkeit in der Flächennutzung hätte, praktisch wenig, wenn von Seiten steuernder Institutionen nichts getan werden kann, um diese Veränderung auch tatsächlich zu bewirken. Aus diesem Grund wurde von uns auf Basis der hier berichteten empirischen Daten zusätzlich eine grobe Klassifikation der untersuchten Innovationen nach ihrem Transferpotenzial vorgenommen. Mit Transferpotenzial ist gemeint, dass aus heutiger Sicht erkennbar ist, dass eine Innovation wahrscheinlich in der Bevölkerung bzw. bei den Kommunen auf Resonanz stoßen wird, weil ihre Kompatibilität zu bestehenden mentalen Strukturen hoch ist.

7.3.1. Innovationen mit eher hohem Transfer- bzw. Umsetzungspotenzial

Bei den nachfolgend aufgeführten Innovationen gehen wir aufgrund der Ergebnisse der Delphi-Studien davon aus, dass gute Chancen für eine Umsetzung bzw. weitreichende Verbreitung bis zum Jahr 2020 bestehen. Ausschlaggebend für diese Einschätzung ist eine Kombination aus Prognosen und Erwünschtheitseinschätzungen aus den Studien. Hohes Transferpotenzial messen wir solchen Innovationen bei, deren (vor allem durch die Experten) geschätzte Verbreitung im oberen Bereich liegt (zwischen 40 und 60 Prozent) *und* die seitens der jeweiligen Zielgruppe als tendenziell erwünscht bezeichnet werden *und* bei denen keine weiteren Befunde aus den Studien einer Innovationsdiffusion entgegenstehen. Dies trifft auf die folgenden Bereiche zu:

- *Städtische Leitbilder* „Stadt der kurzen Wege" (Szenario 1.1.) sowie „Innen- vor Außenentwicklung" (Szenario 1.2.).
- *Wohnwünsche*: „Familien in die Innenstadt" (Szenario 2.2.), „Senioren in die Innenstadt (Szenario 2.3.) sowie „Wohnen im Altbaubestand" (Szenario 2.4.).
- *Ökonomische Nachhaltigkeit*: „Einbezug von Mobilitätskosten bei individuellen Entscheidungen (Szenario 4.1.) sowie „Langfristige Infrastrukturkostenbetrachtung bei kommunalen Entscheidungen" (Szenario 4.2.).

7.3.2. Innovationen mit eher niedrigem Transfer- bzw. Umsetzungspotenzial

Bei einigen der von Flächennutzungsexperten erwünschten Neuerungen halten wir es für wenig plausibel, dass es in absehbarer Zeit zu einer weitreichenden Verbreitung oder Umsetzung kommen könnte. Dieses Urteil basiert einerseits auf eher zurückhaltenden Prognosen der befragten Experten, andererseits auf eher ablehnenden Erwünschtheitsurteilen und Unvereinbarkeiten mit bestehenden mentalen Strukturen bei den Zielgruppen dieser Innovationen:

- *Städtische Leitbilder* „Nachverdichtung" (Szenario 1.4.) sowie „Flächenrecycling" (Szenario 1.5.), letzteres zumindest insoweit es als prospektiv ausgerichtete Flächenkreislaufwirtschaft gedacht ist.
- *Wohnwünsche*: Verringerung der Bedeutung des „Einfamilienhauses als bevorzugte Wohnform" (Szenario 2.1.).
- *Entscheidungsprozesse*: Erzeugung von „Problembewusstsein bei Individuen" (Szenario 3.1.), das zu einem bewussten Verzicht auf flächenintensive Wohnformen führen würde.
- *Rechtliche und fiskalische Rahmenbedingungen*: „Regionalisierung der Raumplanung" (Szenario 5.2.), Einführung von „handelbaren Flächennutzungsrechten" (Szenario 5.3.) sowie die Umgestaltung der „fiskalischen Anreizbedingungen", also von Steuern und kommunalem Finanzausgleich (Szenario 5.4.).

Besonders der letzte Punkt verdient einen Kommentar. Hier sind ja im Grunde schon Transfermaßnahmen an sich angesprochen, die auf dem in Abschnitt 1.3. beschriebenen Transferkontinuum auf der Seite der eher „harten" Instrumente anzusiedeln sind, weil den Kommunen Gestaltungsrechte genommen bzw. die ökonomischen Rahmenbedingungen verändert würden. Gerade solche Maßnahmen, die traditionellen hierarchischen Politikmodellen (vgl. Kap. 1) entsprechen, müssen aber, so das Ergebnis unserer Studie, als besonders wenig aussichtsreich und durchsetzbar bezeichnet werden (vgl. Nachhaltigkeitsrat, 2007, für eine ähnliche Schlussfolgerung).

7.3.3. Innovationen mit fraglichem Transfer- bzw. Umsetzungspotenzial

Schließlich gibt es eine Reihe von Innovationen, zu denen Studienergebnisse so unklar oder widersprüchlich sind, dass keine eindeutige Aussage zur Transferwahrscheinlichkeit getätigt werden kann. Die Gründe werden nachfolgend im Einzelnen erläutert. In dieser Kategorie erscheint uns nicht ausgeschlossen, dass ein weitreichender Innovationstransfer bis 2020 erfolgen kann, er wird aber sicherlich nicht leicht zu erreichen sein.

- Das *städtische Leitbild* „Entsiegelung bei Versiegelung" (Szenario 1.3.) wird von Experten und Bürgern übereinstimmend begrüßt. Die Kommunen hingegen, die es umsetzen müssten, lehnen es zwar nicht ab, ihr Urteil fällt aber in der Tendenz reservierter und vor allem weit gestreut aus. Dazu passend ergibt sich eine eher mittelmäßige Verbreitungsprognose von 30 Prozent, angesichts derer fraglich ist, ob die für eine Innovationsdiffusion nötige kritische Masse (vgl. Abschnitt 1.4.1.) erreicht werden kann.

- *Wohnwünsche*: Eine ähnlich mittelmäßige Wahrscheinlichkeitsbeurteilung erfährt (durch alle drei Gruppen) das Szenario 2.5. „Bauen auf Industriebrachen", welches dem fachlichen Kernkonzept des Flächenrecycling zugeordnet werden kann. Hier ist es die Erwünschtheitseinschätzung der Bevölkerung, die eher gemischt ausfällt. Für die Akzeptanz könnte es sehr darauf ankommen, wie solche Recycling-Projekte im Einzelnen in der Praxis gehandhabt und mit welchen Metaphern sie in der öffentlichen Debatte begleitet werden.

- Im Grunde müssen alle untersuchten Innovationen, die zum Bereich *kommunale Entscheidungsprozesse* gehören, der Kategorie mit fraglichem Transferpotenzial zugeordnet werden. Dies betrifft die Verbreitung von „Problembewusstsein bei Kommunen" (Szenario 3.2.), welche von diesen selbst als erwünscht eingeschätzt wurde. In ihrer Selbstwahrnehmung nimmt auch die Langfristigkeit bei wirtschaftlichen Entscheidungen an Bedeutung zu, was wiederum für eine breite Etablierung von Problembewusstsein hinsichtlich der Nachhaltigkeit der Flächennutzung spricht. Andererseits fällt die Einschätzung der Wahrscheinlichkeit dieses Szenarios verhalten aus, und zwar bei allen drei Gruppen. Schwer fällt auch ein eindeutiges Urteil zu transparenteren und partizipativeren Planungsprozessen. Bei diesen Szenarien (3.3. und 3.5.) ist die Diskrepanz zwischen Wunsch und prognostizierter Wirklichkeit bei Experten, Bevölkerung und Kommunen selbst hoch. Alle wollen mehr Transparenz und Bürgerbeteiligung, niemand glaubt aber an die Realisierbarkeit. Ähnlich ist es bei der interkommunalen Kooperation (Szenarien 3.4. und 5.5.): Die befragten Kommunen stimmen den Expertinnen und Experten zu, dass selbige höchst erwünscht ist, eine nennenswerte Verbreitung wird aber bis 2020 nicht angenommen.

- *Rechtliche und fiskalische Rahmenbedingungen*: Veränderungen des Baurechts im Sinne des 30-Hektar-Ziels sind von Experten und Kommunen gewünscht, die Wahrscheinlichkeit wird jedoch nur mittelmäßig eingeschätzt (Szenario 5.1.). Offenbar besteht hier die Erwartung, dass der Gesetzgeber möglicherweise tatsächlich in der nächsten Zeit entsprechende Entscheidungen trifft. In der obigen Gegenüberstellung eines optimistischeren 60-Hektar-Szenarios mit einem pessimistischeren 90-Hektar-Szenario bestand ein Unterschied in der angenommenen Wahrscheinlichkeit eben dieser Gesetzesänderung (siehe Tab. 7.1.). Hier ist es also eine „harte" Transfermaßnahme, die dem hierarchischen Politikmodell entspricht (vgl. Kap. 1), welche möglicherweise eine Wirkung entfalten könnte, die nicht nur im Dienste des Zieles steht, sondern von den betroffenen Kommunen auch begrüßt würde.

8. Fazit und Handlungsempfehlungen

Die hier vorgelegten zukunftsorientierten Studien dienten dem Zweck, zu beurteilen, inwieweit auf dem Feld der nachhaltigen Flächennutzung bis zum Jahr 2020 ein umfassender Transfer von sozialen Innovationen in die Bevölkerung und Kommunen zu erwarten ist. Zusammenfassend ist zunächst festzuhalten, dass die Ergebnisse wenig Anlass für Optimismus bieten: Das Erreichen oder auch nur eine Annäherung an das im Rahmen der Nachhaltigkeitsstrategie der Bundesregierung ausgegebene Ziel einer Reduktion des Flächenverbrauchs auf 30 Hektar im täglichen Durchschnitt (vgl. Kap. 2) erscheint als sehr unwahrscheinlich. Die dafür notwendigen sozialen Innovationen sind, wie unsere Studien gezeigt haben, insgesamt wenig kompatibel mit den Wünschen und mentalen Strukturen der Bevölkerung und der Entscheidungsträgerinnen und Entscheidungsträgern in den Kommunen.

Gleichwohl ergeben sich aus den vorgelegten Ergebnissen Hinweise darauf, welche politischen Handlungsstrategien weniger und welche besser geeignet sein können, um wenigstens eine Entwicklung in die gewünschte Richtung anzuregen. Das Erreichen eines durchschnittlichen Verbrauchswertes von 60 Hektar pro Tag, wie wir es im Rahmen unseres optimistischeren Zukunftsszenarios ausformuliert haben (vgl. Abschnitt 7.1.), stellt immerhin einen erheblichen Fortschritt im Vergleich zur heutigen Situation dar. Wir schließen deswegen im Folgenden das vorliegende Buch mit zehn konkreten Handlungsempfehlungen an die Politik, die wir meinen aus den berichteten Ergebnissen gewinnen zu können. Dabei konzentrieren wir uns zunächst auf das beispielhaft untersuchte Themenfeld des Flächenverbrauchs, verallgemeinern aber, wo immer es sinnvoll erscheint, die jeweilige Empfehlung mit Blick auf die generelle Frage, wie eine Steuerung des Transfers sozialer Innovationen durch politische Institutionen möglich und sinnvoll ist.

Qualitative Nachhaltigkeitsziele zur Flächennutzung herausstellen

So gut wie niemand scheint daran zu glauben, dass es entsprechend dem Ziel der Bundesregierung (vgl. Bundesregierung, 2002) gelingt, die tägliche Neuinanspruchnahme von Fläche bis zum Jahr 2020 auf 30 Hektar pro Tag zu reduzieren (vgl. Abbildung 7.2.). Dieses quantitative Ziel wird von allen drei befragten Akteursgruppen als unrealistisch empfunden. Es ist vor allem für diejenigen nicht greifbar, die bezüglich Flächennutzungsentscheidungen eine elementare Rolle spielen: Privatpersonen und Kommunen. Da nicht einmal die Gruppe der Fachexperten an die Zielerreichung glaubt, die sie durch Innovationen und deren Transfer fördern sollte, ist es schwer denkbar, wie und von wem dieses Ziel überhaupt erfolgreich kommuniziert werden kann. Auf einem Ziel zu beharren, an dessen Erreichbarkeit niemand glaubt, wird sich als kontraproduktiv erweisen, denn es birgt Frustrationspotenzial und Glaubwürdigkeitsprobleme für alle an der Kommunikation beteiligten Personen und Institutionen. Wir empfehlen daher, in der Kommunikation vor allem die qualitativen Ziele herauszustellen. Denn sie sind deutlich resonanzfähiger, wie uns die Ergebnisse der Studien zeigen. Dies zeigt sich an dem Beispiel des Szenarios „Innen- vor Außenentwicklung" (vgl. Abschnitt 7.3.1.), welches insgesamt bei allen drei Gruppen auf vergleichsweise gute Resonanz gestoßen ist.

Nicht um Positionen kämpfen, sondern Interessen, Ziele und Wünsche ausgleichen

Aus den vorgelegten Studien ist deutlich geworden, dass die Anstrengungen zur Reduzierung des Flächenverbrauchs in gewisser Weise im Sinne einer sozialen Konfliktkonstellation verstanden werden können, bei der die Wohnwünsche und Lebensvorstellungen der Bevölkerung (vgl. Kap. 5) im Widerspruch zu auf Expertenwissen basierenden Innovationen (vgl. Kap. 4) stehen. Es ist auch deutlich geworden, dass Transfermechanismen, die auf Zwang und Ausübung politischer Macht beruhen (z. B. Änderung rechtlicher und fiskalischer Rahmenbedingungen) zwar zunächst den Neigungen der befragten Experten und wohl allgemein der politisch Verantwortlichen entgegenzukommen scheinen, letztlich aber als besonders wenig durchsetzbar bewertet wurden (vgl. Abschnitt 7.3.). Dies steht im Einklang mit in Abschnitt 1.3. berichteten Befunden aus der Sozial- und Organisationspsychologie, nach denen Machtausübung ein zwar verbreitetes, aber auch ziemlich unwirksames und kontraproduktives Mittel zur Implementierung von Veränderungen in Organisationen und sozialen Systemen ist.

Unsere Handlungsempfehlung orientiert sich folgerichtig an der Psychologie der Konfliktlösung (vgl. Fisher, Ury & Patton, 2009): Statt um Positionen zu kämpfen („Das 30-Hektar-Ziel muss erreicht werden" vs. „Ich will im Einfamilienhaus wohnen"), sollte versucht werden, die dahinterstehenden Interessen und Wünsche aufzudecken und dabei miteinander kompatible Ziele zu identifizieren. Die hier in Abschnitt 5.3.2. berichteten Ergebnisse zu kognitiven und affektiven

Strukturen des Wohnens im Einfamilienhaus bieten exemplarisch wertvolle Anhaltspunkte. Die Gestaltung und Planung der Innenstädte sollte sich konsequent
an diesen expliziten und impliziten Wohnwünschen orientieren. Während es
unplausibel erscheint, ein Leitbild kompakten und nachverdichteten urbanen
Wohnens durchzusetzen, könnte es durchaus machbar sein, das suburbane Einfamilienhaus als Traumvorstellung durch die Stadtremise mit Garten zu ersetzen.
Dadurch können bestehende affektive Assoziationen („im Grünen", „viel Platz")
bedient werden. Nicht minder wichtig ist es, die wahrgenommenen Probleme
Lärm und mangelnde Umweltqualität in innenstädtischen Bereichen anzugehen,
die sich im Bevölkerungsdelphi (vgl. Kap. 5) als „emotionale Push-Faktoren"
erwiesen haben. Dieser Hinweis gilt ganz sicher für die Kommunikation urbaner
Bau- und Wohnprojekte, z. B. bei der Gestaltung von Broschüren, aber auch für
die tatsächliche planerische und bauliche Gestaltung der Städte: Wer Umweltzo-
nen einrichtet, Verkehr verbannt und die Innenstädte durch extensive Parkanla-
gen „grün" macht, wird das Problem des Flächenverbrauchs gewissermaßen
nebenbei lösen.

Die Empfehlung kann in Bezug auf andere thematische Bereiche, in denen
es um den Transfer von Innovationen zur Lösung gesellschaftlicher Probleme
geht, generalisiert werden. Die (verborgenen und offenbaren) Wünsche, Ziele
und Interessen der Bevölkerung (allgemeiner: der sozialen Zielsysteme) sollten
von vornherein mitbedacht werden. Dazu gehört im Rahmen der Innovationspo-
litik die bessere Erhebung und Beschaffung von Wissen über die potenziellen
Innovationsadressaten. Es ist auffällig, wie sehr bisher in der Innovationsstrate-
gie der Bundesregierung (z. B. im Foresight-Prozess des Bundesministeriums für
Bildung und Forschung, vgl. Cuhls, Ganz & Warnke, 2010) die Angebotsseite,
also die tatsächliche oder mögliche Entwicklung von Innovationen, dominiert.
Eine Nutzerperspektive ist, sofern sie überhaupt eingenommen wird, zumeist
nachgelagert. Eine bessere und frühzeitigere Beschäftigung mit Wünschen und
Zielen von Innovationsadressaten dürfte helfen, Konflikte zwischen Experten,
politischer Führung und Bevölkerung im Vorfeld wenn schon nicht ganz zu
vermeiden, so doch wenigstens gering zu halten.

Von vornherein Transferpotenzial von Innovationen mitdenken

Diese Empfehlung schließt unmittelbar an das eben Festgestellte an. Eine Innovation kann noch so interessant und gut sein; wenn sie sich nicht umsetzen lässt,
wird sie nichts zur Lösung eines gesellschaftlichen Problems beitragen. Bei der
Entscheidung über die Verteilung von Ressourcen zur Entwicklung von Innovationen, etwa in der Forschungs- und Transferprojektförderung des Bundes, sollte

das Transferpotenzial ein unmittelbares Entscheidungskriterium sein. Es bietet sich der Grundsatz „Stärken stärken" an, der sich auch anderswo bewährt hat. Finanzielle Mittel sollten auf solche Innovationen konzentriert werden, bei der eine Kompatibilität zu bestehenden mentalen Strukturen von Anfang an zumindest plausibel erscheint. Der Hinweis ist angebracht, dass Informationen zu solchen Kompatibilitäten, wo nicht vorhanden, kostengünstig und einfach beschafft werden können – Daten wie jene, die hier zu kognitiven und affektiven Repräsentationen verschiedener Wohnformen berichtet wurden, lassen sich leicht und unaufwändig generieren und sie bieten gute Anhaltspunkte über plausible und weniger plausible zu erwartende Veränderungen. Es sollte auch verhindert werden, dass – wie es uns im Falle der Flächenverbrauchsthematik ein wenig der Fall zu sein schien – derselbe, relativ geschlossene Personenkreis mögliche Innovationen und Transferprojekte immer wieder nur aus seiner Perspektive heraus beurteilt.

Attraktive Ortszentren für Ältere schaffen

Die Ergebnisse der Delphi-Studien machen deutlich, dass hohes Potenzial vorhanden ist, um ältere Menschen für zentrale Wohnlagen zu gewinnen. Nicht nur Expertinnen und Experten gehen davon aus, dass es für Ältere attraktiver sein wird, in den Zentren zu wohnen, wenn sie hier eine seniorengerechte Infrastruktur vorfinden. Auch die Studienergebnisse zeigen, dass dieser flächensparsame Lebensstil den Wünschen und Lebensvorstellungen der Betroffenen selbst entspricht (vgl. Abschnitt 5.2.1.). Denn ebenso wie bei der Befragung der Experten gibt es keine der berücksichtigten Innovationen, die in der Bevölkerungsstudie größere Zustimmung erhält. Diese Wohnpräferenz ist im Übrigen bei denjenigen, die im Jahr 2020 mindestens 60 Jahre alt sein werden, besonders stark ausgeprägt. Und auch aus Sicht der Kommunen ist es wünschenswert, dass ältere Menschen im Innenbereich der Städte leben und von den dortigen kurzen Wegen zu benötigter Infrastruktur profitieren (vgl. Abschnitt 6.2.1.). Städte und Gemeinde, die sich an den geäußerten Prognosen von Experten und dem Wunsch der (älteren) Bevölkerung orientieren, könnten im Wettbewerb um neue Einwohner schon bald im Vorteil sein.

Eine hohe Akzeptanz und Annahme von Konzepten, die das flächensparende Wohnen in Zentren bei Seniorinnen und Senioren vorsehen, ist auf Basis der Studienergebnisse anzunehmen. Die Schaffung attraktiver Ortszentren für Ältere ist demnach aufgrund des hohen Transferpotenzials zu empfehlen. Konkrete Wohn- und Gestaltungswünsche dieser Gruppe gilt es dafür zu erforschen bzw. bestehendes Wissen für innovative Konzepte aufzugreifen, beispielsweise in

Bezug zum Wunsch nach Sicherheit. Durch gezielte Aktivitäten, die die Bedürfnisse der Zielgruppe berücksichtigen, kann es – im Sinne der Diffusionstheorie
von Rogers (vgl. Rogers, 1962; 2003) – gelingen, eine „kritische Masse" zu
erreichen, so dass die Innovationsverbreitung dank der bereits überzeugten Personen, die in die Zentren gezogen sind, ein Selbstläufer wird. Wohnraum, der
von den Älteren in den Außenbereichen von Gemeinden und Städten freige-
macht wird, kann wiederum von Familien mit dem Bedürfnis nach dezentralen
Wohnlagen genutzt werden. Dadurch kann ein flächensparender Nutzungskreis-
lauf gefördert werden, bei dem die Bereitschaft der Älteren zu einem Wohnort-
wechsel eine entscheidende Rolle spielt. Auch dieser Aspekt könnte in Kommu-
nikationskampagnen   berücksichtigt   und   zu   einer   gesellschaftlichen
Wertschätzung des innovativen, nachhaltigen Handelns der älteren Generationen
werden. Für den Transfer sozialer Innovationen lässt sich anhand dieses Bei-
spiels zeigen, wie bedeutsam die Ermittlung von Vorstellungen und Wünschen
und die Einbeziehung von ermittelten Zielgruppen in der Planung und Umsetzung von Konzepten – nicht nur – im Bereich der nachhaltigen Siedlungsentwicklung ist.

Und noch mal: Mehr Demokratie wagen

Unsere nächste Empfehlung zielt darauf ab, alle denkbaren Anstrengungen für
eine neue Kultur der Transparenz und Bürgerbeteiligung in den kommunalen
Planungs- und Entscheidungsprozessen zu unternehmen. Die Ergebnisse unserer
Studien zeigen sehr deutlich, dass dies übereinstimmend von allen beteiligten
Stakeholdern gewünscht wird (vgl. Abschnitte 4.3.1., 5.2.1. und 6.2.1.) und dass
es sich dabei auch um einen wirksamen Hebel zur Erreichung der Nachhaltigkeitsziele beim Flächenverbrauch handelt (vgl. Abschnitt 7.2.). Natürlich wäre es
naiv anzunehmen, dass partizipative Planungsprozesse automatisch und immer
zu einer Reduktion des Flächenverbrauchs führen – das Beispiel der Schweiz,
wo es eine sehr ausgeprägte basisdemokratische Kultur, aber mindestens so große Probleme mit der Inanspruchnahme von Flächen gibt wie in Deutschland,
spricht klar dagegen. Zwei Argumente verleihen aber dem diesbezüglichen empirischen Ergebnis unserer Studien (siehe Abschnitt 7.2.) Plausibilität. Zum einen
war in dem qualitativen Expertenworkshop (vgl. Abschnitt 4.1.) die Einschätzung geäußert worden, dass intransparente Verflechtungen zwischen Kommunalpolitik und Bauwirtschaft bis hin zu Korruption einen Motor des Flächenverbrauchs darstellen. Je offener und basisdemokratischer ein Planungsprozess
ist, desto schwerer dürften derart inoffizielle Entscheidungsprozesse fallen („wo
der Bauunternehmer der Schwager des Planungsausschussvorsitzenden ist").

Zum anderen sprechen die empirischen Befunde zur Organisationsentwicklung und zur Steuerung von Veränderungsprozessen innerhalb von Unternehmen eine klare Sprache: Eine umfassende, frühzeitige und ernst gemeinte Beteiligung von Betroffenen ist zwar zunächst langwieriger und für die Führungskräfte schwieriger zu steuern, letztlich aber fast immer der bessere Weg, um Innovation in einem sozialen System nachhaltig zu implementieren (vgl. dazu Abschnitt 1.3.). Unser in Kapitel 1 dargelegtes Verständnis von Innovationstransfer als Veränderung mentaler Strukturen macht auch deutlich, warum dies so ist. Die Veränderung von in der Regel festgefügten kognitiven und affektiven Repräsentationen Einzelner kann nur in einem breit angelegten diskursiven Prozess gelingen, in dem diese Personen aktiv involviert sind (vgl. Steyaert et al., 1996). Keinesfalls helfen eine Verordnung und machtvolle Durchsetzung von durch Experten erarbeiteter Lösungen. Wir sind insofern mit Afheldt et al. (2004) der Meinung, dass politische Steuerung von Innovationsprozessen als gesellschaftliches Veränderungsmanagement zu begreifen ist, bei dem es vielmehr auf Sinnstiftung und die Organisation effektiver Kommunikation zwischen allen Beteiligten ankommt als auf das Präsentieren konkreter Problemlösungen. Das mag politisch Verantwortlichen oft mühselig und diffus erscheinen. Wir sind aber der Auffassung, dass eine umfassende Veränderung der politischen Kultur hin zu mehr Transparenz und echter Beteiligung künftig der einzige gangbare Weg ist, Innovationen für Nachhaltigkeit in die Gesellschaft zu tragen, ohne die Glaubwürdigkeit der Demokratie auf das Spiel zu setzen.

Transferprozesse in den Kommunen fördern

Nachhaltige Flächennutzung ist ein Thema, dass von den Kommunen in Deutschland wahrgenommen und auch als bedeutsam eingeschätzt wird (vgl. Kapitel 6). Die Aufgeschlossenheit für das Thema entspricht jedoch nicht einer ebenso hohen Wahrscheinlichkeit, dass die innovativen Konzepte auch Anwendung in den Kommunen finden werden, wie die Studienergebnisse zeigen. Die Erwünschtheit des Eintreffens von Szenarien, die den erfolgreichen Transfer von Innovationen zur Reduktion der Flächeninanspruchnahme beschreiben, ist abhängig von der Größe einer Gemeinde oder einer Stadt (vgl. Abschnitt 6.2.2.). Im ländlichen Raum, für den in Hinsicht auf die Reduktion des Flächenverbrauchs am meisten Handlungsbedarf gesehen wird, ist die Haltung gegenüber den genannten Flächennutzungsinnovationen am kritischsten – da diese Kommunen auch am stärksten von Einschränkungen oder Veränderungen betroffen wären.

Festgestellt werden konnte zudem, dass Differenzen in der Beurteilung des 30-Hektar-Ziels und den damit verbundenen flächensparenden Innovationen zwischen kommunaler Fachverwaltung und Kommunalpolitikern bestehen. Die Verwaltungsangehörigen geben eine ähnlich hohe Erwünschtheit der Szenarien an wie die Gruppe der Experten, während die Präferenzen der Bürgermeister und Ratsmitglieder stärker denen der Bevölkerung entsprechen (vgl. Abschnitt 6.2.2.). Somit gilt für einige Kommunen, dass Wissen über nachhaltige Flächennutzungskonzepte zwar vorhanden ist und deren Umsetzung befürwortet wird, jedoch nicht auf allen personellen Ebenen – eine Situation wie sie auch zwischen Fachexperten und Bevölkerung zu finden ist.

Insgesamt zeigt sich, dass der Transfer von Konzepten zur nachhaltigen, flächensparenden Siedlungsentwicklung in den Kommunen gefördert werden muss, um entsprechendes Handeln zu verbreiten, zu verstetigen und somit auch dem 30-Hektar-Ziel näher zu kommen. Denn die Kommunen sind es, die sich in einem Konflikt zwischen Bevölkerungswünschen und Expertenanliegen bewegen, der auch in ihren eigenen Strukturen zu finden ist. Bezüglich der dafür einzusetzenden Transferinstrumente sollte eine Orientierung an der Wirksamkeitsbewertung durch die Kommunen selbst erfolgen: Hier zeigt sich, dass es aus ihrer Sicht nicht ausreichend ist, Best-Practice-Beispiele finanziell zu fördern – so wie es die Gruppe der Expertinnen und Experten in der Studie empfiehlt (vgl. Abschnitte 6.2.3. und 4.3.2.). Vielmehr ist es vorerst notwendige Voraussetzung, Lernprozesse bei kommunalpolitischen Entscheidern stärker zu fördern, um eine langfristige, nachhaltig bestehende flächensparende Veränderung von Planungs- und Umsetzungsverfahren zu erreichen. Förderprogramme auf Bundes- und Landesebene sollten diese Hinweise aus den Studienergebnissen aufgreifen. Eine Fixierung auf das *Problem* Flächennutzung gilt es dabei zu vermeiden. Empfehlenswert sind stattdessen Maßnahmen, die jeweilige regionale / kommunale zukunftsfähige Entwicklungschancen und -strategien in den Vordergrund stellen und dazu beitragen, dass diese in den Kommunen mit Unterstützung selbstständig herausgearbeitet und in ihren Leitbildern aufgegriffen werden.

Die Entwicklung und Stärkung regionaler Identitäten unter Einbeziehung verschiedener Akteursgruppen und Wissensträgern ist selbstverständlich über das Flächennutzungsthema hinweg von entscheidender Bedeutung, um zukunftsfähiges und innovatives Handeln zu ermöglichen.

Ökonomische Nachhaltigkeit als Querschnitts-Herausforderung

Die Ergebnisse der vorgelegten Studien sind sehr einheitlich und sehr eindeutig dahingehend, dass die am meisten Erfolg versprechende Strategie für den

Innovationstransfer auf dem Argument ökonomischer Nachhaltigkeit aufbaut. Finanzielle Überlegungen werden übereinstimmend als wichtigste Kriterien individueller Wohnstandort- und kommunaler Planungsentscheidungen gesehen. Gleichzeitig wurde anhand der Gesamtszenarien in Kapitel 7 (60- vs. 90- Hektar) deutlich, dass die Verbreitung einer stärker langfristigen Orientierung bei Kosten- und Wirtschaftlichkeitsberechnungen einen Schlüsselfaktor für die Realisierung des günstigeren Flächenverbrauchs darstellt. Der im Rahmen des Forschungsprogramms REFINA verfolgte Ansatz, mit der Bevölkerung über „Kostenwahrheit" und mit Kommunen über „Planungswahrheit" zu kommunizieren, erfährt somit durch unsere Studien Unterstützung (vgl. Bock, Hinzen & Libbe, 2009, für einen Überblick einschlägiger Projekte). Hier sollte durchgängig versucht werden, an allgemeine Entwicklungen in der Gesellschaft und verbreitete Diskurse anzuknüpfen. Millionen Deutschen, die private Riester-Verträge zur Sicherung ihrer wirtschaftlichen Situation im Alter abgeschlossen haben, sollte der Gedanke nahezubringen sein, dass die Wertentwicklung ihres Hauses über die nächsten zwei bis drei Jahrzehnte ebenso bedenkenswert ist wie der momentane Kaufpreis.

Die Brücke, die wir hier zwischen Flächennutzung und Altersvorsorge schlagen, verdeutlicht, dass es sich bei dem Thema der ökonomischen Nachhaltigkeit um eine Querschnittsherausforderung für unsere Gesellschaft handelt. Ob es um die Konsolidierung des Staatshaushalts, das Vermeiden der nächsten durch kurzfristig orientiertes Spekulieren ausgelösten Finanzkrise, mehr Geld für Bildung oder auch Investitionen in aufwändige Infrastrukturprojekte geht – stets spielt die Frage eine Rolle, inwieweit die relevanten Akteure bereit und in der Lage sind, eine langfristige Perspektive einzunehmen und heute zugunsten der Zukunft auf Wohlstand und die Erfüllung unmittelbarer Wünsche zu verzichten. Die Bedingungen und Folgen einer solchen Veränderung der Zeitperspektive in einer insgesamt alternden Gesellschaft zu untersuchen, könnte ein eigenes Forschungsprogramm innerhalb der Innovations- und Technikanalyse des Bundes wert sein.

Zielfördernde Sprache und Kommunikationswege wählen

Generell zeigen die Untersuchungsergebnisse eine große soziale Geteiltheit und Einigkeit von Wünschen sowie kognitiven und affektiven Repräsentationen in Bezug auf das Thema Wohnen und Siedlungsentwicklung. An diese gilt es anzuknüpfen und unter anderem auch für Kommunikations- und Bildungsstrategien, die flächensparendes Denken und Verhalten als Ziel anstreben, in Form von positiven Zukunftsbildern aufzugreifen. Eine emotionale, resonanzfähige Sprache ist hier notwendig. Dies bedeutet auch, Komplexität zu vermeiden und klare, der Bevölkerung – sowie den Vermittlern selbst – verständliche und kohärente Botschaften zu finden. Die Darstellung des Themas „Nachhaltige Flächennutzung" als *Problem* einhergehend mit *Einschränkungen* und *Verzicht* wird hingegen auf Ablehnung stoßen. Gerade auch für politische Entscheidungsträger in den Kommunen ist es bedeutsam, Bilder von Erweiterung, Prosperität vermitteln zu können. Die Problemfokussierung gilt es daher ebenso zu überwinden wie die Orientierung an quantitativen Zielen und Diskussionen unter Experten wie beispielsweise über die richtige Zählweise von Flächenneuinanspruchnahme.

Emotionen verstehen

Die starke affektive Verankerung des freistehenden Einfamilienhaus als dominierender Wohnwunsch bei weiten Teilen der Bevölkerung konnte in der vorliegenden Untersuchung als ein wesentlicher Grund identifiziert werden, warum den enormen Bemühungen der Bundesregierung und anderer zentraler Akteure zur Reduzierung des Flächenverbrauchs bisher so wenig Erfolg beschieden war. Gegen eine derart stark kulturell geteilte emotionale Besetzung kann keine rationale Aufklärungskampagne ankommen. Ein umfassender Transfer sozialer Innovationen im Sinne des 30-Hektar-Zieles der Bundesregierung erfordert nicht weniger als eine deutliche Veränderung und Umkodierung kollektiver emotionaler Repräsentationen. Wer auf diesem Feld und auf anderen Gebieten Transferprozesse verstehen will, muss emotionale Prozesse verstehen. Hier ist noch viel Forschung geboten, die zu fördern eine weitere Empfehlung darstellt.

Die Psychologie im Allgemeinen und die Emotionsforschung im Besonderen sind junge Wissenschaftsbereiche, deren Erkenntnisfortschritt erst in jüngerer Zeit breitere Resonanz erzeugt hat. Gerade in der Ökonomie und Soziologie, die als dominierende Disziplinen für das Verständnis von Innovationsprozessen aufgefasst werden können, ist derzeit ein erheblicher Wandel des Menschenbildes weg vom umfassend informierten, rational handelnden „homo oeconomicus" hin zu einem psychologisch realistischeren Verständnis zu beobachten. Die angewandte Innovationsforschung sollte diese Entwicklungen aufgreifen und sich kognitions- und emotionswissenschaftlichen Erkenntnissen öffnen. In der vorliegenden Fallstudie haben wir beispielhaft einen Ansatz demonstriert und gezeigt, wie etablierte Verfahren der Messung affektiver Repräsentationen im Kontext praktischer Fragen des Innovationstransfers nutzbar gemacht werden können. Man kann mit heute schon bestehenden Methoden darüber hinausgehen. So ist etwa die Veränderung affektiver Bedeutungen, die ja zentral für die Diffusion von Innovationen in sozialen Systemen ist, mathematisch beschreibbar (vgl. z. B.

Friedkin & Johnsen, 2003) und kann mit Computerprogrammen simuliert werden. Verfahren, die sich hier anbieten, sind agentenbasierte Modelle (Bonabeau, 2002), mit denen Kommunikationsprozesse zwischen zahlreichen individuellen Akteuren nachgebildet werden können. Wenn es gelänge, die Entstehung und Veränderung affektiver Repräsentationen in solchen Modellen zu untersuchen und vorherzusagen, dann stünde ein wirksames Instrument bereit, mit dem die Diffusion von sozialen Innovationen über verschiedene mögliche Kommunikationsstrategien (z. B. massenmediale Kampagnen vs. Ausbildung von Multiplikatoren) in virtuellen Experimenten vorab untersucht werden könnte.

Strategische Partnerschaften für eine Transfer-Strategie bilden

Wie bereits verdeutlicht wurde, sind es gerade Aspekte der ökonomischen Nachhaltigkeit, die auf Resonanz stoßen. In ihrer Vermittlung liegt ein hohes Potenzial für die Veränderung von Einstellungen und Handlungen. Starke strategische Partner für das Ziel, den Flächenverbrauch zu reduzieren, sind daher in der Wohnungswirtschaft und Baufinanzierung zu finden, die zudem ein Eigeninteresse an ökonomischer Nachhaltigkeit haben sollten. Wenn es gelingt, bei diesen Institutionen einen Bewusstseinswandel bezüglich der Ausrichtung ihrer Produkte und Marketingstrategien zu erreichen, ist der erste Schritt zur nachhaltigen Veränderung mentaler Strukturen getan: Werbekampagnen von Baufinanzierern, die noch immer das Bild vom neugebauten Haus im Grünen in ihren Kampagnen nutzen – sehr erfolgreich, wie unsere Ergebnisse zu affektiven Strukturen in Kapitel 5 gezeigt haben,– , passen nicht mehr in die heutige Zeit. Gemeinsames Ziel muss es sein, diese Bilder mittelfristig auszutauschen. Die Ergebnisse unserer Studien sollten gute Argumente für einen solchen Wandel in Produkten und Werbung liefern. Denn das starke Interesses zahlenmäßig großer, kaufkräftiger Bevölkerungsgruppen an urbaneren Wohnformen belegt, dass sich mit der Finanzierung flächensparender Wohnformen mindestens ebenso viel Geld verdienen ließe wie mit dem weiteren Propagieren des Einfamilienhauses im Grünen.

Literaturverzeichnis

Adjouri, N. (2004). Alles was Sie über Marken wissen müssen. Leitfaden für das erfolgreiche Management von Marken. Wiesbaden: Gabler.

Afheldt, H., Jochum, G. & Riegger, V. (2004). Reformpolitik als politisches Change Management. Hinweise aus der unternehmerischen Praxis. Berlin: Managerkreis der Friedrich-Ebert-Stiftung.

Ajzen, I. & Fishbein, M. (2005). The influence of attitudes on behavior. In D. Albarracin, B. T. Johnson & M. P. Zanna (Hrsg.), Handbook of attitudes (S. 173–221). Hillsdale: Erlbaum.

Bass, F. M. (1969). A new product growth model for consumer durables. Management Science, 13, 215–227.

Bass, F. M., Gordon, K., Ferguson, T. L. & Githens, M. L. (2001). DIRECTV: Forecasting diffusion of a new technology prior to product launch. Interfaces, 31, 82–93.

Bayerisches Landesamt für Umwelt (2008). Chance Flächenrecycling – Zukunft ohne Altlasten. Ratgeber für Kommunen und Investoren. Augsburg.

Bundesinstitut für Bau-, Stadt- und Raumforschung (2009). Einflussfaktoren der Neuinanspruchnahme von Flächen. BBSR-Forschungen, Heft 139, Bonn.

Belcher, J. C. (1958). Acceptance of the Salk polio vaccine. Rural Sociology, 23, 158–170.

Benz, A., Lütz, S., Schimank, U. & Simonis, G. (2009). Handbuch Governance. Theoretische Grundlagen und empirische Anwendungsfelder. Wiesbaden: VS Verlag für Sozialwissenschaften.

Blumenberg, H. (1979). Schiffbruch mit Zuschauer. Frankfurt a. M.: Suhrkamp.

BMBF (1998). Delphi-Befragung 1996/1998. Abschlussbericht zum „Bildungs-Delphi": Potenziale und Dimensionen der Wissensgesellschaft – Auswirkungen auf Bildungsprozesse und Bildungsstrukturen. Berlin: Bundesministerium für Bildung und Forschung / München: Infratest Burke Sozialforschung.

BMG (2010). Nationales Gesundheitsziel – Gesund aufwachsen: Lebenskompetenz, Bewegung, Ernährung. Berlin: Bundesministerium für Gesundheit.

BMU (2004). Umweltbewusstsein in Deutschland. Ergebnisse einer repräsentativen Bevölkerungs-umfrage. Berlin: Bundesministerium für Umwelt, Naturschutz und Reaktorsicherheit.

Bock, S., Hinzen, A. & Libbe, J. (2009). Nachhaltiges Flächenmanagement in der Praxis erfolgreich kommunizieren. Beiträge aus der Refina-Forschung, Band IV. Berlin: Deutsches Institut für Urbanistik.

Bonabeau, E. (2002). Agent-based modeling: Methods and techniques for simulating human systems. Proceedings of the National Academy of Sciences of the United States of America, 99, 7280–7287.

Borgatti, S. P. (1996). Anthropac 4.0. Software and User's Guide. Natick: Analytic Technologies.

Bormann, I. (2009). Zwischenräume der Veränderung. Innovationen und ihr Transfer im Feld von Bildung und Erziehung. Habilitationsschrift: Freie Universität Berlin. Veröffentlichung in Vorbereitung (Wiesbaden: VS Verlag für Sozialwissenschaften).

Bourdieu, P. (1998). Der Einzige und sein Eigenheim. Hamburg: VSA Verlag.

Bundesinstitut für Bau-, Stadt- und Raumforschung (2010). Aktuelle Trends der Flächen-entwicklung: Ziele - Trends - Szenarien - Monitoring. Vortrag beim 2. Flächennut-zungssymposium des IÖR, Dresden. Heruntergeladen am 30. August 2010 von http://www.ioer-monitor.de/fileadmin/Dokumente/Symposium_2010/ DOSCH%20BECKMANN_Trends.pdf.

Bundesregierung (2002). Perspektiven für Deutschland. Unsere Strategie für eine Nachhaltige Entwicklung. Berlin.

Bundesregierung (2008). Fortschrittsbericht 2008 zur nationalen Nachhaltigkeitsstrategie. Berlin.

Burdick, B. & Waskow, F. (2009). Flächenkonkurrenz zwischen Tank und Teller. Wiso Direkt – Analysen und Konzepte zur Wirtschafts- und Sozialpolitik. Bonn: Friedrich-Ebert-Stiftung.

Burton, M. L. & Nerlove, S. B. (1976). Balanced design for triads tests: Two examples from English. Social Science Research, 5, 247–267.

CDU, CSU, & FDP. (2009). Wachstum. Bildung. Zusammenhalt. Der Koalitionsvertrag zwischen CDU, CSU und FDP. Heruntergeladen am 24.06.2010 von http://www.cdu.de.

Coch, L. & French, J. R. P. (1948). Overcoming resistance to change. Human Relations, 1, 512–532.

Costa, P. T. Jr. & McCrae, R. R. (1985). The NEO Personality Inventory Manual. Odessa: Psychological Assessment Resources.

Costa, P. T. Jr. & McCrae, R. R. (1992). Revised NEO Personality Inventory (NEO-PI-R) and NEO Five Factor Inventory Professional Manual. Odessa: Psychological As-sessment Resources.

Cuhls, K., Ganz, W. & Warnke, P. (Hrsg.) (2010). Foresight-Prozess im Auftrag des BMBF. Zukunftsfelder neuen Zuschnitts. Karlsruhe: Fraunhofer-Institut für System-und Innovationsforschung. Heruntergeladen am 27.05.2010 von: http://www.bmbf.de/pub/Foresight-Prozess_BMBF_Zukunftsfelder_neuen_ Zuschnitts.pdf.

Danisman, A. (2010). Good intentions and failed implementations: Understanding cul-ture-based resistance to change. European Journal of Work and Organizational Psy-chology, 19, 200–220.

de Haan, G. & Poltermann, A. (2002). Bildung in der Wissensgesellschaft. In Heinrich-Böll-Stiftung (Hrsg.). Gut zu wissen. Links zur Wissensgesellschaft. Münster: West-fälisches Dampfboot.

de Haan, G. (2011). Wahrscheinliche, mögliche, wünschbare, zu vermeidende und plau-sible Zukünfte. Berlin: Institut Futur. Heruntergeladen am 28.02.2011 von http://www.institutfutur.de.

Deutscher Bundestag (2007). Reduzierung der Flächeninanspruchnahme – Ziele, Maß-nahmen, Wirkungen. Bericht des Ausschusses für Bildung, Forschung und Technik-folgenabschätzung vom 02.03.2007. BT-Drs. 16/4500.

Deutscher Bundestag (2008). Instrumente zur Reduzierung des Flächenverbrauchs. Antwort der Bundesregierung auf die große Anfrage der Abgeordneten Peter Hettlich et al.. BT-Drs. 17/9720.

Deutsches Institut für Urbanistik (2008). Wege zum nachhaltigen Flächenmanagement – Themen und Projekte des Förderschwerpunkts REFINA. Berlin.

DiMaggio, P. (1997). Culture and cognition. Annual Review of Sociology, 23, 263–288.

Dolowitz, D. P. & Marsh, D. (2000). Learning from abroad: The role of policy transfer in contemporary policy-making. Governance: An International Journal of Policy and Administration, 13, 5–24.

Dombrowski, C., Kim, J. Y., Desouza, K. C., Braganza, A., Papagari, S., Baloh, P. & Jha, S. (2007). Elements of Innovative Cultures. Knowledge and Process Management, 14, 190–202.

Dosch, F. (2002). Auf dem Weg zu einer nachhaltigeren Flächennutzung? Informationen zur Raum-entwicklung , 1/2.2002, 31–45.

Durkheim, E. (1898). Représentations individuelles et représentations collectives. Revue de Métaphysique et de Morale, 6, 273–302.

Etzioni, A. (1968). The active society. A theory of societal and political processes. New York: free Press.

FAZ (2007). Landwirtschaft: Feld mit Genmais zerstört. Frankfurter Allgemeine Zeitung vom 21.05.2007.

Fisher, R., Ury, W. & Patton, B. (2009). Das Harvard-Konzept. Der Klassiker der Verhandlungstechnik. (23. Aufl.). Frankfurt a. M.: Campus.

Förg, M., Jonas, E., Traut-Mattausch, E., Heinemann, F. & Frey, D. (2007). Vertrauen Bürger in der politischen Reformdiskussion noch der Meinung von Experten? Wirtschaftspsychologie, 4–2007, 35–45.

Fontaine, J. R., Scherer, K. R., Roesch, E. B. & Ellswort, P. C. (2007). The world of emotions is not two-dimensional. Psychological Science, 18, 1050–1057.

Frederickson, H. G., Johnson, G. A. & Wood, C. (2004). The changing structure of American cities: A study of the diffusion of innovation. Public Administration Review, 64, 320–330.

French, J. R. P., Jr. & Raven, B. H. (1959). The bases of social power. In D. Cartwright (Ed.), Studies in social power (S. 150–167). Ann Arbor, MI: Institute for Social Research.

Frey, B. (2008). Happiness: A Revolution in Economics. Cambridge: MIT Press.

Frey, B. & Stutzer, A. (2002). Happiness and Economics. Princeton: Princeton University Press.

Frey, D. (2010). Ohne Psychologie geht es nicht. Über die Notwendigkeit, unsere Zukunft durch psychologisches Know-how mit zu gestalten. In R. Oerter, D. Frey, H. Mandl, L. v. Rosenstiel & K. Schneewind (Hrsg.), Neue Wege wagen: Innovation in Bildung, Wirtschaft und Gesellschaft (S. 210–213). Stuttgart: Lucius & Lucius.

Friedkin, N. E. & Johnsen, E. C. (2003). Attitude change, affect control, and expectation states in the formation of influence networks. Advances in Group Processes, 20, 1–29.

Gerlitz, J.-Y. & Schupp, J. (2005): Zur Erhebung der Big-Five-basierten Persönlichkeitsmerkmale im SOEP. Dokumentation der Instrumentenentwicklung BFI-S auf Basis des SOEP-Pretests 2005. DIW Research Notes, 4. Berlin.

Gerhold, L. (2009). Für eine Subjektorientierung in der Zukunftsforschung. In R. Popp & E. Schüll (Hrsg.), Zukunftsforschung und Zukunftsgestaltung. Beiträge aus Wissenschaft und Praxis (S. 235–244). Berlin: Springer.

Gigerenzer, G. & Goldstein, D. G. (1996). Reasoning the fast and frugal way: Models of bounded rationality. Psychological Review, 103, 650–669.

Gillwald, K. (2000). Konzepte sozialer Innovation. WZB discussion papers, P00–519. Berlin: Wissenschaftszentrum Berlin für Sozialforschung.

Gräsel, C., Jäger, M. & Willke, H. (2006). Konzeption einer übergreifenden Transferforschung und Einbeziehung des internationalen Forschungsstandes. Expertise II zum Transferforschungsprogramm – gefördert vom Bundesministerium für Bildung und Forschung. In R. Nickolaus und C. Gräsel (Hrsg.), Innovation und Transfer – Expertisen zur Transferforschung (S. 445–566). Baltmannsweiler: Schneider Verlag Hohengehren.

Gray, V. (1973). Innovation in the States: A diffusion study. The American Political Science Review, 67, 1174–1185.

Häder, M. (1996). Zur Evaluation der Delphi-Technik. Eine Ergebnisübersicht. ZUMA-Arbeitsbericht 96/02. Mannheim.

Häder, M. (2000). Die Expertenauswahl bei Delphi-Befragungen. ZUMA How-to-Reihe, Nr. 5. Mannheim.

Häder, M. (2009). Delphi-Befragungen. Ein Arbeitsbuch. (2. Aufl.). Wiesbaden: VS Verlag für Sozialwissenschaften.

Häußermann, H. & Siebel, W. (1996). Soziologie des Wohnens. Eine Einführung in Wandel und Ausdifferenzierung des Wohnens. Weinheim, München: Juventa Verlag.

Hauschildt, J. (1997). Innovationsmanagement. (2. Aufl.). München: Vahlen.

Heise, D. R. (2007). Expressive order. Confirming sentiments in social action. New York: Springer.

Heise, D. R. (2010). Surveying cultures: Discovering shared conceptions and sentiments. Hoboken: Wiley.

Henrich, J. (2001). Cultural transmission and the diffusion of innovations: Adoption dynamics indicate that biased cultural transmission is the predominant force in behavioral change. American Anthropologist, 103, 992–1013.

Hofstede, G. (2001). Culture's consequences. Comparing values, behaviors, institutions, and organizations across nations. (2nd ed.). Thousand Oaks: Sage.

Hofstede, G. & McCrae, R. R. (2004). Personality and culture revisited: Linking traits and dimensions of culture. The Journal of Comparative Social Science, 38, 52–88.

Howaldt, J. & Schwarz, M. (2010). „Soziale Innovation" im Fokus. Skizze eines gesellschaftlich inspirierten Forschungskonzepts. Bielefeld: transcript.

Jackendoff, R. (1997). Language, consciousness, culture. Essays on mental structure. Cambridge: MIT Press.

Johnson-Laird, P. N. (1983). Mental models. Towards a cognitive science of language, inference, and consciousness. Cambridge: Harvard University Press.

Jokl, S. (1990). Wohnwünsche der Bundesbürger: Einfamilienhaus bleibt Favorit. Der langfristige Kredit, 2, 56–57.

Jörissen, J. & Coenen, R. (2004). Instrumente zur Steuerung der Flächennutzung. Auswertung einer Befragung der interessierten und betroffenen Akteure. Berlin: Büro für Technikfolgenabschätzung beim Deutschen Bundestag.

Jörissen, J. & Coenen, R. (2007). Sparsame und schonende Flächennutzung: Entwicklung und Steu-erbarkeit des Flächenverbrauchs. Berlin: Edition Sigma.

Kahneman, D., Slovic, P. & Tversky, A. (1982). Judgment under uncertainty: Heuristics and biases. New York: Cambridge University Press.

Karp, D. G. (1996). Values and their effect on pro-environmental behavior. Environment and Behavior, 28, 111–133.

Kern, K., Jörgens, H. & Jänicke, M. (1999). Die Diffusion umweltpolitischer Innovationen. Ein Beitrag zur Globalisierung von Umweltpolitik. FFU-Report 99–11. Freie Universität Berlin: Forschungsstelle für Umweltpolitik.

Kotter, J. P. (1995). Leading change: Why transformation efforts fail. Harvard Business Review, 73, 59–67.

Kotter, J. P. & Schlesinger, L. A. (1979). Choosing strategies for change. Harvard Business Review, 57, 106–114.

Kuckartz, U. (1995). Umweltwissen, Umweltbewusstsein, Umweltverhalten. Der Stand der Umweltbewusstseinsforschung. In G. de Haan (Hrsg.), Umweltbewusstsein und Massenmedien. Perspektiven ökologischer Kommunikation (S. 71–85). Berlin: Akademie Verlag.

Kuckartz, U. & Rheingans-Heintze, A. (2006). Trends im Umweltbewusstsein. Umweltgerechtigkeit, Lebensqualität und persönliches Engagement. Wiesbaden: VS Verlag für Sozialwissenschaften.

Kunda, Z. (1990). The case for motivated reasoning. Psychological Bulletin, 108, 480–498.

Lakoff, G. & Johnson, M. (2003). Metaphors we live by (with a new afterword). (2nd ed.). Chicago: University of Chicago Press.

Lane, R. E. (1966). The decline of politics and ideology in a knowledgeable society. American Sociological Review, 31, 649–662.

Lenz, A., Frey, D. & von Rosenstiel, L. (2010). Schöpferische Zerstörung und zerstörerische Schöpfung – wie Finanzinnovationen wesentlich zur internationalen Finanzkrise beitrugen. In R. Oerter, D. Frey, H. Mandl, L. v. Rosenstiel & K. Schneewind (Hrsg.), Neue Wege wagen: Innovation in Bildung, Wirtschaft und Gesellschaft (S. 139–161). Stuttgart: Lucius & Lucius.

LG Gießen (2009). Urteil vom 9.10. 2009 in der Strafsache gegen N.N. wegen Sachbeschädigung. Geschäftszeichen 8 Ns 501 Js 15915106. Heruntergeladen am 30.08.2010 von http://www.projektwerkstatt.de/gen/prozesse/2006lg/urteil091009.pdf.

Luhmann, N. (1984). Soziale Systeme. Grundriss einer allgemeinen Theorie. Frankfurt a. M.: Suhrkamp.

Lütz, S. (2007). Policy-Transfer und Policy-Diffusion. In A. Benz, S. Lütz, U. Schimank & G. Simonis (Hrsg.), Handbuch Governance. Theoretische Grundlagen und empirische Anwendungsfelder (S. 132–143). Wiesbaden: VS Verlag für Sozialwissenschaften.

Lundblad, J. P. (2003). A review and critique of Rogers' diffusion of innovation theory as it applies to organizations. Organization Development Journal, 21, 50–64.

MacKinnon, N. J. (2004). Symbolic interactionism as affect control. Albany: State University of new York Press.

MacKinnon, N. J. & Heise, D. R. (2010). Self, identity, and social institutions. New York: Plagrave Macmillan.

Malburg-Graf, B., Jany, A., Lilienthal, M. & Ulmer, F. (2007). Strategies and instruments to limit excessive land use in Germany – a proposal to the German council for sustainable development. In BMBF (Hrsg.). Proceedings of the 2nd international conference on managing urban land. Dresden: Saxonia.

Mayntz, R. (2009). Die Handlungsfähigkeit des Nationalstaats in Zeiten der Globalisierung. In R. Mayntz (Hrsg.), Über Governance. Institutionen und Prozesse politischer Regelung (S. 53–64). Frankfurt a. M.: Campus.

Mayntz, R. (2010). Die Handlungsfähigkeit des Nationalstaats bei der Regulierung der Finanzmärkte. Leviathan, 38, 175–187.

Midgley, D. F. & Dowling, G. R. (1978). Consumer innovativeness. A concept and its measurement. Journal of Consumer Research, 4, 229–242.

Midgley, D. F. & Dowling, G. R. (1993). A longitudinal study of product form innovation: The interaction between predispositions and social messages. Journal of Consumer Research, 19, 268–280.

Mieg, H. A. (2001). The social psychology of expertise. Case studies in research, professional domains, and expert roles. Mahwah: Lawrence Erlbaum Associates.

Moscovici, S. (1963). Attitudes and opinions. Annual Review of Psychology, 14, 231–260.

Moser, W., Rosegger, R. & Reicher, D. (2002). Was ist so schön am Eigenheim? Ein Lebensstilkonzept des Wohnens. Berichte aus Energie- und Umweltforschung, 17/2002. Graz.

Müller, A., Jonas, K. J. & Boos, M. (2002). Cognitive Mapping von Marken. Sozialpsychologische Grundlagen eines ganzheitlichen Ansatzes. In E. H. Witte (Hrsg.). Sozialpsychologie wirtschaftlicher Prozesse (S. 62–87). Lengerich: Pabst science Publishers.

NABU (2010a). Schwarz-Gelb rechnet Flächenverbrauch schön. Naturschutzbund Deutschland: unsere Positionen und Stellungnahmen. Heruntergeladen am 24.06.2010 von http://www.nabu.de/themen/siedlungsentwicklung/darumgehts/ 11836.html.

NABU (2010b). Wir wohnen wieder gern in der Stadt. Perspektiven für das urbane Wohnen. Heruntergeladen am 24.06.2010 von http://www.nabu.de/themen/ siedlungsentwicklung/ innovation/11571.html.

Nachhaltigkeitsrat. (2004). Mehr Wert für die Fläche: Das „Ziel 30-ha" für die Nachhaltigkeit in Stadt und Land. Empfehlungen des Rates für nachhaltige Entwicklung an die Bundesregierung. Berlin.

Nachhaltigkeitsrat (2007). Erfolgsfaktoren zur Reduzierung des Flächenverbrauchs in Deutschland. Evaluation der Ratsempfehlungen „Mehr Wert für die Fläche: das Ziel 30 ha". Berlin.

NBBW (2004). Neue Wege zu einem nachhaltigen Flächenmanagement in Baden-Württemberg. Sondergutachten. Stuttgart: Nachhaltigkeitsbeirat der Landesregierung Baden-Württemberg.

Niedermayer, O. (2006). Lag es nur an der Agenda 2010? Zu den Problemen der SPD vor der Bundestagswahl 2005. In E. Jesse & R. Sturm (Hrsg.). Bilanz der Bundestagswahl 2005 (S. 119–155). Wiesbaden: VS Verlag für Sozialwissenschaften.

Nonaka, I. & Takeuchi, H. (1997). Die Organisation des Wissens: Wie japanische Unternehmen eine brachliegende Ressource nutzbar machen. Frankfurt a. M.: Campus.

Osgood, C. E., Suci, G. J. & Tannenbaum, P. H. (1957). The measurement of meaning. Urbana: University of Illinois Press.

Osgood, C. E., May, W. H. & Miron, M. S. (1975). Cross-cultural universals of affective meaning. Urbana: University of Illinois Press.

Petty, R. E., Cacioppo, J. T. & Goldman, R. (1981). Personal involvement as a determinant of argument-based persuasion. Journal of Personality and Social Psychology, 69, 408–419.

Popp, R. (2009). Partizipative Zukunftsforschung in der Praxisfalle? Zukünfte wissenschaftlich erforschen – Zukunft partizipativ gestalten. In R. Popp & E. Schüll (Hrsg.), Zukunftsforschung und Zukunftsgestaltung. Beiträge aus Wissenschaft und Praxis (S. 131–143). Berlin: Springer.

Popper, K. R. & Lorenz, K. (1985). Die Zukunft ist offen. Das Altenberger Gespräch. München: Piper.

Raven, B. H. (2008). The bases of power and the power/interaction model of interpersonal influence. Analysis of Social Issues and Public Policy, 8, 1–22.

REFINA (2006). Mehr Wert für Mensch und Stadt: Flächenrecycling in Stadtumbauregionen. Strategien, innovative Instrumente und Strategien für das Flächenrecycling und die städtebauliche Erneuerung. Dresden: Saxonia.

Rösch, C., Jörissen, J., Skarka, J. & Hartlieb, N. (2008). Flächennutzungskonflikte: Ursachen, Folgen und Lösungsansätze. Einführung in den Schwerpunkt. Technikfolgenabschätzung – Theorie und Praxis, 17, 4–11.

Rogers, E. M. (1962). Diffusion of innovations. (1st ed.). New York: Free Press.

Rogers, E. M. (2003). Diffusion of innovations. (5th ed.). New York: Free Press.

Romney, A. K., Boyd, J. P., Moore, C. C., Batchelder, W. H. & Brazill, T. J. (1996). Culture as shared cognitive representations. Proceedings of the National Academy of Sciences of the United States of America, 93, 4699–4705.

Rust, H. (2009). Verkaufte Zukunft. Strategien und Inhalte der kommerziellen „Trendforscher". In R. Popp & E. Schüll (Hrsg.), Zukunftsforschung und Zukunftsgestaltung. Beiträge aus Wissenschaft und Praxis (S. 3–16). Berlin: Springer.

Ryan, B. & Gross, N. C. (1943). The diffusion of hybrid seed corn in two Iowa communities. Rural Sociology, 8, 15–24.

Schellenberg, J. (2005). Wohnwünsche in Lebensperspektive. Studie im Auftrag der Deutsche Bank Immobilien GmbH. Kurzfassung. Heruntergeladen am 23. Februar 2009 von http://www.dbimmobilien.de.

Scherer, K. R., Dan, E. S. & Flykt, A. (2006). What determines a feeling's position in affective space? A case for appraisal. Cognition & Emotion, 20, 92–113.

Schmidt, P., Bamberg, S., Davidov, E, Herrmann, J. & Schwartz, S. H. (2007). Die Messung von Werten mit dem „Portraits Values Questionnaire". Zeitschrift für Sozialpsychologie, 38, 261–275.

Schmitt, J., Dombrowski, J., Seifert, J., Geyer, T. & Murat, F. (2006). Einfamilienhaus oder City? Wohnorientierungen im Vergleich. Wiesbaden: VS Verlag für Sozialwissenschaften.

Schnabel, U. (2008). Das Leiden der Affen. DIE ZEIT Nr. 48 vom 20.11.2008. Heruntergeladen am 30.08.2010 von http://www.zeit.de/2008/48/Affenversuche-Bremen.

Schneider, N. & Spellerberg, A. (1999). Lebensstile, Wohnbedürfnisse und räumliche Mobilität. Opladen: Leske & Bdrich.

Scholl, W. (1991). Soziale Interaktion: Ein interdisziplinärer Bezugsrahmen. Universität Göttingen: Institut für Wirtschafts- und Sozialpsychologie, IWSP-Bericht 20.

Scholl, W. (1999). Restrictive control and information pathologies in organizations. Journal of Social Issues, 55, 101–118.

Scholl, W. (2004). Innovation und Information. Wie in Unternehmen neues Wissen produziert wird. Götitngen: Hogrefe.

Scholl, W. (2007). Das Janus-Gesicht der Macht: Persönliche und gesellschaftliche Konsequenzen Rücksicht nehmender versus rücksichtsloser Einwirkung auf andere. In B. Simon (Hrsg.), Macht: Zwischen aktiver Gestaltung und Missbrauch (S. 27–46). Göttingen: Hogrefe.

Scholz, R. W. & Tietje, O. (2002). Embedded case study methods: Integrating quantitative and qualitative knowledge. Thousand Oaks: Sage.

Schröder, T. (2009). Die Theorie der Affektsteuerung als allgemeine Theorie der sozialen Interaktion. Berlin: dissertation.de/Humboldt-Universität.

Schupp, J. & Gerlitz, J.-Y. (2009). BFI-S: Big Five Inventory-SOEP. In A. Glöckner-Rist (Hrsg.), Zusammenstellung sozialwissenschaftlicher Items und Skalen. ZIS Version 13.00. Bonn: GESIS.

Schwartz, S. H. (1992). Universals in the content and structure of values: Theoretical advances and empirical tests in 20 countries. In M. P. Zanna (Ed.), Advances in experimental social psychology, Vol. 25, 1–65. New York: Academic Press.

Singh, S. (2006). Cultural differences in, and influences on, consumer's propensity to adopt innovations. International Marketing Review, 23, 173–191.

Statistisches Bundesamt (2010). Bodenfläche nach Art der tatsächlichen Nutzung. Fachserie 3 Reihe 5.1. Korrigierte Fassung vom 17.3.2010. Wiesbaden.

Steenkamp, J.-B. E. M., ter Hofstede, F. & Wedel, M. (1999). A cross-national investigation into the individual and national cultural antecedents of consumer innovativeness. Journal of Marketing, 63, 55–69.

Stehr, N. (2001). Wissen und Wirtschaften. Die gesellschaftlichen Grundlagen der modernen Ökonomie. Frankfurt a. M.: Suhrkamp.

Steyaert, C., Bouwen, R. & Van Looy, B. (1996). Conversational construction of new meaning configurations in organizational innovation. European Journal of Work and Organizational Psychology, 5, 67–89.

Strack, M. (2004). Sozialperspektivität. Theoretische Bezüge, Forschungsmethodik und wirtschaftspsychologische Praktikabilität eines beziehungsdiagnostischen Konstrukts. Göttingen: Universitätsverlag Göttingen.

Strack, M., Funken, B., Gajic, D., Hopf, N., Meier, C., Franzen, O. & Boos, M. (2008). Die psychologische Marke im Cognitive Mapping. Wirtschaftspsychologie, 2008-4, 15–28.

Strange, S. (1988). States and markets. An introduction to international political economy. London: Pinter.

Stutzer, A. & Frey, B. (2007). Communting and life satisfaction in Germany. Informationen zur Raumentwicklung, 2/3. 2007 , 1–11.

Surowiecki, J. (2004). The wisdom of crowds. Why the many are smarter than the few and how collective wisdom shapes business, economies, societies, and nations. New York: Doubleday Anchor Books.

Szypulski, A. (2008). Gemeinsam bauen – gemeinsam wohnen. Wohneigentumsbildung durch Selbsthilfe. Wiesbaden: VS Verlag für Sozialwissenschaften.

Tellis, G. J., Stremersch, S. & Yin, E. (2003). The international takeoff of new products: The role of economics, culture, and country innovativeness. Marketing Science, 22, 188–208.

Thagard, P. (2000). Coherence in thought and action. Cambridge: MIT Press.

Thagard, P. (2003). Why wasn't O.J. convicted? Emotional coherence in legal inference. Cognition & Emotion, 17, 361–383.

Thagard, P. (2006). Hot thought. Mechanisms and applications of emotional cogniton. Cambridge: MIT Press.

Thagard, P. & Findlay, S. (2011). Changing minds about climate change: Belief revision, coherence, and emotion. In E. J. Olsson & S. Enqvist (Eds.). Belief revision meets philosophy of science. Logic, epistemology, and the unity of science 21 (Kapitel 14). New York: Springer.

Traut-Mattausch, E., Jonas, E., Förg, M., Frey, D. & Heinemann, F. (2008). How should politicians justify reforms to avoid psychological reactance, negative attitudes, and financial dishonesty? Journal of Psychology, 216, 218–225.

von Scheve, C. (2009). Emotionen und soziale Strukturen. Die affektiven Grundlagen sozialer Ordnung. Frankfurt a. M./New York: Campus.

Walker, J. L. (1969). The diffusion of innovations among the American States. The American Political Science Review, 63, 880–899.

Weingart, P. (2005). Die Stunde der Wahrheit? Zum Verhältnis der Wissenschaft zu Politik, Wirtschaft, Medien in der Wissensgesellschaft. Frankfurt a. M.: Suhrkamp.

Windschitl, P. D. & Wells, G. L. (1996). Measuring psychological uncertainty: Verbal versus numeric methods. Journal of Experimental Psychology: Applied, 2, 343–364.

Wingerter, C. (2009). Allgemeines Umweltbewusstsein. In A. Glöckner-Rist (Hrsg.), Zusammenstellung sozialwissenschaftlicher Items und Skalen. ZIS Version 13.00. Bonn: GESIS.

Wood, S. L. & Swait, J. (2002). Psychological indicators of innovation adoption: Cross-classification based on need for cognition and need for change. Journal of Consumer Psychology, 12, 1–13.

Wortmann, C. B. & Brehm, J. B. (1975). Responses to uncontrollable outcomes: An integration of reactance theory and the learned helplessness model. In L. Berkowitz (Ed.), Advances in experimental soial psychology, Vol. 8, 277–336. New York: Academic Press.

Yukl, G. & Falbe, C. M. (1990). Influence tactics and objectives in upward, downward, and lateral influence attempts. Journal of Applied Psychology, 75, 132–140.

Zapf, W. (1989). Über soziale Innovationen. Soziale Welt, 40, 170–183.

Anhang

Ergebnisse der Befragung von Expertinnen und Experten, Bürgerinnen und Bürgern und Kommunen zu den einzelnen Szenarien im Vergleich

Das 30-Hektar-Ziel der Bundesregierung für 2020

Für wie wünschenswert halten Sie es, dass es erreicht wird?

So haben die Teilnehmer/innen der Befragungen im Durchschnitt geantwortet:

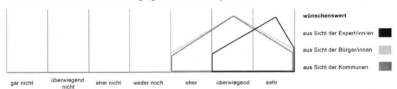

Erläuterungen zu den Studien:
„Sicht der Expert/inn/en" bezieht sich auf eine zweistufige Delphi-Studie mit gut 200 Expert/inn/en aus dem Bereich der Flächennutzung (Wissenschaftler, Ministerialbeamte, Planer), die im Frühjahr/Sommer 2009 durchgeführt wurde. Die Ergebnisse einer ebenfalls zweistufigen repräsentativen Bevölkerungsbefragung, die Anfang 2010 durchgeführt wurde, werden in „Sicht der Bevölkerung" dargestellt, die Ergebnisse einer im März 2010 durchgeführten einstufigen Befragung von 350 Bürgermeister/innen bzw. ihren zuständigen Verwaltungsangestellten werden unter „Sicht der Kommunen" dargestellt.

Erläuterungen zur Ergebnisrückmeldung:
Die „Häuschen" stellen dar, wie die Teilnehmer/innen der Studien geantwortet haben. Die Spitze der Häuschen steht jeweils für den Mittelwert (Median), d.h. 50 % der Antworten lagen darunter und 50% darüber. Die Breite der Häuschen symbolisiert die Streuung: Je breiter das Häuschen, desto weniger einig waren sich die Antwortenden. Die mittleren 50 % der Antworten liegen jeweils innerhalb der Häuschen.

Wie viel Fläche wird in Deutschland im Jahr 2020 tatsächlich jeden Tag neu „verbraucht"?

So haben die Teilnehmer/innen der Studien im Durchschnitt geantwortet:

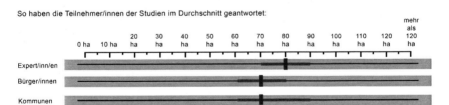

Erläuterung zur Ergebnisrückmeldung:
Die dunkelgraue Linie stellt jeweils den Median der Antworten dar, 50 % der Antworten lagen darunter, 50 % darüber. Der mittelgraue Bereich stellt die Streuung dar, d.h. die mittlere Hälfte der Teilnehmer/innen hat in diesem Bereich geantwortet. Je breiter die mittelgraue Markierung, desto uneiniger fielen die Schätzungen aus.

1. Leitbilder für die Stadtentwicklung

Szenario 1.1. Stadt der kurzen Wege

„Die meisten Städte in Deutschland folgen 2020 dem Leitbild Stadt der kurzen Wege. Wohn- und Gewerbegebiete, Einkaufsmöglichkeiten und sonstige Infrastruktur (z. B. Schulen, Kindergärten) sind durchmischt angelegt, so dass lange Fahrtzeiten innerhalb der Stadt überflüssig werden."

Für wie wünschenswert halten Sie es, dass dieses Szenario eintrifft?

So haben die Teilnehmer/innen der Befragungen im Durchschnitt geantwortet:

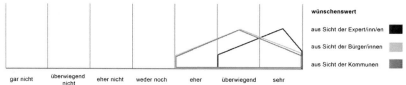

Die Häuschen zeigen den Bereich an, in welchem die Hälfte der Teilnehmer/innen geantwortet hat.
Die Spitze gibt den Mittelwert (Median) an, d.h. 50% der Antworten lagen darunter und 50% darüber.

Wie viel Prozent der Städte und Gemeinden werden Ihrer Meinung nach 2020 diesem Leitbild folgen?

So haben die Teilnehmer/innen der Studien im Durchschnitt geantwortet:

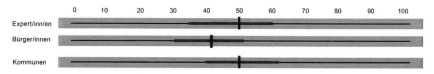

Die dunkelgraue Linie stellt jeweils den Median der Antworten dar.
Der mittelgraue Bereich stellt die Streuung dar, d.h. die Hälfte der Teilnehmer/innen hat in diesem Bereich geantwortet.

Szenario 1.2. Innen- vor Außenentwicklung

„2020 gilt für die meisten Städte und Gemeinden in Deutschland das Leitbild Innen- vor Außenentwicklung: Neue Wohn- oder Gewerbegebiete werden vor allem auf schon bestehenden Siedlungsflächen (Innenentwicklung) geplant und gebaut, statt am Stadtrand Wald oder Äcker in Bauland umzuwandeln (Außenentwicklung)."

Für wie wünschenswert halten Sie es, dass dieses Szenario eintrifft?

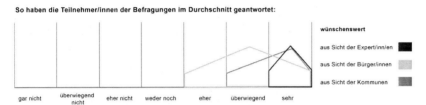

So haben die Teilnehmer/innen der Befragungen im Durchschnitt geantwortet:

Die Häuschen zeigen den Bereich an, in welchem die Hälfte der Teilnehmer/innen geantwortet hat.
Die Spitze gibt den Mittelwert (Median) an, d.h. 50% der Antworten lagen darunter und 50% darüber.

Auf wie viel Prozent der Städte und Gemeinden wird dies 2020 Ihrer Meinung nach zutreffen?

So haben die Teilnehmer/innen der Studien im Durchschnitt geantwortet:

Die dunkelgraue Linie stellt jeweils den Median der Antworten dar.
Der mittelgraue Bereich stellt die Streuung dar, d.h. die Hälfte der Teilnehmer/innen hat in diesem Bereich geantwortet.

Szenario 1.3. Entsiegelung bei Versiegelung

„2020 sind die meisten deutschen Städte und Gemeinden dem Grundsatz Entsiegelung bei Versiegelung verpflichtet: Wenn auf freien Flächen neu gebaut wird, so wird im Ausgleich dafür neue Freifläche geschaffen, indem zum Beispiel anderswo ältere Gebäude abgerissen werden."

Für wie wünschenswert halten Sie es, dass dieses Szenario eintrifft?

So haben die Teilnehmer/innen der Befragungen im Durchschnitt geantwortet:

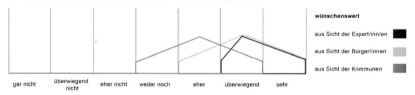

Die Häuschen zeigen den Bereich an, in welchem die Hälfte der Teilnehmer/innen geantwortet hat.
Die Spitze gibt den Mittelwert (Median) an, d.h. 50% der Antworten lagen darunter und 50% darüber.

Wie viel Prozent der Städte und Gemeinden werden 2020 einem solchen Leitbild folgen?

So haben die Teilnehmer/innen der Studien im Durchschnitt geantwortet:

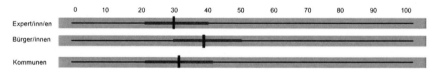

Die dunkelgraue Linie stellt jeweils den Median der Antworten dar.
Der mittelgraue Bereich stellt die Streuung dar, d.h. die Hälfte der Teilnehmer/innen hat in diesem Bereich geantwortet.

Szenario 1.4. Nachverdichtung

„Die Stadtplanung folgt 2020 an den meisten Orten dem Leitbild der Nachverdichtung. Durch eine dichtere Bauweise (z. B. mehr Stockwerke, weniger Garten
pro Haus, Baulücken werden zunehmend geschlossen) werden auf der gleichen
Grundfläche tendenziell mehr Menschen wohnen und arbeiten."

Für wie wünschenswert halten Sie es, dass dieses Szenario eintrifft?

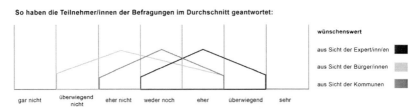

So haben die Teilnehmer/innen der Befragungen im Durchschnitt geantwortet:

Die Häuschen zeigen den Bereich an, in welchem die Hälfte der Teilnehmer/innen geantwortet hat.
Die Spitze gibt den Mittelwert (Median) an, d.h. 50% der Antworten lagen darunter und 50% darüber.

Wie viel Prozent der Städte und Gemeinden werden 2020 einem solchen Leitbild folgen?

So haben die Teilnehmer/innen der Studien im Durchschnitt geantwortet:

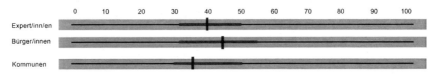

Die dunkelgraue Linie stellt jeweils den Median der Antworten dar.
Der mittelgraue Bereich stellt die Streuung dar, d.h. die Hälfte der Teilnehmer/innen hat in diesem Bereich geantwortet.

Szenario 1.5. Flächenrecycling

„Benötigtes Bauland wird 2020 aus dem sog. Flächenkreislauf gewonnen. Dahinter steckt die Idee, dass Fläche ähnlich wie Papier oder Glasflaschen „recycelt" wird. Baugenehmigungen werden in der Regel befristet erteilt. Nach Ablauf der Frist (z. B. 30 oder 50 Jahre) wird die Fläche entweder anderweitig genutzt oder aber wieder renaturiert."

Für wie wünschenswert halten Sie es, dass dieses Szenario eintrifft?

So haben die Teilnehmer/innen der Befragungen im Durchschnitt geantwortet:

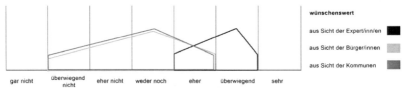

Die Häuschen zeigen den Bereich an, in welchem die Hälfte der Teilnehmer/innen geantwortet hat.
Die Spitze gibt den Mittelwert (Median) an, d.h. 50% der Antworten lagen darunter und 50% darüber.

Für wie viel Prozent der neu bebauten Flächen gilt 2020 eine solche „Bebauung auf Zeit"?

So haben die Teilnehmer/innen der Studien im Durchschnitt geantwortet:

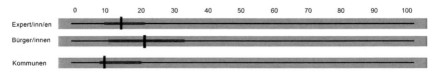

Die dunkelgraue Linie stellt jeweils den Median der Antworten dar.
Der mittelgraue Bereich stellt die Streuung dar, d.h. die Hälfte der Teilnehmer/innen hat in diesem Bereich geantwortet.

2. Wohnwünsche

Szenario 2.1. Einfamilienhaus bevorzugte Wohnform

„Heute (2009) geben etwa 75 % der Menschen in Deutschland das Einfamilienhaus im Grünen als ihre bevorzugte Wohnform an. Bis zum Jahr 2020 wird sich das ändern: bei deutlich weniger Menschen wird das Einfamilienhaus an erster Stelle ihrer Wünsche stehen. Andere Wohnformen sind stattdessen beliebter."

Für wie wünschenswert halten Sie es, dass dieses Szenario eintrifft?

Für wie wahrscheinlich halten Sie es, dass dieses Szenario eintrifft?

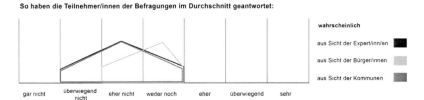

Für wie viel Prozent der Menschen steht 2020 immer noch das Einfamilienhaus im Grünen an erster Stelle ihrer Wohnwünsche?

So haben die Teilnehmer/innen der Studien im Durchschnitt geantwortet:

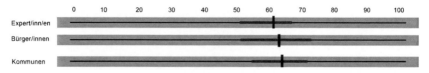

Die dunkelgraue Linie stellt jeweils den Median der Antworten dar.
Der mittelgraue Bereich stellt die Streuung dar, d.h. die Hälfte der Teilnehmer/innen hat in diesem Bereich geantwortet.

Szenario 2.2. Familien Innenstadt

„Für Familien mit Kindern wird es 2020 sehr attraktiv sein, zentral im Innenstadtbereich zu wohnen. Kurze Wege, eine gute Infrastruktur (z. B. Schulen, Kindergärten) und das kulturelle Angebot werden dann gute Argumente für diese Wohnform sein."

Für wie wünschenswert halten Sie es, dass dieses Szenario eintrifft?

So haben die Teilnehmer/innen der Befragungen im Durchschnitt geantwortet:

Die Häuschen zeigen den Bereich an, in welchem die Hälfte der Teilnehmer/innen geantwortet hat.
Die Spitze gibt den Mittelwert (Median) an, d.h. 50% der Antworten lagen darunter und 50% darüber.

Für wie viel Prozent der Familien wird dies 2020 zutreffen?

So haben die Teilnehmer/innen der Studien im Durchschnitt geantwortet:

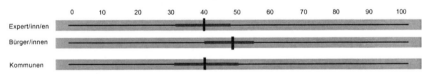

Die dunkelgraue Linie stellt jeweils den Median der Antworten dar.
Der mittelgraue Bereich stellt die Streuung dar, d.h. die Hälfte der Teilnehmer/innen hat in diesem Bereich geantwortet.

Szenario 2.3. Senioren Innenstadt

„Ältere Menschen werden es 2020 generell vorziehen, in den Stadtzentren zu wohnen, wo sie dann eine gute, seniorengerechte Infrastruktur (z. B. barrierefreier öffentlicher Nahverkehr, gut erreichbare Gesundheitszentren) und ein reichhaltiges kulturelles Angebot vorfinden."

Für wie wünschenswert halten Sie es, dass dieses Szenario eintritt?

So haben die Teilnehmer/innen der Befragungen im Durchschnitt geantwortet:

wünschenswert

aus Sicht der Expert/inn/en

aus Sicht der Bürger/innen

aus Sicht der Kommunen

gar nicht   überwiegend nicht   eher nicht   weder noch   eher   überwiegend   sehr

Die Häuschen zeigen den Bereich an, in welchem die Hälfte der Teilnehmer/innen geantwortet hat.
Die Spitze gibt den Mittelwert (Median) an, d.h. 50% der Antworten lagen darunter und 50% darüber.

Auf wie viel Prozent der älteren Menschen wird dies Ihrer Meinung nach 2020 zutreffen?

So haben die Teilnehmer/innen der Studien im Durchschnitt geantwortet:

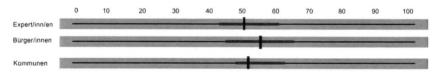

0   10   20   30   40   50   60   70   80   90   100

Expert/inn/en

Bürger/innen

Kommunen

Die dunkelgraue Linie stellt jeweils den Median der Antworten dar.
Der mittelgraue Bereich stellt die Streuung dar, d.h. die Hälfte der Teilnehmer/innen hat in diesem Bereich geantwortet.

Szenario 2.4. Wohnen im Altbaubestand

„2020 wird es für die meisten Menschen in Deutschland als attraktiv gelten, in bestehenden Bauten zu leben. Statt neue Häuser zu errichten, werden die meisten z. B. in vorhandenen Häusern, Altbauwohnungen oder ungenutzten Gebäuden (z. B. in umgebauten alten Fabriken) wohnen wollen, welche dem Wohnkomfort von Neubauten entsprechen."

So haben die Teilnehmer/innen der Befragungen im Durchschnitt geantwortet:

Die Häuschen zeigen den Bereich an, in welchem die Hälfte der Teilnehmer/innen geantwortet hat.
Die Spitze gibt den Mittelwert (Median) an, d.h. 50% der Antworten lagen darunter und 50% darüber.

Für wie viel Prozent derjenigen, die Wohneigentum erwerben wollen, wird dies 2020 zutreffen?

So haben die Teilnehmer/innen der Studien im Durchschnitt geantwortet:

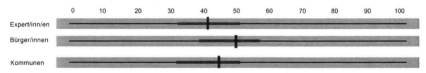

Die dunkelgraue Linie stellt jeweils den Median der Antworten dar.
Der mittelgraue Bereich stellt die Streuung dar, d.h. die Hälfte der Teilnehmer/innen hat in diesem Bereich geantwortet.

Szenario 2.5. Bauen auf Industriebrachen

„Neue Wohnhäuser und Gewerbegebiete werden 2020 häufig auf industriellen Brachflächen errichtet (z. B. auf Grundstücken, auf denen früher Fabriken standen). Industriebrachen haben bei der Ausweisung von Wohn- und Gewerbegebieten Priorität gegenüber unbebautem Boden."

Für wie wünschenswert halten Sie es, dass dieses Szenario eintrifft?

So haben die Teilnehmer/innen der Befragungen im Durchschnitt geantwortet:

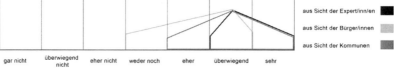

Die Häuschen zeigen den Bereich an, in welchem die Hälfte der Teilnehmer/innen geantwortet hat.
Die Spitze gibt den Mittelwert (Median) an, d.h. 50% der Antworten lagen darunter und 50% darüber.

Für wie wahrscheinlich halten Sie es, dass dieses Szenario eintrifft?

So haben die Teilnehmer/innen der Befragungen im Durchschnitt geantwortet:

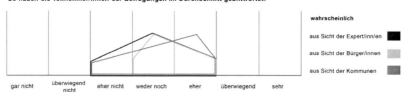

Die Häuschen zeigen den Bereich an, in welchem die Hälfte der Teilnehmer/innen geantwortet hat.
Die Spitze gibt den Mittelwert (Median) an, d.h. 50% der Antworten lagen darunter und 50% darüber.

Wie viel Prozent der neuen Wohn- und Gewerbegebiete werden 2020 auf alten industriellen Brachflächen errichtet?

So haben die Teilnehmer/innen der Studien im Durchschnitt geantwortet:

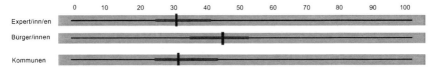

Die dunkelgraue Linie stellt jeweils den Median der Antworten dar.
Der mittelgraue Bereich stellt die Streuung dar, d.h. die Hälfte der Teilnehmer/innen hat in diesem Bereich geantwortet.

3. Entscheidungsprozesse

Szenario 3.1. Problembewusstsein Individuum

„Den meisten Menschen in Deutschland ist bis 2020 bewusst, dass Flächen-verbrauch ein Problem darstellt. Wenn Privatpersonen im Jahr 2020 darüber entscheiden, wie und wo sie wohnen wollen (z. B. „Einfamilienhaus im Grünen", „Dachgeschosswohnung im Stadtzentrum" oder...), spielt in den meisten Fällen das Thema „Wald- oder Ackerflächen vor Versiegelung bewahren" eine wichtige Rolle bei der Entscheidung. Viele entscheiden sich bewusst für flächensparende Wohnformen."

Für wie wünschenswert halten Sie es, dass dieses Szenario eintrifft?

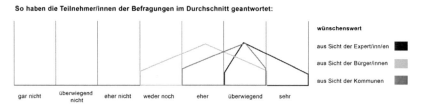

Für wie wahrscheinlich halten Sie es, dass dieses Szenario eintrifft?

Was, denken Sie, werden im Jahr 2020 für die meisten Privatpersonen die wichtigsten Kriterien bei der Entscheidung sein, in welchen Wohnformen und Gebäuden sowie in welchen Lagen sie leben möchten?

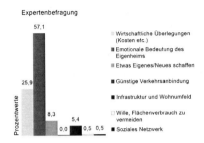

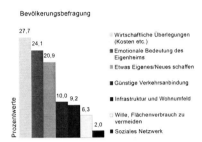

Szenario 3.2. Problembewusstsein Kommunen

„Wenn Städte und Gemeinden im Jahr 2020 über Flächennutzung entscheiden (z. B. Ausweisung von Bau- und Gewerbegebieten), ist in den meisten Fällen der Wunsch „Flächen zu sparen" bzw. „Flächenverbrauch zu vermeiden" ein wichtiges Entscheidungskriterium."

Für wie wünschenswert halten Sie es, dass dieses Szenario eintrifft?

So haben die Teilnehmer/innen der Befragungen im Durchschnitt geantwortet:

wünschenswert

aus Sicht der Expert/inn/en

aus Sicht der Bürger/innen

aus Sicht der Kommunen

gar nicht   überwiegend nicht   eher nicht   weder noch   eher   überwiegend   sehr

Die Häuschen zeigen den Bereich an, in welchem die Hälfte der Teilnehmer/innen geantwortet hat.
Die Spitze gibt den Mittelwert (Median) an, d.h. 50% der Antworten lagen darunter und 50% darüber.

Für wie wahrscheinlich halten Sie es, dass dieses Szenario eintrifft?

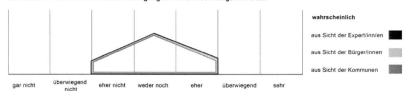

So haben die Teilnehmer/innen der Befragungen im Durchschnitt geantwortet:

wahrscheinlich

aus Sicht der Expert/inn/en

aus Sicht der Bürger/innen

aus Sicht der Kommunen

gar nicht   überwiegend nicht   eher nicht   weder noch   eher   überwiegend   sehr

Die Häuschen zeigen den Bereich an, in welchem die Hälfte der Teilnehmer/innen geantwortet hat.
Die Spitze gibt den Mittelwert (Median) an, d.h. 50% der Antworten lagen darunter und 50% darüber.

Was, denken Sie, werden 2020 für die politischen Entscheidungsträger in den Städten und Gemeinden die wichtigsten Kriterien bei der Entscheidung sein, ob und, wenn ja, wo ein neues Bau- oder Gewerbegebiet ausgewiesen wird?

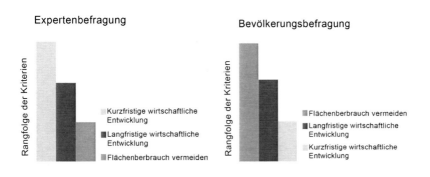

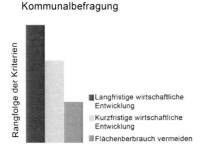

Häufigkeitsverteilung für wichtiges Kriterium (1. Rangplatz)

Szenario 3.3. Transparenz, Korruptionsbekämpfung

„Kommunale Planungsprozesse finden 2020 weitestgehend transparent vor den Augen der Bürger/innen statt. Bestehende wirtschaftliche Interessen (z. B. von Grundbesitzern, Bauunternehmen) liegen offen. Bürger/innen haben den Eindruck, dass Korruption und Intransparenz kaum noch irgendwo Thema sind."

Für wie wünschenswert halten Sie es, dass dieses Szenario eintrifft?

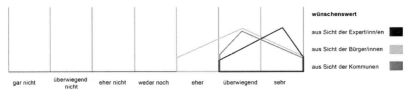

So haben die Teilnehmer/innen der Befragungen im Durchschnitt geantwortet:

Die Häuschen zeigen den Bereich an, in welchem die Hälfte der Teilnehmer/innen geantwortet hat.
Die Spitze gibt den Mittelwert (Median) an, d.h. 50% der Antworten lagen darunter und 50% darüber.

Für wie wahrscheinlich halten Sie es, dass dieses Szenario eintrifft?

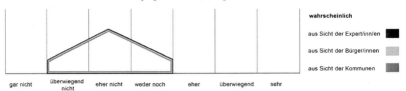

So haben die Teilnehmer/innen der Befragungen im Durchschnitt geantwortet:

Die Häuschen zeigen den Bereich an, in welchem die Hälfte der Teilnehmer/innen geantwortet hat.
Die Spitze gibt den Mittelwert (Median) an, d.h. 50% der Antworten lagen darunter und 50% darüber.

Szenario 3.4. Kooperation zwischen Kommunen

„2020 wird die Ausweisung von Bauland in der Regel zwischen den Kommunen koordiniert ablaufen. So können Entwicklungsziele zwischen den Kommunen abgestimmt werden: z. B. errichtet eine Stadt ein neues Wohngebiet, die benachbarte Gemeinde spezialisiert sich im Gegenzug darauf, natürliche Erholungsgebiete zu schaffen. Insgesamt wird so der Verbrauch von Fläche verringert. Über Verträge wird gewährleistet, dass auch benachbarte Gemeinden an den Steuermehreinnahmen beteiligt werden, die sich z. B. aus den neuen Wohngebieten ergeben."

Für wie wünschenswert halten Sie es, dass dieses Szenario eintrifft?

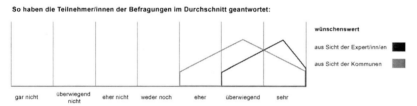

So haben die Teilnehmer/innen der Befragungen im Durchschnitt geantwortet:

wünschenswert

aus Sicht der Expert/inn/en

aus Sicht der Kommunen

gar nicht / überwiegend nicht / eher nicht / weder noch / eher / überwiegend / sehr

Die Häuschen zeigen den Bereich an, in welchem die Hälfte der Teilnehmer/innen geantwortet hat.
Die Spitze gibt den Mittelwert (Median) an, d.h. 50% der Antworten lagen darunter und 50% darüber.

In wie viel Prozent der Fälle wird eine Baulandvergabe Ihrer Meinung nach 2020 nach obigem Szenario ablaufen?

So haben die Teilnehmer/innen der Studien im Durchschnitt geantwortet:

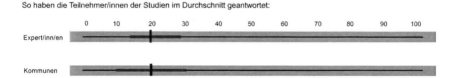

(Diese Frage wurde nicht in der Bevölkerungsstudie gestellt.)
Die dunkelgraue Linie stellt jeweils den Median der Antworten dar.
Der mittelgraue Bereich stellt die Streuung dar, d.h. die Hälfte der Teilnehmer/innen hat in diesem Bereich geantwortet.

Szenario 3.5. Bürgerbeteiligung

„Bei kommunalen Entscheidungen über die Flächennutzung ist 2020 die Bürger-beteiligung im Vergleich zu heute erheblich ausgeweitet. Verhandlungen über Interessenskonflikte werden unter Beteiligung der Bevölkerung üblicherweise öffentlich und mit Unterstützung durch professionelle, neutrale Moderation aus-getragen.“

Für wie wünschenswert halten Sie es, dass dieses Szenario eintrifft?

So haben die Teilnehmer/innen der Befragungen im Durchschnitt geantwortet:

Die Häuschen zeigen den Bereich an, in welchem die Hälfte der Teilnehmer/innen geantwortet hat.
Die Spitze gibt den Mittelwert (Median) an, d.h. 50% der Antworten lagen darunter und 50% darüber.

In wie viel Prozent der Städte und Gemeinden in Deutschland ist 2020 eine solche Beteiligungskultur die Regel?

So haben die Teilnehmer/innen der Studien im Durchschnitt geantwortet:

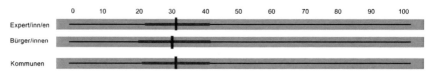

Die dunkelgraue Linie stellt jeweils den Median der Antworten dar.
Der mittelgraue Bereich stellt die Streuung dar, d.h. die Hälfte der Teilnehmer/innen hat in diesem Bereich geantwortet.

4. Nachhaltige Kostenbetrachtung

Szenario 4.1. Individuen: Mobilitätskosten

„Die meisten Bürger/innen berücksichtigen im Jahr 2020 die Mobilitätskosten, wenn sie sich für einen Standort ihres Hauses / ihrer Wohnung entscheiden. Viele nehmen einen höheren Kaufpreis in einer zentraleren Lage in Kauf, wenn sie dort durch gute Bus- und Bahnanbindung die hohen Kosten des Pendelns mit dem Auto sparen können."

Für wie wünschenswert halten Sie es, dass dieses Szenario eintrifft?

So haben die Teilnehmer/innen der Befragungen im Durchschnitt geantwortet:

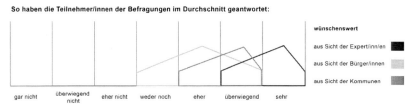

Die Häuschen zeigen den Bereich an, in welchem die Hälfte der Teilnehmer/innen geantwortet hat.
Die Spitze gibt den Mittelwert (Median) an, d.h. 50% der Antworten lagen darunter und 50% darüber.

Wie viel Prozent der Bevölkerung werden sich Ihrer Meinung nach 2020 so verhalten?

So haben die Teilnehmer/innen der Studien im Durchschnitt geantwortet:

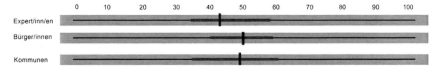

Die dunkelgraue Linie stellt jeweils den Median der Antworten dar.
Der mittelgraue Bereich stellt die Streuung dar, d.h. die Hälfte der Teilnehmer/innen hat in diesem Bereich geantwortet.

Szenario 4.2. Kommunen: Infrastrukturkosten

„Die meisten Städte und Gemeinden führen 2020 sehr langfristige Berechnungen durch, bevor sie über die Ausweisung eines Bau- oder Gewebegebietes entscheiden. Dabei berücksichtigen sie die Möglichkeit, dass an vielen Orten die Bevölkerung tendenziell schrumpft und vermeiden deshalb, heute eine zu große Infrastruktur (z. B. Straßen, Kanalisation) zu bauen, die morgen zu viel kostet."

Für wie wünschenswert halten Sie es, dass dieses Szenario eintrifft?

So haben die Teilnehmer/innen der Befragungen im Durchschnitt geantwortet:

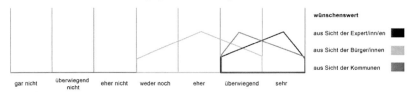

Die Häuschen zeigen den Bereich an, in welchem die Hälfte der Teilnehmer/innen geantwortet hat.
Die Spitze gibt den Mittelwert (Median) an, d.h. 50% der Antworten lagen darunter und 50% darüber.

Wie viel Prozent der Städte und Gemeinden werden 2020 so verfahren?

So haben die Teilnehmer/innen der Studien im Durchschnitt geantwortet:

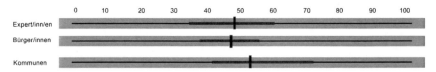

Die dunkelgraue Linie stellt jeweils den Median der Antworten dar.
Der mittelgraue Bereich stellt die Streuung dar, d.h. die Hälfte der Teilnehmer/innen hat in diesem Bereich geantwortet.

Szenario 4.3. Banken: Bonitätsentscheidungen

„Bis zum Jahr 2020 verlangen die Banken bei der Baufinanzierung angesichts stark gestiegener Energiekosten verstärkt eine genaue Kalkulation über Mobilitäts-Folgekosten. Damit vermeiden sie, dass jemand seinen Kredit nicht mehr bedienen kann, weil er zwar ein günstiges Haus in ländlicher Lage gekauft hat, die steigenden Kosten für das viele Auto fahren (Arbeit, Einkauf, etc.) aber nicht mehr tragen kann.“

Für wie wünschenswert halten Sie es, dass dieses Szenario eintrifft?

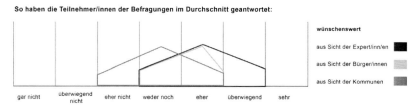

So haben die Teilnehmer/innen der Befragungen im Durchschnitt geantwortet:

Die Häuschen zeigen den Bereich an, in welchem die Hälfte der Teilnehmer/innen geantwortet hat.
Die Spitze gibt den Mittelwert (Median) an, d.h. 50% der Antworten lagen darunter und 50% darüber.

Wie viel Prozent der Banken werden Ihrer Meinung nach 2020 diese Kalkulation der Baufinanzierung verlangen?

So haben die Teilnehmer/innen der Studien im Durchschnitt geantwortet:

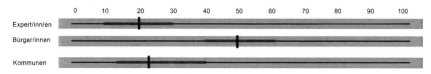

Die dunkelgraue Linie stellt jeweils den Median der Antworten dar.
Der mittelgraue Bereich stellt die Streuung dar, d.h. die Hälfte der Teilnehmer/innen hat in diesem Bereich geantwortet.

5. Rechtliche und fiskalische Rahmenbedingungen

Szenario 5.1. Flächensparsames Baurecht

„Bis 2020 wurde das Baurecht so ausgestaltet, dass es vor allem auf die Vermeidung von Flächenverbrauch ausgerichtet ist (z. B. durch Bevorzugung von Bauen im innerstädtischen Bereich, durch die Pflicht, bei Bodenversiegelung Ausgleich zu schaffen, etc.).“

Für wie wünschenswert halten Sie es, dass dieses Szenario eintrifft?

So haben die Teilnehmer/innen der Befragungen im Durchschnitt geantwortet:

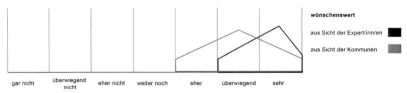

| gar nicht | überwiegend nicht | eher nicht | weder noch | eher | überwiegend | sehr |

Die Häuschen zeigen den Bereich an, in welchem die Hälfte der Teilnehmer/innen geantwortet hat.
Die Spitze gibt den Mittelwert (Median) an, d.h. 50% der Antworten lagen darunter und 50% darüber.

Für wie wahrscheinlich halten Sie es, dass dieses Szenario eintrifft?

So haben die Teilnehmer/innen der Befragungen im Durchschnitt geantwortet:

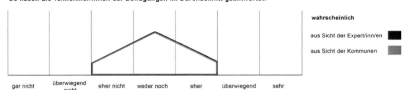

| gar nicht | überwiegend nicht | eher nicht | weder noch | eher | überwiegend | sehr |

Die Häuschen zeigen den Bereich an, in welchem die Hälfte der Teilnehmer/innen geantwortet hat.
Die Spitze gibt den Mittelwert (Median) an, d.h. 50% der Antworten lagen darunter und 50% darüber.

Szenario 5.2. Regionalisierung der Raumplanung

„Die regionale (überörtliche) Raumplanung hat 2020 eine große Bedeutung. Die kommunalen Kompetenzen bei Entscheidungen über die Flächennutzung haben demgegenüber abgenommen."

Für wie wünschenswert halten Sie es, dass dieses Szenario eintrifft?

So haben die Teilnehmer/innen der Befragungen im Durchschnitt geantwortet:

wünschenswert

aus Sicht der Expert/inn/en

aus Sicht der Kommunen

gar nicht   überwiegend   eher nicht   weder noch   eher   überwiegend   sehr
             nicht

Die Häuschen zeigen den Bereich an, in welchem die Hälfte der Teilnehmer/innen geantwortet hat.
Die Spitze gibt den Mittelwert (Median) an, d.h. 50% der Antworten lagen darunter und 50% darüber.

Für wie wahrscheinlich halten Sie es, dass dieses Szenario eintrifft?

So haben die Teilnehmer/innen der Befragungen im Durchschnitt geantwortet:

wahrscheinlich

aus Sicht der Expert/inn/en

aus Sicht der Kommunen

gar nicht   überwiegend   eher nicht   weder noch   eher   überwiegend   sehr
             nicht

Die Häuschen zeigen den Bereich an, in welchem die Hälfte der Teilnehmer/innen geantwortet hat.
Die Spitze gibt den Mittelwert (Median) an, d.h. 50% der Antworten lagen darunter und 50% darüber.

Szenario 5.3. Handelbare Flächennutzungsrechte

„2020 hat sich in Deutschland ein System zum Handel mit Flächennutzungsrechten etabliert. Das funktioniert ungefähr so: Eine Stadt / Gemeinde, die Wald- oder Ackerboden in Bauland umwandelt, bezahlt eine andere Stadt / Gemeinde dafür, dass diese darauf verzichtet, selber Bauland zu schaffen (oder sogar bebaute Flächen in Naturflächen zurück verwandelt)."

Für wie wünschenswert halten Sie es, dass dieses Szenario eintrifft?

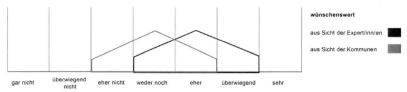

So haben die Teilnehmer/innen der Befragungen im Durchschnitt geantwortet:

wünschenswert

aus Sicht der Expert/inn/en

aus Sicht der Kommunen

gar nicht   überwiegend   eher nicht   weder noch   eher   überwiegend   sehr
              nicht

Die Häuschen zeigen den Bereich an, in welchem die Hälfte der Teilnehmer/innen geantwortet hat.
Die Spitze gibt den Mittelwert (Median) an, d.h. 50% der Antworten lagen darunter und 50% darüber.

Für wie wahrscheinlich halten Sie es, dass dieses Szenario eintrifft?

So haben die Teilnehmer/innen der Befragungen im Durchschnitt geantwortet:

wahrscheinlich

aus Sicht der Expert/inn/en

aus Sicht der Kommunen

gar nicht   überwiegend   eher nicht   weder noch   eher   überwiegend   sehr
              nicht

Die Häuschen zeigen den Bereich an, in welchem die Hälfte der Teilnehmer/innen geantwortet hat.
Die Spitze gibt den Mittelwert (Median) an, d.h. 50% der Antworten lagen darunter und 50% darüber.

Szenario 5.4 Fiskalische Anreizbedingungen

„Der rechtliche Rahmen ist 2020 so verändert, dass Kommunen mit einem besonders geringen Flächenverbrauch oder mit einem besonders nachhaltigen Flächennutzungsplan finanzielle Begünstigungen (z. B. im kommunalen Finanzausgleich) erhalten. Damit ist der heute bestehende Anreiz beseitigt, durch immer neue Wohn- und Gewerbegebiete höhere Steuereinnahmen zu erhalten."

Für wie wünschenswert halten Sie es, dass dieses Szenario eintrifft?

So haben die Teilnehmer/innen der Befragungen im Durchschnitt geantwortet:

wünschenswert

aus Sicht der Expert/inn/en

aus Sicht der Kommunen

gar nicht | überwiegend nicht | eher nicht | weder noch | eher | überwiegend | sehr

Die Häuschen zeigen den Bereich an, in welchem die Hälfte der Teilnehmer/innen geantwortet hat.
Die Spitze gibt den Mittelwert (Median) an, d.h. 50% der Antworten lagen darunter und 50% darüber.

Für wie wahrscheinlich halten Sie es, dass dieses Szenario eintrifft?

So haben die Teilnehmer/innen der Befragungen im Durchschnitt geantwortet:

wahrscheinlich

aus Sicht der Expert/inn/en

aus Sicht der Kommunen

gar nicht | überwiegend nicht | eher nicht | weder noch | eher | überwiegend | sehr

Die Häuschen zeigen den Bereich an, in welchem die Hälfte der Teilnehmer/innen geantwortet hat.
Die Spitze gibt den Mittelwert (Median) an, d.h. 50% der Antworten lagen darunter und 50% darüber.

Szenario 5.5 Verträge über Siedlungsflächen

„Verträge zwischen benachbarten Städten und Gemeinden über die Entwicklung von Siedlungs- und Gewerbeflächen sind 2020 weithin üblich. Solche Verträge sehen z. B. vor, dass ein gemeinsames Gewerbegebiet nur auf dem Gebiet einer Gemeinde entsteht, die Nachbargemeinde aber an den Steuereinnahmen beteiligt wird."

Für wie wünschenswert halten Sie es, dass dieses Szenario eintrifft?

So haben die Teilnehmer/innen der Befragungen im Durchschnitt geantwortet:

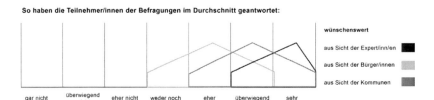

Die Häuschen zeigen den Bereich an, in welchem die Hälfte der Teilnehmer/innen geantwortet hat.
Die Spitze gibt den Mittelwert (Median) an, d.h. 50% der Antworten lagen darunter und 50% darüber.

Wie viel Prozent der Städte und Gemeinden in Deutschland haben bis 2020 solche Verträge abgeschlossen?

So haben die Teilnehmer/innen der Studien im Durchschnitt geantwortet:

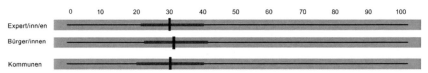

Die dunkelgraue Linie stellt jeweils den Median der Antworten dar.
Der mittelgraue Bereich stellt die Streuung dar, d.h. die Hälfte der Teilnehmer/innen hat in diesem Bereich geantwortet.

Innovationstransfer zu Privatpersonen

Was sollte man Ihrer Ansicht nach tun, um den Transfer innovativer Projekte in die Praxis zu gewährleisten?

Expertenbefragung

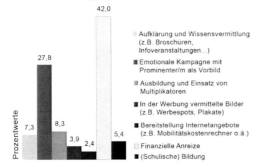

Innovationstransfer zu Kommunen

Stellen Sie sich vor, Sie haben eine Innovation entwickelt, deren Anwendung und Umsetzung durch kommunalpolitische Entscheidungsträger Sie fördern möchten. Welche Instrumente erachten Sie bezüglich dieser Zielgruppe für besonders förderlich?

Expertenbefragung   Kommunalbefragung

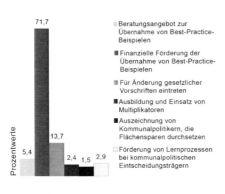
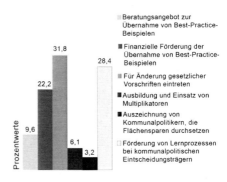